"十三五"江苏省高等学校重点教材
（编号：2020-2-091）

物权法
Real Right Law

季秀平 编著

南京大学出版社

图书在版编目(CIP)数据

物权法/季秀平编著. —南京：南京大学出版社，
2021.6(2024.6 重印)

ISBN 978-7-305-24550-3

Ⅰ.①物… Ⅱ.①季… Ⅲ.①物权法－中国 Ⅳ.
①D923.2

中国版本图书馆 CIP 数据核字(2021)第 108591 号

出版发行　南京大学出版社
社　　址　南京市汉口路 22 号　　邮　编　210093
书　名　物权法
　　　　　WUQUANFA
编　著　季秀平
责任编辑　刁晓静　　　　　　编辑热线　025-83592123
照　　排　南京开卷文化传媒有限公司
印　　刷　徐州绪权印刷有限公司
开　　本　787×1092　1/16　印张 18　字数 410 千
版　　次　2021 年 6 月第 1 版　2024 年 6 月第 2 次印刷
ISBN 978-7-305-24550-3
定　　价　54.00 元

网　　址：http://www.njupco.com
官方微博：http://weibo.com/njupco
微信服务号：njuyuexue
销售咨询热线：(025)83594756

＊版权所有，侵权必究
＊凡购买南大版图书，如有印装质量问题，请与所购
　图书销售部门联系调换

前 言

近年来,我一直想独自编写一本供以培养高素质应用型法治人才为主的地方本科院校法学专业和知识产权专业教学使用的物权法教材。这是因为,在我看来,当今中国的法学院系大体上可以分为三个层次、三种类型:第一层次、第一种类型是以科研为主、以培养硕士、博士研究生为主的法学院系;第二层次、第二种类型是教学科研并重、本科生培养与研究生培养并重的法学院系;第三层次、第三种类型是以教学为主、以培养本科生为主的法学院系。上述三个层次、三种类型的法学院系,其法学专业本科生培养的目标定位是不同的。第一层次、第一种类型的定位是培养侧重于理论的高级法治专门人才,这些院系的本科生毕业以后,考取研究生或出国深造的比较多;第二层次、第二种类型的定位是培养理论与实务并重的高级法治专门人才,这些院系的本科生毕业以后,或考取研究生或就业,出国深造的比较少;第三层次、第三种类型的定位是培养侧重于实务的应用型法治人才,这些院系的本科生在毕业以后,少数人考取研究生,多数人就业,出国深造的极少。我们淮阴师范学院的法学专业和知识产权专业即属于上述第三层次、第三种类型。这样的目标定位促使我经常思考这样的问题,即如何才能使我们培养的学生在本科毕业后能够充分就业,就业后能够迅速地适应和胜任工作,并具有持续的发展后劲。为此,我们从多方面进行了探索和尝试,比如,在培养计划和教学大纲中加大研讨课程和案例教学的比重,把学生的专业技能训练纳入培养计划,通过模拟庭审、法律诊所以及电脑的文字录入与处理等来训练学生的专业技能,通过"一字一话(硬笔字和普通话)"、演讲比赛、辩论赛等方式来训练学生的公共技能并辅助专业技能的提高。这些探索和尝试收到了一定的效果。但我觉得还不够,必须从更多的方面和更高的层次来探讨地方本科院校法学专业和知识产权专业本科生的培养目标定位、人才培养规格、培养的硬件和软件以及培养的方式和措施等问题。

合适的教材便属于硬件之一。而现有的教材,虽说质量很高,但偏重于理论,有的对于争议观点和外国法的介绍比较多,不太关注应用和学生专业能力的培养,并且现有的教材多是多人编写,虽说可以集众人智慧,但也带来了重复较多、观点不一以及篇幅过长等弊端,不能完全适应地方本科院校的人才培养需要。为克服上述弊端,我编写了这本《物权法》教材。

在本教材中,我力求做到以下几点:

一是简明扼要。在全面而简要地介绍物权法基本理论和基本知识的基础上,突出主要知识点和重点难点。对争议观点,一般只介绍通说或说服力强的观点。

二是突出应用。紧扣我国现行法律、司法解释、党和国家的法律政策的规定,突出应用,符合培养应用型高素质法治人才的目标要求。

三是注重提高。在民法课程学习的基础上,注重提高,对重点难点问题进行深入讨论。同时,适当介绍其他国家和我国台湾地区物权法的规定,以拓展学生的视野。

四是科学严谨。在体例安排和知识点介绍方面,紧扣《民法典》的规定,体现出科学性和严谨性。在文字表述方面,力求简洁、规范、严谨。

本教材不仅适用于地方本科院校的物权法教学,也适用于各类高职院校的物权法教学,还适用于法律职业资格考试、法硕联考、成人教育以及有关培训等。

季秀平

2021 年 2 月

目 录

第一章　物权与物权法概论 ··· 1
　第一节　物权与物权法的概念 ··· 1
　第二节　物权的客体——物 ··· 4
　第三节　物权的效力 ·· 10
　第四节　物权法的基本原则 ·· 15

第二章　物权的变动 ·· 21
　第一节　物权变动概述 ·· 21
　第二节　不动产登记 ·· 26
　第三节　动产交付 ·· 34

第三章　物权的保护 ·· 37
　第一节　物权保护概述 ·· 37
　第二节　物权的物权法保护 ·· 39
　第三节　物权的债法保护 ·· 43

第四章　所有权概论 ·· 49
　第一节　所有权的概念与类型 ·· 49
　第二节　所有权的内容 ·· 52
　第三节　所有权的取得 ·· 53
　第四节　所有权的行使及限制 ·· 55
　第五节　所有权的消灭 ·· 57

第五章　国家所有权和集体所有权、私人所有权 ······························ 59
　第一节　国家所有权 ·· 59
　第二节　集体所有权 ·· 67
　第三节　私人所有权 ·· 71

第四节　国家所有权和集体所有权、私人所有权的其他问题 …………… 73

第六章　建筑物区分所有权 ………………………………………………… 75
　　第一节　建筑物区分所有权概述 ………………………………………… 75
　　第二节　专有权 …………………………………………………………… 78
　　第三节　共有权 …………………………………………………………… 81
　　第四节　管理权 …………………………………………………………… 82

第七章　相邻关系 …………………………………………………………… 88
　　第一节　相邻关系概述 …………………………………………………… 88
　　第二节　相邻关系的处理 ………………………………………………… 92

第八章　共　有 ……………………………………………………………… 98
　　第一节　共有概述 ………………………………………………………… 98
　　第二节　按份共有 ………………………………………………………… 100
　　第三节　共同共有 ………………………………………………………… 106
　　第四节　准共有 …………………………………………………………… 111

第九章　所有权取得的特别规定 …………………………………………… 113
　　第一节　善意取得 ………………………………………………………… 113
　　第二节　拾得遗失物 ……………………………………………………… 120
　　第三节　添　附 …………………………………………………………… 123
　　第四节　时效取得 ………………………………………………………… 125

第十章　用益物权概论 ……………………………………………………… 129
　　第一节　用益物权的基本理论 …………………………………………… 129
　　第二节　用益物权的历史发展 …………………………………………… 131
　　第三节　用益物权的一般规则 …………………………………………… 136

第十一章　土地承包经营权 ………………………………………………… 139
　　第一节　土地承包经营权概述 …………………………………………… 139
　　第二节　土地承包经营权的效力 ………………………………………… 143
　　第三节　土地经营权流转 ………………………………………………… 146
　　第四节　土地承包经营权的保护 ………………………………………… 153

第十二章　建设用地使用权 ························· 155
　第一节　建设用地使用权概述 ······················· 155
　第二节　建设用地使用权的效力 ····················· 159
　第三节　土地空间权 ····························· 163
　第四节　集体经营性建设用地的法律问题 ··············· 166

第十三章　宅基地使用权 ··························· 170
　第一节　宅基地使用权概述 ························· 170
　第二节　宅基地使用权的效力 ······················· 172
　第三节　宅基地"三权分置" ························ 173

第十四章　居住权 ······························· 176
　第一节　居住权概述 ····························· 176
　第二节　居住权的效力 ··························· 179
　第三节　居住权与相关权利的比较 ···················· 180

第十五章　地役权 ······························· 182
　第一节　地役权概述 ····························· 182
　第二节　地役权的取得和消灭 ······················· 185
　第三节　地役权的效力 ··························· 187
　第四节　法定地役权 ····························· 189
　第五节　地役权与相邻关系 ························· 190

第十六章　担保物权概论 ··························· 192
　第一节　担保物权的基础理论 ······················· 192
　第二节　担保物权的历史发展 ······················· 196
　第三节　担保物权的一般规则 ······················· 197

第十七章　抵押权 ······························· 209
　第一节　抵押权概述 ····························· 209
　第二节　抵押权的效力 ··························· 214
　第三节　抵押权的实现和消灭 ······················· 218
　第四节　特殊抵押权 ····························· 220

第十八章 质 权 226
第一节 质权概述 226
第二节 动产质权 227
第三节 权利质权 234

第十九章 留置权 241
第一节 留置权概述 241
第二节 留置权的效力 243
第三节 留置权的实现和消灭 245

第二十章 非典型担保 247
第一节 所有权保留 247
第二节 让与担保 251
第三节 优先权 255
第四节 其他非典型担保 260

第二十一章 占 有 263
第一节 占有概述 263
第二节 占有的取得和消灭 266
第三节 占有的效力 267
第四节 占有的保护 269

法律法规和司法解释表述规范 271

参考文献 276

后 记 279

第一章

物权与物权法概论

本章重点
1. 物权概念的含义。
2. 物权的效力。
3. 物权法的基本原则。

第一节 物权与物权法的概念

一、物权的概念

(一) 物权概念的产生和确立

物权是大陆法系国家和地区民法上的一个极为重要的概念,它与债权共同构成了大陆法系传统民法财产权的两大基石。因此,研习物权法,首先必须研习物权的概念。

一般认为,物权的观念起源于罗马法。罗马法确认了所有权、地上权、永佃权、役权、抵押权、质权等物权形式,还创设了与"对人之诉"相对应的"对物之诉"来保护这些权利。但是,受当时的人们尤其是法学家们对于物权的认识程度,以及抽象思维水平的限制,在罗马法的全部法律文献中,始终未见"物权"(Jus in re)一词。

据学者们考证,物权的概念很可能是中世纪的注释法学家,如伊勒里乌斯(约1055—1130)、亚佐(约1150—1230)、F.阿库修斯(约1182—1260)、奇诺(1270—1336)、巴尔多鲁(1314—1357)等人,在注释《优士丁尼民法大全》的过程中提出来的。

1811年生效的《奥地利民法典》首次也是唯一的一次以立法的形式确认了物权的概念。该法第307条规定,物权,属于个人财产上的权利,可以对抗任何人;第308条规定,物之物权,包括占有、所有、担保、地役和继承的权利。《奥地利民法典》关于物权的定义,堪称是物权概念的经典表述,至今仍然产生着重要的影响。

1896年颁布的《德国民法典》把财产权区分为物权和债权,并在第三编"物权"这一编名之下,以442个条文(第854条至第1296条)规定了物权的内容。这是物权法发展史上的一个里程碑,标志着物权在名正言顺的名称下业已完成了它的立法化。《德国民法典》设立专编规定物权制度,对后世民法产生了直接而深远的影响。瑞士、日本和我国民国时期的民事立法普遍借鉴了《德国民法典》的这一做法。

中华人民共和国成立后,1986年颁布的《民法通则》没有使用"物权"的概念,而是使用了"财产所有权和与财产所有权有关的财产权"的概念,但学者们普遍认为"财产所有权和与财产所有权有关的财产权"指的就是"物权",只不过因为当时的环境还不适宜直接使用"物权"的概念。2007年颁布的《物权法》第2条第3款规定,本法所称物权,是指权利人依法对特定的物享有直接支配和排他的权利,包括所有权、用益物权和担保物权。《民法典》沿用了这一概念。

(二) 物权概念的含义

《民法典》第114条第2款规定,物权是权利人依法对特定的物享有直接支配和排他的权利,包括所有权、用益物权和担保物权。这一概念的含义包括以下四个方面:① 物权的权利主体。物权的权利主体是"权利人",包括组织、个人、法人、私人、所有权人、用益物权人、担保物权人、集体经济组织以及国家等。只有这些"权利人"才享有对物的直接支配并排除他人干涉的权利,其他非"权利人"不享有这一权利。② 物权的客体。物权的客体主要是特定的有体物,包括动产和不动产。此外,还有建设用地使用权等不动产权利,以及票据权利、股权、债权、知识产权等动产权利。③ 物权的性质,包括直接支配性和排他性。直接支配性是指物权人可以直接支配特定的有体物的性质。排他性一方面是指物权具有不容他人侵犯的性质,另一方面是指同一物上不得同时并存两个以上性质和内容不相容的物权。④ 物权的范围,包括所有权、用益物权和担保物权。所有权又包括单独所有权、共同所有权和区分所有权。用益物权又包括土地承包经营权、建设用地使用权、宅基地使用权、居住权和地役权。担保物权又包括抵押权、质权和留置权。

二、物权法的概念和性质

(一) 物权法的概念

依据《民法典》第205条的规定,物权法是调整因物的归属和利用[①]产生的民事关系的法律。物权法有广义和狭义之分。狭义的物权法,是指以"物权法"命名的法律,如《中华人民共和国物权法》《中华人民共和国民法典物权编》。广义的物权法,是指虽然

---

① 物的归属就是确定物的所有权人,赋予其排他的权利。物的利用就是发挥物的效用,包括物权人本人利用和物权人之外的他人利用。

没有以"物权法"命名,却调整因物的归属和利用而产生的民事关系的法律,如《宪法》《民法通则》《土地管理法》《农村土地承包法》《担保法》等法律中的物权法规范。

(二) 物权法的性质

1. 物权法为私法

法律,根据其调整的社会关系及利益属性的不同,可以划分为公法和私法。调整不平等主体之间的社会关系及公共利益的法律为公法,如行政法、刑法、诉讼法等;调整平等主体之间的社会关系及"私的"利益的法律为私法,如民法、商法。物权法是民法的组成部分,因而属于私法。物权法调整平等主体之间的财产关系,并以此区别于调整平等主体之间人身关系的身份法。物权法调整平等主体之间因财产的归属和利用而产生的民事关系,并以此区别于调整平等主体之间因财产流转而产生的民事关系的债法。

应当注意的是,物权法虽为私法,但也包含着大量的公法因素,具有较强的公法属性,如《民法典》关于基本经济制度的规定,关于国家所有权和集体所有权的规定,关于土地承包经营权、建设用地使用权的规定,关于征收、征用的规定等,都体现了物权法的公法属性。物权法具有较强的公法属性,是由我国实行土地公有制和物权的对世性所决定的。

2. 物权法为强行法

法律,以其应当绝对适用还是相对适用为标准,可以区分为强行法与任意法。强行法是指不问当事人的意思如何,都必须予以适用的法律;任意法是指其是否适用,可依当事人的自由意思予以确定的法律。物权法原则上属于强行法,在适用上具有强行性。之所以如此,是因为物权关系不仅关涉当事人的利益,而且关涉当事人以外的第三人的利益,甚至关涉国家利益乃至于社会公共利益。因此,物权法的大多数规范,都属于强行性规范,不允许当事人以自由意志排除其适用。物权法的强行法特性,是其区别于债法特别是合同法的重要标志。债法规范,特别是合同法规范,一般只关涉当事人利益,而不关涉第三人利益、国家利益和社会公共利益。因此,债法规范大多数属于任意性规范,允许当事人依自己的自由意志而排除其适用。当然,物权法中也有不少任意性规范,如关于设立土地承包经营权、居住权、地役权、抵押权、质权设立的规范。这些规范为当事人设立相关物权留下了意思自治的空间,有利于增强物权法的活力。

3. 物权法为固有法

法律,以其是否为某个国家或地区所固有为标准,可以区分为固有法与非固有法。
固有法是指为某个国家或地区所固有的法律,如物权法、亲属法、继承法等。固有法之所以为某个国家或地区所固有,是因为这些法律与某个国家、民族或地区的历史传统、国民性、价值观、伦理观、经济制度、生活方式等密不可分。就物权法而言,罗马法是与当时罗马城邦的简单商品经济的经济制度以及与之相适应的生活方式密不可分的。法国物权法是与当时法国的自由资本主义经济制度以及与之相适应的生活方式密不可分的。德国物权法是与当时德国的垄断资本主义经济制度以及与之相适应的生活方式密不可分的。《法国民法典》强调所有权绝对，《德国民法典》则强调所有权负有义务，就是物权法的固有法特性的表现。我国物权法也呈现出强烈的固有法特性，体现在土地的国家所有和集体所有、土地承包经营权、宅基地使用权，以及各种特许物权等方面。

非固有法是指不为某个国家或地区所固有的法律，如合同法、侵权法等。非固有法之所以不为某个国家或地区所固有，是因为这些法律或者是反映市场经济的基本要求，如合同法；或者是体现对人的生命、健康、自由的尊重和保护，如侵权法。不仅如此，在合同法领域，早已出现了法律规则的国际化现象，如广泛用于国际贸易领域的《联合国国际货物销售合同公约》，就是明证。

第二节 物权的客体——物

一、物的概念和构成特征

物，是指存在于人身之外，能够满足人们的社会需要而又能够为人所实际控制或支配的物质客体。[①]

物的构成特征如下：

第一，须存在于人体之外。由于人的身体为人格所附，因此，近现代民法不允许以人的身体作为权利客体。易言之，物具有非人格性。但与人的身体分离的毛发、牙齿等，属于物。人死亡后的遗体也属于物。随着科技的发展，活人的身体不属于物的观念受到挑战。如器官移植、器官捐赠等，均是以活人的器官作为合同的标的物。但为了维护人的价值和尊严，法律不能赋予受移植人强行取去移植人活的器官的权利，债权人也无权请求强制执行。

第二，须为人力所能支配。民法上的物，须为人力所能支配。不能为人所支配的物，例如，日月星辰和大洋的底土等，尽管为物理意义上的物，但还不能成为民法上的物。[②] 所谓人力，是指具体人的力量，而不是指人类整体的力量。

第三，须能满足人的需要并具有稀缺性。物须对人有价值。这种价值，不以物质利益为限，精神利益也包括在内。物既可以是天然存在的，也可以是由劳动创造的。不管是天然存在，还是由劳动创造的物，只要它们能满足人的某种需要，都可以成为民法上的物。但并非一切能满足人的某种需要的物都能成为民法上的物。例如，阳光和空气能满足人的需要，但在通常情况下却不能成为民法上的物，因为它们是无限供给的，不

[①] 魏振瀛主编：《民法》，北京大学出版社、高等教育出版社2000年版，第118页。
[②] 但也有学者认为，由于现代社会人类征服自然的能力日益强大，人类活动的范围日益扩张，大洋的海底以及宇宙空间正逐渐成为人类探索开发的范围，因此，民法概念似不应拘泥，凡物理上的物，即使人力还不能支配，也无妨成为法律上的所谓"物"。参见梁慧星、陈华彬编著：《物权法》，法律出版社2003年版，第23页。

具有稀缺性。因此,物理意义上的物,要成为民法上的物,还必须具有稀缺性。①

第四,须独立成为一体。某一物理意义上的物,要想成为民法上的物,须独立成为一体。这是因为,在通常情况下,物要能满足人们的生产和生活需要,就必须独立成为一体,否则难以利用,更无法进行交易。例如,一粒米、一滴油、半间房等,就难以独立地满足人们的需要,也无法进行交易,故无法成为民法上的物。在交易实践中,物能否独立满足人们的需要,应根据交易的具体情形来确定。

二、物的分类

物可以从不同的角度、按照不同的标准进行分类。常见的分类主要有以下几种。

(一) 有体物与无体物

这是以物是否具有一定的形状、体积以及能否为人的感觉所直接感知为标准所作的区分。凡是具有一定的形状、体积等,能够为人的感觉所直接感知的"物"是有体物,如房屋、汽车、衣服等;而不具有一定的形状、体积等,不能为人的感觉所直接感知的"物"是无体物,如声、光、电、磁、波等自然力,股权、票据权利、债权等权利,以及网络游戏中的虚拟物品等。

区分有体物与无体物的意义在于确定物权客体的范围。在一般情况下,物权的客体以有体物为限。

(二) 动产与不动产

这是以物能否移动以及移动后是否改变其效用和价值为标准所作的区分。凡是在空间上能够移动而不损害其效用和价值的物,如衣服、手机、汽车等,为动产;凡在空间上占有固定位置,一经移动便会损害其效用和价值的物,如土地和房屋等,为不动产。

关于不动产的范围和具体类型,各国规定不一。《法国民法典》第518条规定,土地与建筑物,依其性质为不动产。《日本民法典》第86条规定,土地及其定着物为不动产。《俄罗斯联邦民法典》第130条规定,不动产包括土地、矿床、独立水体和所有与土地牢固地吸附在一起的物,即一经移动便使其用途受到损害的物体,其中包括森林、多年生植物、建筑物、构筑物。不动产还包括应进行国家登记的航空器和海洋船舶、内河航运船舶、航天器。法律还可以规定其他财产为不动产。我国《担保法》第92条第1款规定,不动产是指土地以及房屋、林木等地上定着物。《土地管理法》根据土地的用途,将其分为农用地、建设用地和未利用地。农用地是指直接用于农业生产的土地,包括耕地、林地、草地、农田水利用地、养殖水面等;建设用地是指建造建筑物、构筑物的土地,包括城乡住宅和公共设施用地、工矿用地、交通水利设施用地、旅游用地、军事设施用地等;未利用地是指农用地和建设用地以外的土地。应当注意的是,土地中的土沙、岩石

---

① 彭万林主编:《民法学》,中国政法大学出版社1999年版,第50页。

以及地下水,为土地的组成部分。但土地中的矿物,专属于国家所有,并非土地的构成成分。除土地外,不动产还包括房屋、林木、尚未与土地分离的农作物等地上定着物。

区分动产与不动产的意义在于:① 权利取得方式不同。动产的取得方式,既包括原始取得,也包括继受取得;而不动产的取得方式主要是继受取得。② 权利转让的形式要件不同。动产的转让不仅可以采用书面形式或口头形式,还可以采用其他形式;而不动产的转让需要订立书面合同。③ 物权变动的要件不同。动产所有权移转以交付为成立要件,而不动产所有权移转以登记为成立要件。④ 物权的设定对象不同。动产之上一般不能设定用益物权,只能在法律有明确规定的情形下设立担保物权,如动产抵押、动产质押和留置等;不动产之上不仅可以设立担保物权,而且可以设立用益物权。用益物权主要是在不动产尤其是在土地上设立的。⑤ 对权利取得和移转的限制不同。法律(主要是公法)对动产所有权的取得和移转极少设定限制,而对不动产权利的设定、取得和移转则常常设有许多限制。⑥ 法律适用及诉讼管辖不同。就不动产发生的纠纷,依物之所在地法解决,且发生法院的专属管辖;而因动产发生的纠纷,则一般由被告住所地法院管辖,适用当事人本国法。

(三) 公有物与私有物

这是以物属于公共所有还是私人所有为标准所作的区分。公有物是指属于公共所有的物。在我国,公有物主要包括:① 公众共有物。如空气、水流、海洋等。此类物人人必需,因而一般没有特定的权利主体。② 国家所有物。如国有土地、国有文物、国有自然保护区等。③ 地方政府所有物。如各级地方政府所置办的设施等。④ 团体所有物。如宗教团体等社会团体所有的物。⑤ 法人所有物。指归法人单位所有的物。私有物是指属于私人所有的物。在我国,除土地、矿藏、水流、军事设施等不能成为私有物之外,其他动产和不动产都可以成为私有物。

区分公有物与私有物的意义在于:① 法律地位不同。在我国目前的现实中,公有物的法律地位要比私有物高。② 调整的法律不同。除受民法这样的私法调整外,公有物还受《国有资产保护法》等公法的调整。③ 受法律保护的程度不同。在我国目前,法律对公有物的保护程度要比私有物高。

(四) 流通物、限制流通物与禁止流通物

这是以物在民事流转过程中是否受限制以及受限制的程度不同为标准所作的区分。流通物又称融通物,是指法律允许在普通民事主体之间自由流转的物。绝大多数物都是流通物。限制流通物又称限制融通物,是指在流转过程中受到法律和行政法规一定程度限制的物,如自然资源、武器弹药、麻醉药品、黄金及其制品,以及文物等。在我国,限制流通物主要有:① 土地、森林、山岭、草原、荒地、滩涂、水面等自然资源的使用权;② 鸦片、哌替啶等麻醉药品;③ 黄金及其制品;④ 其他限制流通物。禁止流通物又称禁止融通物,是指不得为交易的标的物而流通的物。在我国,禁止流通物主要有:① 土地所有权;② 专属国家所有的矿藏和水流等;③ 军用武器和弹药等;④ 专属于国

家的文物；⑤ 毒品；⑥ 淫秽音像制品；⑦ 其他禁止流通物，如珍贵野生保护动植物。

区分流通物、限制流通物与禁止流通物的意义在于：它们对合同效力的影响不同。如果合同的标的物为流通物，只要具备了合同的其他生效要件，合同即可生效；如果合同的标的物为限制流通物，除须具备合同的一般生效要件外，还应办理相应的批准或登记手续，合同才可以生效；如果合同的标的物为禁止流通物，则合同不能生效。

（五）特定物与种类物

这是以物是否具有独立的特征或者因民事主体的指定而特定化为标准所作的区分。特定物又称为不可替代物，是指具有独立的特征或者因民事主体的指定而被特定化，不能以其他物替代的物。前者如刘墉的一幅字、鲁迅的一页手稿等；后者如从一批某一型号的汽车中挑选出来的某一辆汽车等。应当注意的是，在有些情况下，特定物与种类物的区别不是绝对的，而是相对的。种类物可经由民事主体的选择、确定而成为特定物。例如，一批同一品牌、同一型号汽车中被买受人指定购买的一辆，即由种类物经权利人的指定而成为特定物。种类物又称为可替代物，是指具有共同的特征，能以品种、规格、质量或度量衡加以确定的物，如同一型号的彩电等。

区分特定物与种类物的意义在于：① 确定民事权利的标的物。有些民事权利的标的物只能是特定物，如所有权的客体、租赁法律关系的标的物等；而有些民事权利的标的物既可以是特定物，也可以是种类物，如买卖法律关系的标的物。② 标的物意外灭失的法律后果不同。在特定物买卖关系中，如果标的物在交付前意外灭失，则只能免除义务人的交付义务。当然，权利人可以请求义务人赔偿损失。在种类物买卖关系中，如果标的物在交付前意外灭失，则不能免除义务人的交付义务，可责令义务人以同种类的物替代交付。

（六）主物与从物

这是以两个在物理上相互独立，而在用途上又相互联系的物之间是否具有从属关系为标准所作的区分。在两个独立而又必须结合使用才能发挥经济效用的物中，起主要作用的物是主物；处于附属地位、起辅助和配合作用的物是从物。例如，在电视机和配合其使用的遥控器的关系中，电视机是主物，遥控器是从物。

在理论上和实践中，经常有人误认主物和从物的关系。例如，经常有人将房屋和其窗户、锁和其钥匙、汽车和其轮胎误认为是主物和从物的关系。实际上，这种理解是不对的。因此，必须从从物构成特征的角度，正确地认定从物：

第一，从物具有独立性，而不是主物的成分。从物和主物是两个独立的物，而不是一个物。如果一个"物"是另一个"物"的构成成分，则它们就是一个物，而不是两个物。例如，窗户之于房屋、钥匙之于锁、轮胎之于汽车，前者都是后者的组成部分，故不能说窗户是房屋的从物、钥匙是锁的从物、轮胎是汽车的从物。

第二，从物须经常辅助主物使用。首先，从物须辅助主物使用。辅助的方式，有的是使主物更好地发挥作用,如遥控器之于电视机;有的是保护主物,如防尘罩之于空调室外机;有的是装饰主物,如手机装饰物之于手机。其次,从物须经常辅助主物使用。如果某物仅暂时性地辅助主物发挥效用,则不为从物,如船桨丢失,暂取家中扁担以代之,则扁担不为船舶之从物。反之,若从物暂时与主物分离,则其仍为从物。如船桨因修理而暂时与船舶分离,仍为船舶的从物。

第三,须交易上视为从物。一物要被视作另一物的从物,须在交易上可以作此认定。如果某一物在交易上有特定的习惯不被视作另一物的从物,则不得以从物论。例如,农民用麻袋装大米去零卖,则麻袋不被视作大米的从物。①

区分主物与从物的意义在于:① 就主物的处分,其效力及于从物。《民法典》第320条规定,主物转让的,从物随主物转让,但是当事人另有约定的除外。② 就主物解除合同,其效力及于从物。在当事人没有特别约定的情形下,因作为合同标的物的主物不合约定而解除合同的,解除的效力及于从物。但是,因从物不合约定而解除合同的,解除的效力不及于主物。③ 对主物所有权的一定限制,其效力及于从物。例如,当事人若就主物设定抵押,则抵押之效力及于从物。

(七) 可分物与不可分物

这是以物能否进行实物分割以及分割后是否会损害其用途和降低其价值为标准所作的区分。凡可进行实物分割而不改变其用途和降低其价值的物,为可分物,如米、油等。凡不能进行实物分割,一经实物分割即会使其失去原有用途或降低其价值的物,为不可分物,如一头牛、一辆汽车等。

区分可分物与不可分物的意义在于:① 便于共有物的分割。数人共有一物,于共有关系终止时,这两种物的分割方式不同。对于可分物,可进行实物分割;对于不可分物,则只能进行价值分割,由某一人或部分共有人得到原物,其他的共有人得到金钱补偿。② 便于明确多数人之债的债权和债务。在多数人之债中,如果债的标的物为可分物,则数人可共享按份债权或共担按份债务;如果标的物为不可分物,则数人之债权为不可分债权,其债务为不可分债务。

(八) 原物与孳息

这是以两个物之间产出与被产出的关系为标准所作的区分。原物是指依其自然性

---

① 此外,值得探讨的是,从物与主物是否必须同属于一人。我国民法学界一般认为,从物与主物须同属于一人。如果两个物属于不同的人,虽然它们能够配合使用,也不属于从物和主物的关系。例如,房客为居住方便所带来的窗帘,则不为房屋的从物。而实际上,对于从物与主物是否须同属于一人,有两种不同的立法例和学理见解。《德国民法典》(第97、98条)采否定见解,而《日本民法典》(第87条第1款)和我国台湾地区"民法"(第68条第1项)及其学理均持肯定态度。产生上述差异的原因在于,对区分主物和从物法律意义的不同认识。如果认为主物和从物区分的意义在于确定从物的归属,就会持肯定见解;而如果认为主物和从物区分的意义在于便利交易,就会持否定见解。本书认为,区分主物与从物的意义,主要不在于确定从物的归属,而在于便利交易。因此,本书赞同否定说。依此,如果前述的房屋所有人将他人的窗帘随房屋一起出卖,则尽管该窗帘不属于房屋的所有人,但房屋的所有人对窗帘的处分仍然有效。

质或按照法律规定产生新物的物,如产生幼畜的母畜、带来利息的存款等。孳息是由指原物所产生的收益,包括天然孳息和法定孳息。天然孳息是指果树、动物的出产物及其他依物的使用方法所收获的物,如母畜所生之幼崽、果树所结之果实。法定孳息是指依法律规定所生之收益,如贷款之利息、赁物之租金等。

区分原物与孳息的意义在于:① 确定孳息的收取权人。在孳息的收取权人问题上,有原物主义与生产主义之争。所谓原物主义,是指由原物所有权人收取孳息;所谓生产主义,是指由产生孳息的加工人收取孳息。此外,还有两个问题值得注意:一是,就天然孳息而言,孳息必须与原物分离,才发生孳息的收取问题。否则,不发生孳息的收取问题;二是,天然孳息与法定孳息收取权的法律依据不同。天然孳息的收取由物权法规定,在通常情况下,孳息收取权属于原物所有权人,但法律另有规定或当事人另有约定的除外;法定孳息的收取由债法规定,其权利人通常为债权人。《民法典》第321条规定,天然孳息,由所有权人取得;既有所有权人又有用益物权人的,由用益物权人取得。当事人另有约定的,按照其约定。法定孳息,当事人有约定[①]的,按照约定取得;没有约定或者约定不明确的,按照交易习惯取得。② 原物所有权转移对孳息的影响不同。在原物所有权转移时,除非当事人另有约定,否则,孳息的所有权应同时转移。

(九) 单一物、结合物与集合物

这是以物是否结合、聚合为标准所作的区分。单一物是指形态上能独立成为个体而存在的物;结合物又称为合成物,是指由数个物结合而成的独立物,如房屋等;集合物又称为聚合物,是指由多数的单一物或结合物集合而成,各物仍保持其独立存在的物,如工厂、图书馆、羊群等。

区分单一物、结合物和集合物的意义在于:对于单一物或结合物,原则上物权应存在于物的整体,在物的组成部分上,不应存在独立的物权,但建筑物区分所有权为其例外。对于集合物,其整体不应作为一个物权的客体。物权应存在于各个独立的单一物或结合物上,财团抵押为例外。

(十) 有主物与无主物

这是以物在一定时期内是否有所有权人为标准所作的区分。有主物是指所有权人明确的物,如自然人某甲的手机等。无主物是指没有所有权人的物,如抛弃物、无人继承又无人受遗赠的物等。

区分有主物与无主物的意义在于:① 是否适用先占取得不同。对于无主物,行为人可依自己的单方意志先占取得其所有权。例如,依《废旧物品回收条例》的规定,对于抛弃的废旧物品,拾得人可自己决定取得其所有权。而对于有主物,他人则不能依单方

[①] 应当注意的是,对于法定孳息,最高人民法院《审理民间借贷案件适用法律规定》第25条规定,出借人请求借款人按照合同约定利率支付利息的,人民法院应予支持,但是双方约定的利率超过合同成立时一年期贷款市场报价利率四倍的除外。前款所称"一年期贷款市场报价利率",是指中国人民银行授权全国银行间同业拆借中心自2019年8月20日起每月发布的一年期贷款市场报价利率。

意志取得所有权。② 确定无主物的归属。对无主物所有权的取得,各国民法有不同的规定。我国《民法典》第319条规定,拾得漂流物、发现埋藏物或者隐藏物的,参照适用拾得遗失物的有关规定。法律另有规定的,依照其规定。第1160条规定,无人继承又无人受遗赠的遗产,归国家所有,用于公益事业;死者生前是集体所有制组织成员的,归所在集体所有制组织所有。

第三节 物权的效力

一、物权效力概述

(一)物权效力问题的重要性

物权的效力问题是物权法上的一个重要问题。这是因为:首先,物权的效力问题与物权的性质和内容等问题密切相关,甚至呈现出你中有我、我中有你的纠缠现象,如物权的支配力,究竟是物权的性质,还是物权的效力,就有不同的见解。因此,研究物权的效力问题有助于弄清它与物权的性质和内容的关系,有利于进一步明确物权的属性以及物权与债权等其他民事权利的区别。其次,物权的效力问题与物权的设立、变动、保护等问题也密切相关。例如,物权的排除妨害效力,究竟是物权的效力,还是物权的保护方式,也是剪不断,理还乱的关系。再次,物权的效力问题关乎物权主体之间以及物权人与其他权利人之间的利益关系。它不但决定着静态的财产归属秩序,而且影响着动态的财产交易秩序。因此,物权的效力问题是研习物权法所无法回避的一个重要问题,不得不加以讨论。

(二)物权效力的概念

物权的效力是指法律赋予物权的强制性作用力和保障力。它反映着物权的权能和特性,界定着法律保障物权人对标的物进行支配并排除他人干涉的程度和范围,集中体现着物权依法成立后所产生的法律效果。

从作用范围上看,物权的效力可分为共有效力与特有效力。前者是指各种物权所共有的效力,后者是指某种物权所特有的效力。此处讨论的是物权的共有效力。

(三)关于物权效力的不同观点

对于物权的共有效力,由于大陆法系国家和地区的民法并无系统、完整的规定,而学者们的观察角度又不同,因而形成了不同的观点,主要有以下几种:

1. 二效力说

该说认为,物权的效力有两种,分别是优先权效力与物上请求权。其中,优先效力因物权的排他性而生,物上请求权则直接基于物权的绝对性。对于其他学者所主张的物权的排他效力与追及效力,该说认为应分别包含于优先效力与物权请求权之中。

2. 三效力说

该说认为,物权的效力有三种,但究竟是哪三种,又有不同见解。有人认为是排他效力、优先效力和物上请求权三种;有人认为是对物的支配力、对债权的优先力以及对妨害的排除力(即物上请求权)三种;有人认为是排他效力、优先效力和追及效力三种。

3. 四效力说

该说认为,物权的效力有四种,分别是排他效力、优先效力、追及效力和物上请求权四种。该说为通说,本书从之。

二、物权排他效力

(一) 物权排他效力的含义

物权排他效力,是指在同一物之上,不容许有两个以上同一性质的物权或内容相冲突的物权并存。物权的排他效力包括两方面的内容:一是同一标的物之上不得并存两个或两个以上所有权。同一物之上已有一个所有权存在的,就不能另有其他所有权的存在。二是同一标的物之上不得并存两个或两个以上同以占有为内容的定限物权。例如,同一块土地上不得并存两个或两个以上的建设用地使用权或土地承包经营权。应当注意的是,并非所有的物权在成立上都具有排他性。例如,抵押权在成立上就具有相容性,而不具有排他性。当然,有的学者认为,抵押权在实现上也具有排他效力。本书认为,物权在实现上的排他效力,其实质是物权的优先效力问题。

(二) 物权排他效力的表现

1. 所有权之间的排他效力

所有权之间在成立上具有绝对的排他性。这是因为所有权是对物的全面支配权,在同一物上不可能并存两个以上全面支配权,故一物之上只能存在一个所有权,而不能并存数个所有权。这就是罗马法确立"一物一权"原则的缘由。应当注意的是,共有不属于所有权的并存,而是两个以上的民事主体共享同一个所有权。

2. 用益物权之间的排他效力

用益物权是对他人所有的不动产或者动产所享有的占有、使用和收益的权利。由于用益物权的成立,一般以对他人之物的占有为前提,因此,用益物权原则上不得并存。具体而言,同一块土地之上不得并存两个以上的土地承包经营权、建设用地使用权、宅基地使用权。值得讨论的问题有：① 同一个不动产上能否并存两个以上的地役权。对此，应区别不同情形加以讨论。有些地役权的成立须以占有标的物为前提，如通行地役权、取水地役权、排水地役权等；有些地役权的成立则不以占有标的物为前提，如眺望地役权、通风地役权、采光地役权等。不以占有标的物为前提的地役权，原则上可以并存；即便是以占有标的物为前提的地役权，在多数情形下也可以并存。② 同一个住宅上能否并存两个以上的居住权。对此，原则上，同一住宅的同一房间上不能并存两个以上的居住权，但同一住宅的不同房间上似乎可以并存两个以上的居住权，后者实际上就是居住权的并存。

3. 担保物权之间的排他效力

担保物权之间的排他效力问题比较复杂，需要具体分析。① 抵押权可以并存，因为抵押权的成立不以占有抵押财产为前提。② 动产质权不可以并存，因为动产质权的成立以占有质押财产为前提。③ 留置权不可以并存，因为留置权以占有标的物为前提。④ 动产抵押权与动产质权可以并存，因为虽然动产质权以占有标的物为前提，但抵押权不以占有标的物为前提。⑤ 动产抵押权与留置权可以并存，因为虽然留置权以占有标的物为前提，但抵押权不以占有标的物为前提。⑥ 动产质权与留置权能否并存，情况要更复杂一些。理论上，二者均以占有标的物为前提，似乎不可以并存。但实际上，二者可以并存，只不过在权利实现上，留置权优先于动产质权。⑦ 权利质权能否并存，也要具体分析。以权利凭证的交付为成立要件的权利质权不能并存，而以登记为成立要件的权利质权实际上可以并存，只不过在权利实现上有先后顺序而已。

4. 所有权与定限物权之间的排他效力

所有权与用益物权之间，所有权与担保物权之间，均不具有成立上的排他效力。

5. 用益物权与担保物权之间的排他效力

用益物权与担保物权之间的排他效力问题，也需要具体分析。① 用益物权与抵押权之间一般不发生设立上的排他问题。因为，虽然用益物权以占有标的物为前提，但抵押权却不以占有标的物为前提。因此，用益物权与抵押权可以并存。② 用益物权与动产质权、留置权之间，均不发生排他效力问题。因为用益物权的客体主要为土地和房屋等不动产，而动产质权、留置权的客体均为动产，它们之间不发生并存问题，因而也就不存在排他性问题。

三、物权优先效力

（一）物权优先效力的含义

物权优先效力又称为物权的优先性。关于物权优先效力的内容，向来有不同的意见。有的学者认为，物权优先效力仅限于物权优先于债权的效力；有的学者认为，物优先效力仅指先成立的物权优先于后成立的物权的效力。但通说认为,此二者均为物权优先效力的范围,即认为物权优先效力是指先设立的物权优先于后设立的物权以及物权优先于债权的效力。

(二) 物权优先效力的表现

1. 物权优先于债权的效力

物权优先于债权的效力,是指在物权的客体同时又是债的给付标的物时,无论物权成立于债权之先或之后,其效力均优先于债权。例如,在"一房二卖"的情形下,甲与乙先订立房屋买卖合同,并已将房屋交付乙占有、使用,但甲、乙并未办理房屋过户登记。后甲又与丙订立了房屋买卖合同,并办理了房屋过户登记。在此情形下,丙对房屋的所有权即优先于乙对房屋的合同债权,乙只能要求甲承担违约责任,而不能要求丙腾退房屋。

当然,物权优先于债权也存在例外。例如,在房屋租赁关系中,出租人将租赁物出卖给受让人时,受让人虽取得租赁物的所有权,但不能以该所有权对抗承租人的租赁权。也就是说,承租人的租赁权虽为债权,但具有优先于受让人的所有权的效力。这就是所谓的"买卖不破租赁"。

2. 物权相互之间的优先效力

物权相互之间的优先效力,是指在同一标的物之上有不同性质或内容的物权并存时,成立在先的物权优先于成立在后先物权。这就是所谓的"先来后到"规则或"时间在先,权利在先"规则。物权相互之间的优先效力表现在以下两个方面:一是成立在先的物权的物权人优先享受其利益。例如,在同一不动产上先后设立了两个经登记的抵押权,则前一个抵押权将优先于后一个抵押权实现。二是成立在先的物权压制成立在后的物权。即当后成立的物权害及先成立的物权时,后成立的物权将因先成立的物权的实行而被排斥或消灭。例如,建设用地使用权人在其建设用地使用权上为甲设定抵押权后,又为乙设定了地役权,则先成立的抵押权不受影响。抵押权人在实现抵押权时,可以无视地役权的存在,抵押物的价值不因地役权的设定而减损,后设定的地役权将因先成立的抵押权的实行而消灭。

同样,物权的"先来后到"规则也存在例外。后成立的物权也可以优先于先成立的物权,表现在:一是定限物权优先于所有权。例如,在同一块土地上,虽然土地承包经营权、建设用地使用权等用益物权成立于所有权之后,但由于定限物权具有限制所有权的功能,故土地承包经营权人、建设用地使用权人等定限物权人仍可优先于所有权人行使权利。二是如果法律明确规定了不同物权的先后顺序,则应依法律的规定办。例如,《民法典》第456条规定,同一动产上已经设立抵押权或者质权,该动产又被留置的,留置权人优先受偿。三是费用性担保物权优先于融资性担保物权。所谓费用性担保物权,是指以担保因保存或增加标的物的价值所生债权为目的的物权。所谓融资性担保物权,是指以担保因融资所生的债权为目的的物权。四是基于公共利益或社会政策的理由,使得成立在后的物权优先于成立在先的物权。例如,海商法上的海事优先权即具有优先于船舶抵押权的效力。

四、物权追及效力

(一) 物权追及效力的含义

物权追及效力,是指不管物权的标的物辗转流入何人之手,除法律另有规定外,物权人均可追及其物而直接行使其物权。例如,当所有权人的财产被侵夺,该财产又被侵夺人转让给第三人时,则财产的原所有权人就可以对现实的财产占有人主张其物权,请求返还所有物。

(二) 物权追及效力的切断

承认物权的追及效力,虽然有利于加强对物权人物权的保护,却可能损及第三人的利益和交易安全。因此,各国和地区民法通常设立善意取得和时效取得制度,切断物权的追及效力,以维护善意第三人的利益和交易安全。

五、物权妨害排除效力

(一) 妨害排除效力的含义

物权的妨害排除效力,是指物权人于其物权被妨害或者有被妨害的危险时,可以请求排除侵害或消除危险,以回复其物权的圆满状态的效力。物权的妨害排除效力以物权的存在为前提,以排除对物权的妨害、使物权处于圆满状态为目的,是对物权受到妨害或者有妨害之虞时的一种救济方式。

(二) 物权请求权

基于物权妨害排除效力而产生的权利被称为物权请求权。物权请求权是指当物权的圆满状态受到妨害或者有被妨害的危险时,物权人为恢复其物权的圆满状态,可以请求妨害人为或不为一定行为的权利。一般而言,物权请求权包括返还原物请求权、妨害排除请求权和妨害预防请求权三项内容。返还原物请求权是指物权人在其标的物被他人非法侵占时,可以请求返还的权利。妨害排除请求权是指物权人于其物权的圆满状态被以占有之外的其他方法妨害时,可以请求除去妨害的权利。妨害预防请求权是指物权人在其物权有被妨害的危险时,可以请求消除危险的权利。

第四节 物权法的基本原则

一、物权法基本原则的含义

物权法的基本原则是指导物权立法、物权行使和物权司法的基本准则。它是民法基本原则在物权法中的具体体现,是物权法本质和特征的集中体现,反映了市民社会和市场经济的根本要求,表达了物权法的基本价值取向,是物权法中高度抽象的、最一般的行为规范和价值判断准则,是物权法的核心和灵魂。

二、物权法基本原则的功能

物权法基本原则的功能体现在:

第一,物权法基本原则是立法者进行物权立法的基本准则。物权法基本原则蕴含着物权法调控社会生活所欲实现的目标和所欲达致的理想,确定了物权立法的基本价值取向,是制定具体物权法规范,设计具体物权法制度的基础。在物权法立法过程中,立法者应遵循体系强制的要求,将各项物权法的基本原则落实到相应的物权制度和具体规范之中。

第二,物权法基本原则是物权主体进行相应民事活动的基本准则。物权主体所进行的各项受物权法调整的民事活动,不仅要遵循具体的物权法规范,还要遵循物权法的基本原则。对于物权主体进行的受物权法调整的民事活动,在物权法上欠缺相应的具体规范进行调整时,物权主体应依物权法基本原则的要求进行民事活动。

第三,物权法基本原则是解释和适用物权法的基本准则。物权法基本原则具有高度的抽象性,它不预先设定任何确定的、具体的事实状态,没有规定具体的权利和义务,更没有规定确定的法律后果,在未经足够的具体化之前一般不能作为裁判规范。但裁判者在裁判物权纠纷时,又必须对所应适用的法律条文进行解释,辨别法律规范的类型,阐明法律规范的含义,确定特定法律规范的构成要件和法律效果。裁判者在对法律条文进行解释时,如有两种相反的含义,则应采用其中符合物权法基本原则的含义。无论采用何种解释方法,其解释结果均不能违反物权法基本原则。此外,如果裁判者在裁判案件时,在现行法上未能获得据以作出裁判的依据,这就表明现行法存在漏洞。此时,裁判者应依据物权法的基本原则进行漏洞补充,创制裁判物权纠纷的法律规范,这通常表现为司法解释。

三、我国物权法的基本原则

以《德国民法典》为代表的传统民法确立了物权法定、一物一权、公示公信等物权法的三大基本原则。我国 2007 年《物权法》规定了坚持基本经济制度、平等保护物权、物权法定、物权公示以及遵守法律和不违背公序良俗等几项基本原则。《民法典》物权编去掉了遵守法律和不违背公序良俗原则，这是因为，该原则是民法的一项基本原则，已规定在《民法典》总则之中。

（一）坚持基本经济制度的原则

《民法典》第 206 条规定，国家坚持和完善公有制为主体、多种所有制经济共同发展，按劳分配为主体、多种分配方式并存，社会主义市场经济体制等社会主义基本经济制度。国家巩固和发展公有制经济，鼓励、支持和引导非公有制经济的发展。对于坚持基本经济制度的重要意义，《关于〈中华人民共和国物权法（草案）〉的说明》中解释："通过制定物权法，明确国有财产和集体财产的范围、国家所有权和集体所有权的行使、加强对国有财产和集体财产的保护，有利于巩固和发展公有制经济；明确私有财产的范围、依法对私有财产给予保护，有利于鼓励、支持和引导非公有制经济的发展。"

（二）平等保护物权的原则

平等保护物权的原则是指对任何一项合法取得的物权都应该给予一视同仁的法律保护的原则。在平等保护原则中，需要重点强调的内容有两项：一是他物权保护与所有权保护的平等；二是私有物权保护与公有物权保护的平等。前者主要是针对传统物权法理论和立法上对他物权保护与所有权保护的不平等状况而言的；后者主要是针对我国立法和现实中对私有物权保护与公有物权保护的不平等状况而言的。《民法典》第 206 条第 3 款规定，国家实行社会主义市场经济，保障一切市场主体的平等法律地位和发展权利；第 207 条规定，国家、集体、私人的物权和其他权利人的物权受法律平等保护，任何组织或者个人不得侵犯。

确立平等保护原则的依据主要在于以下三点：

第一，平等保护是市场经济的基本要求。一方面，市场经济是以交换为目的的经济。商品交换得以进行的前提，是每一个交换者都必须承认对方和自己一样，是自己商品的平等的、独立的监护人即所有者，否则，商品交换将无从谈起。正因为如此，马克思才说：商品是天生的平等派。只有坚持对不同商品生产者和交换者的所有权予以平等的法律保护，才能保障市场经济的顺利进行。另一方面，市场经济也是以竞争为动力的经济。竞争的动力就在于市场主体的财富进取心。如果不对市场主体的财富进取心予以保护，市场经济就会失去动力和活力。而要保护市场主体的财富进取心，就要保护其合法取得的财产权利，这其中自然包括物权。只有对市场主体的物权予以平等的保护，其才有创造财富的积极性，才有有效的市场竞争。可以说，没有平等的保护，就不会有真正的市场竞争。

第二，平等保护是现实经济生活的要求。改革开放以来，我国逐步形成了多种经济成分和多种分配方式并存的经济制度。每一种经济成分都是社会主义市场经济的重要组成部分，每一种分配方式都是党的政策和国家的法律认可的公民合法取得收入的方式。多种经济成分和多种分配方式并存的现实，必然要求法律作出相应的反应。同时，改革开放以来，人民群众的财富迅速增加。虽然财富的来源是多种多样的，但其中大多数公民的个人财产都来源于劳动所得。亚当·斯密曾经指出："劳动所有权是一切其他所有权的主要基础，所以，这种所有权是最神圣不可侵犯的。"因此，保护劳动者的财产权也就是保护其劳动。

第三，平等保护是法律上权利平等的要求。民事权利都是平等的权利，并无高低贵贱之分。物权也是这样，并不存在一种物权比另一种物权优越的问题，因此，也不应当对一种物权给予比另一种物权更优越的保护。

(三) 物权法定原则

1. 物权法定原则的含义

物权法定原则又称物权法定主义，是指物权的种类和内容由法律统一规定，不允许当事人依自己的意志自由创设的法律原则。

2. 物权法定原则的内容

《民法典》第 116 条规定，物权的种类和内容，由法律规定。据此，物权法定原则包括两个方面的内容：一是物权种类法定。据此，民事主体不得创设民法典或其他法律所不认可的物权类型。对此，理论上称为"类型强制"。二是物权内容法定。指各种物权的内容由法律规定，当事人不得创设与法定内容不相符的物权。对此，理论上称为"内容固定"。应当注意的是，有的学者认为，物权法定原则的内容还包括物权设立方式法定、物权公示方式法定、物权效力法定、物权保护方法法定等。对此，可进行进一步的讨论。①

3. 物权法定原则的效果

当事人在设立物权时，如果违反了物权法定原则，应视具体情况产生不同的法律效果：① 当事人约定的"物权"违反了法律关于物权种类的强制性规定，不能发生物权法上的效果，其设立的"物权"归于无效。② 当事人约定的有关物权的事项在物权法上无明确规定时，视同违反法律的禁止性规定，应认定无效或不产生物权法上的效力。③ 当事人的约定部分违反物权法定原则，但不影响其他部分的效力的，其他部分仍可有效。④ 虽然物权的设立无效，但如果该行为符合其他法律规定的，可以产生相应的法律后果，如合同法上的效果。

4. 物权法定原则的缓和

我国《民法典》所规定的物权法定原则过于严格，应当予以适当的缓和。其理由是：第一，严格的物权法定与私法自治原则相悖。物权法定原则要求一切物权都必须有国家法律的认可，与民法的私法自治原则相悖，不利于物权法与整个民法的协调统一。第

---

① 参见张志坡：《物权法定，定什么？定到哪？》，载《比较法研究》2018 年第 1 期。

二,物权法定原则的缓和是经济和社会发展的需要。法律是为经济和社会发展服务的。物权法定原则的缓和,有利于较为明确地界分国家与市场主体各自的活动领域,使国家专注于宏观调控和适度的市场管理,而将搞活市场交给市场主体。适当放松物权法定原则,既有利于国家的管理,也有利于市场主体积极性的发挥,从而有利于经济和社会的发展。第三,物权法定原则的缓和也是法律自身发展的需要。随着经济和社会生活的迅速发展,物的客体在迅速增加,与此相适应,物权的种类也应当不断增加。在此情形下,可以先通过司法实践确立新的物权类型,待条件成熟时,再在法律上予以确认。

(四) 物权公示原则

1. 物权公示原则的含义

物权公示原则是指物权的得丧变更,应依法律的规定,采用能够为公众所知晓的外部表现形式公之于世。《民法典》第208条规定,不动产物权的设立、变更、转让和消灭,应当依照法律规定登记。动产物权的设立和转让,应当依照法律规定交付。

2. 物权公示原则的价值

(1) 明确物权归属,解决物权冲突。物权是一种排他性的支配权。物权的排他性要求:任何人未经物权人允许,都无权支配物权标的物并享受其利益。同时,任何人也不得侵害物权人的支配利益。否则,物的支配秩序便无法建立,物权冲突便不可避免。那么,通过何种方法和途径来保证这种排他性的正当与公正呢?这还得从物权的本质属性出发去寻找。物权作为绝对权和任何其他绝对权一样,容易受到来自不特定的其他人的侵害,因此,物权排他主要是要排除他人的侵权行为。侵权行为的一般构成要件包括主观过错,而主观过错的认定前提又在于注意义务的设置。注意义务设置的轻重将直接决定排他性的正当与否。而注意义务本身又是一个相当主观的问题,因而必须寻求一种客观的认定方式。人类经过长期的探索和总结,终于找到了这样的认定方式,那就是动产的占有(交付)和不动产的登记。就动产来说,人们的一般生活经验是占有表彰物权,因而,动产物权的公示方法是占有。在物权发生变动的时候,就要移转占有,即交付。就不动产来说,除事实物权[①]之外,只有不动产登记簿所记载的权利人,才被推定为真正的权利人。这样,通过占有(交付)和登记,物权的定分止争功能便得到体现,物的支配秩序便得到维护。

(2) 保护交易安全,维护交易秩序。市场经济本质上是一种以信用为基础的经济。但是,由于受到利益的驱使,市场主体可能不讲信用。而如果从事交易的市场主体不讲信用,任意出卖他人之物,便会给交易相对人带来不期的损害。如果交易相对人是善意的第三人,而蒙受不期的损害,则不公平。因此,罗尔斯指出:"法治所要求和禁止的行为应该是人们合理地被期望去做或不做的行为。"可见,要保证人们在交易中诚实守信,

---

[①] 在我国广大农村地区,在登记制度还没有完全建立的情况下,即存在事实物权,如农民对自建自住的房屋的物权。

要保证不知情的人不受不期的损害,就必须找到一种合理的方法。这种方法要能够从客观上去判断交易当事人的主观心理状态。

交易在法律上就表现为物权的移转。而要防止在物权移转中出现欺诈等行为,就必须以某种方式使交易双方能够充分了解交易客体的权属状况,了解物权状况的各种信息,包括权利人是否真正享有物权,物权的负担状况如何,物权的存续期限等等。这便需要对物权的状态进行公示。而动产的交付和不动产的登记正好可以担当此任。因为,动产的交付符合人们的一般交易常识,符合人们的日常生活观念;而不动产登记实际上是以国家的信誉作为担保的,因而对于社会公众而言,具有最大的可信度。在此情形和保证下,物权变动变得清晰透明,让渡能够顺利有序地进行,由此便形成了真正的交易秩序,交易安全便得到保障。

(3) 减少交易成本,提高交易效率。"市场经济是有效率的经济"这一命题本身便包含了市场主体在交易过程中要尽量减少交易成本,提高交易效率的含义,而信息公开无疑将有助于这一目标的实现。物权公示制度正好满足了信息公开的要求。物权公示使物权信息完全公开,不仅为交易当事人提供了极大的方便,而且因为公示产生的公信力能够使相对人信赖登记的内容,从而不必在从事交易前投入极大的精力和费用去调查、了解对方当事人是否对转让的财产享有处分权,或被转让的财产之上是否设有负担等情况。这极大地减少了交易费用,提高了交易效率。

3. 物权公示的方法

各国和地区民法关于物权公示方法的规定大同小异,不外乎动产的占有或交付和不动产登记两种基本类型。

(1) 动产占有或交付。

动产的占有是指对物的实际管领和控制;动产的交付是指占有的移转,即物的占有从一个人手中转移到另一个人手中。以占有(或交付)为物权的公示方法,古已有之。在古代,占有虽然主要是动产物权的公示方法,但其也是不动产物权的公示方法。到了近代,占有(交付)开始成为动产物权的特有公示方法。《法国民法典》第2276条第1款规定,在动产方面,占有即等于所有权证书。现代各国民法继承了法国民法的做法,唯一例外的可能是中国所特有的典权。占有(交付)作为动产物权的公示方法,可分别从静态和动态两个方面来理解:在静态方面,占有人即被推定为物权人;在动态方面,动产物权的转移以占有的移转即交付为标志。所以,占有是静态的公示方法,交付是动态(物权变动)的公示方法。但从本质上说,交付的公示方法实际上就是占有的公示方法。

(2) 不动产登记。

不动产登记是指经权利人申请,不动产登记机构将物权的设定、移转、变更和消灭等事项依法定程序记载于不动产登记簿的事实。

4. 物权公示的效力

物权公示产生公信力。一般认为,物权公示产生两种效力:权利正确性推定效力和善意保护效力。

权利正确性推定效力,是指以法定公示方法公示出来的物权状态具有使社会一般人相信其是真实的、正确的物权状态的效力。对于动产,占有人被推定为所有权人。当然,也可能是质权人等他物权人。但是,由于占有仅仅是一种常见的社会事实,仅具有权利外表,占有人并不一定是真正的权利人。因此,《德国民法典》第 1006 条规定,只有为了动产占有人的利益,才将占有人推定为动产的所有权人。① 对于不动产,登记簿中记载的权利人被推定为权利人。基于公示推定力,具有权利外观之人不用证明自己权利的真实性,从而减轻了其证明负担。因此,推定力属于移转举证责任的程序性规范。既然推定力导致举证责任倒置,说明"推定"并非"确定",权利外观并不必然对应着真实的权利本身,其还有被推翻的可能,提出相反主张之人可以通过证据推翻法律通过权利外观而对权利所作的初始配置。

善意保护效力,是指法律对因信赖物权公示而从公示的物权人处善意取得物权的第三人,给予强制保护,使其免受任何人追夺的效力。善意保护效力来源于权利正确性推定效力,因为权利正确性推定效力赋予了第三人对于以公示方法公示出的物权状态的合理信赖。善意保护效力的目的是保护善意第三人的利益,维护交易安全。在我国,落实善意保护效力的具体制度就是《民法典》第 311 条所规定的善意取得制度。

思 考 题

1. 物权的共有效力究竟有哪些?
2. 物权法定原则及其缓和。
3. 物权公示原则与公信原则的关系。

---

① 应当注意的是,就权利推定力而言,占有对不动产可能也有适用的余地。例如,在日本,民法学界的通说认为,未登记的不动产可以适用占有的推定。但是,法律上并不存在推定不动产占有人为所有权人的一般规则。

第二章

物权的变动

本章重点
1. 物权变动的公示及模式。
2. 不动产登记的程序。
3. 更正登记、异议登记、预告登记。
4. 不动产登记的效力。
5. 动产交付及其效力。

第一节 物权变动概述

一、物权变动的含义和形态

(一) 物权变动的含义

物权变动可以从两个方面把握：从物权主体的角度来看，物权变动是指物权的取得、变更与丧失；从物权本体的角度来看，物权变动是指物权的发生、变更与消灭。物权变动反映了人与物之间关系的三种形态变化，其实质是物权主体对物权客体的支配和归属关系的变化。

(二) 物权变动的形态

1. 物权的发生

物权的发生又称物权的取得，是指特定主体与特定物相结合，从而取得该物之物权的法律事实。基于物权发生根据的不同，物权取得可分为原始取得与继受取得。

原始取得又称固有取得，是指非基于他人既存之物权而取得物权。通过生产、税收、征收、没收、先占、添附、善意取得等方法取得物权，属于物权的原始取得。

继受取得又称传来取得，是指以他人的物权为基础而取得物权。继受取得又可分为创设的继受取得(简称创设取得)和转移的继受取得(简称转移取得)。前者是指在他人之物上设立新的物权,如在他人之物上设立用益物权或担保物权;后者是指依物权的原状而取得他人之物的物权,如通过买卖、互易、赠与、继承等取得物权。

2. 物权的变更

物权的变更有广义与狭义之分。广义的物权变更包括物权主体的变更、物权客体的变更和物权内容的变更。狭义的物权变更仅指物权客体的变更和物权内容的变更,不包括物权主体的变更。物权主体的变更,是指物权人的变化,即物权人将物权通过一定的方式转移给他人。例如,通过买卖、互易、赠与等方式转移某物的所有权。物权客体的变更,是指物权标的物在量上的变化,即标的物在量上的增减。例如,物权标的物因添附而增加或因毁损而减少。物权内容的变更,是指物权在质的方面的改变,即物权人的权利、义务存在状态的改变。例如,地役权当事人通过合意改变供役地的使用方法或利用期限。又如,在抵押关系中抵押权次序的升降等。

3. 物权的消灭

物权的消灭又称物权的丧失,是指物权与特定主体相分离。物权的消灭有绝对消灭与相对消灭之分。物权的绝对消灭是指物权与特定主体相分离,而他人又未取得该物权的情形。例如,物权标的物的灭失、物权人抛弃物权、他物权与所有权混同等。物权的相对消灭是指物权离开一主体而与另一主体相结合并使新主体取得物权的情形。例如,物权人因转让标的物而丧失物权。物权的相对消灭从受让人的角度看,为物权的继受取得。由于物权的相对消灭可以归结为物权的继受取得和物权主体的变更,所以物权的消灭一般仅指绝对消灭。

二、物权变动的原因

物权变动的原因是指引起物权变动的法律事实。物权变动的原因多种多样,从性质上可以分为民事法律行为、事实行为和事件、行政行为和司法行为。

(一) 民事法律行为

民事法律行为是物权变动最常见、最主要的原因。这里的民事法律行为既包括双方行为,也包括单方行为。前者如设立、变更及转让物权的合同行为,后者如物权的抛弃。所谓物权的抛弃,是指依物权人的意思表示,使物权归于消灭的一种民事法律行为。抛弃物权,除需有抛弃物权的意思表示外,尚需放弃对动产的占有或者办理不动产注销登记手续,始生效力。

(二) 事实行为和事件

事实行为可以导致物权的变动,如先占、拾得遗失物、发现埋藏物、添附、混同等。所谓混同,是指同一物之上所存在的两个以上物权归属于同一人的情形。在物权混同的情形下,其中一物权即因混同而消灭。物权混同有两种情形:一是所有权与他物权混同。即一物之上存在的所有权和他物权归属于同一人时,他物权因混同而消灭;二是他物权与他物权混同。例如,甲在自己的建设用地使用权上为乙设定地役权。后来,甲又将该建设用地使用权转让给乙,在此情形下,乙的地役权因与建设用地使用权混同而消灭。但是,在特殊情况下,如果某一他物权的存续对于第三人有法律上的利益,则该他物权不因混同而消灭。例如,甲将自己的建设用地使用权抵押给银行,又在该建设用地使用权上为乙设定地役权。后来,甲又将该建设用地使用权转让给乙。在此情形下,乙的地役权不因混同而消灭,因为该地役权上承载着银行的抵押权。

除事实行为外,事件也是物权变动的一种原因,如法定期间的届满、物权人的死亡及继承的发生等,均能引起物权的变动。

(三) 行政行为和司法行为

行政行为和司法行为也可以引起物权的变动。例如,征收、没收、法院判决、仲裁裁决等均能导致物权变动。

三、物权变动的公示

(一) 物权变动公示的含义

物权变动的公示是指物权的得丧变更应当依法律的规定、采用能够为公众所知晓的外部表现形式公之于世。物权公示不仅有利于明确物权归属、解决物权冲突,而且有利于保护交易安全、提高交易效率。

(二) 物权变动的公示方式

物权变动的公示方式,依物权的种类不同而有所不同。《民法典》第208条规定,不动产物权的设立、变更、转让和消灭,应当依照法律规定登记。动产物权的设立和转让,应当依照法律规定交付。可见,不动产物权的变动以登记为公示方式,而动产物权的变动则以交付为公示方式。应当注意的是,《民法典》第208条仅是关于物权设立和变动公示原则的规定,对该条的理解和适用须结合《民法典》物权编的其他规定及其他法律的规定进行。

(三) 物权变动公示的效力

对于物权变动公示的效力,世界各国有三种不同的立法例:一是公示对抗主义。指物权变动仅依当事人的意思表示即可发生,法定的公示方式并非物权变动的成立或生效要件,而仅仅是物权变动的对抗要件。二是公示要件主义。指物权的变动不但要有当事人之间转让物权的合意,而且还需要客观的外在表示形式,即动产的交付和不动产的登记,才能成立或生效。三是折中主义。兼采公示对抗主义和公示要件主义,或侧重于公示对抗主义,或侧重于公示要件主义。

我国《民法典》在物权变动的公示效力上,采取了侧重于公示要件主义的折中主义立法例。具体而言:① 不动产物权的设立、变更、转让和消灭,经依法登记,发生效力;未经登记,不发生效力,但是法律另有规定的除外。依法属于国家所有的自然资源,所有权可以不登记(第 209 条)。① ② 动产物权的设立和转让,自交付时发生效力,但是法律另有规定的除外(第 224 条)。③ 船舶、航空器和机动车等的物权的设立、变更、转让和消灭,未经登记,不得对抗善意第三人(第 225 条)。《民法典物权编司法解释(一)》第 6 条规定,转让人转让船舶、航空器和机动车等所有权,受让人已经支付合理价款并取得占有,虽未经登记,但转让人的债权人主张其为《民法典》第 225 条所称的"善意第三人"的,不予支持,法律另有规定的除外。

物权变动经公示后,便依法产生公信力。也就是说,以公示方式所表现出来的物权即使与真实的权利状态不符,法律仍然承认其具有与真实物权相同的效力。例如,在不动产登记簿上记载某人享有某项物权时,应推定该人享有该项权利;动产的占有人对其占有的动产实施某项行为时,应推定该人依法享有为此种行为的权利。即使通过公示表现的权利状态与真实的权利状态不一致,第三人基于对公示物权的信赖而自推定权利人处取得物权的,仍可取得受让的物权,真正物权人不得以处分人无权处分为由,否认第三人已经取得的物权。

四、物权变动的模式

(一) 基于民事法律行为而发生的物权变动

民事法律行为是引起物权变动的主要法律事实。在基于民事法律行为而发生物权变动问题上,世界各国存在三种不同的立法例:一是债权意思主义。指物权因民事法律行为而发生变动时,仅有当事人的意思表示即可,无须进行登记或交付。按照债权意思主义,公示原则所要求的登记或交付,并非物权变动的生效要件,而仅仅是物权变动的对抗要件。二是债权形式主义。指物权因民事法律行为而发生变动时,除具有债权合意外,还需践行登记或交付的法定形式,才能发生物权变动的效力。三是物权形式主义。指物权因民事法律行为而发生变动时,不仅需有债权合意,还需有物权变动的合意,再加上登记或交付的法定形式,才能发生物权变动的效果。在物权形式主义模式之下,物权合意独立于债权合意。物权行为的效力不受其原因行为即债权合意的影响。登记或交付为物权行为的法定形式,是物权变动的生效要件。

我国《民法典》对基于民事法律行为而发生物权变动采取债权意思主义与登记或交

---

① 为了解决实践中民事、行政审判部门相互推诿的问题,最高人民法院《审理房屋登记案件若干规定》第 8 条规定,当事人以作为房屋登记行为基础的买卖、共有、赠与、抵押、婚姻、继承等民事法律关系无效或者应当撤销为由,对房屋登记行为提起行政诉讼的,人民法院应当告知当事人先行解决民事争议,民事争议处理期间不计算在行政诉讼起诉期限内;已经受理的,裁定中止诉讼。

付相结合的模式,既不要求物权变动须另有物权合意,也未承认物权行为的无因性。但是,我国《民法典》采取了债权行为与物权变动的区分原则。其第 215 条规定,当事人之间订立有关设立、变更、转让和消灭不动产物权的合同,除法律另有规定或者当事人另有约定外,自合同成立时生效;未办理物权登记的,不影响合同效力。区分原则主要用来解决"一房二卖"情形下房屋所有权的归属以及未得到房屋的守约方的权益保护问题。例如,甲把自己的房屋出卖给乙并交付给乙占有、使用,其后甲又把该房屋出卖给丙并过户给丙。在此情形下,依据《民法典》第 215 条的规定,房屋的所有权归属于丙,乙只能根据其与甲之间的房屋买卖合同的约定,追究甲的违约责任。应当注意的是,依据《民法典》第 215 条的规定,未办理物权过户登记不影响不动产买卖合同的效力,但是,已经办理物权过户登记的不动产买卖合同也不是必然有效。因为,《民法典》第 154 条规定,行为人与相对人恶意串通,损害他人合法权益的民事法律行为无效。据此,对于买卖双方恶意串通,签订损害他人合法权益的不动产买卖合同,即使办理了不动产过户登记,也应当认定其无效。

(二) 基于非民事法律行为而发生的物权变动

一般来说,基于非民事法律行为而发生的物权变动,不经登记或交付,即可直接发生物权变动的效力。依据我国《民法典》的规定,这类物权变动主要有三种情形:

(1) 因人民法院、仲裁机构的法律文书或者人民政府的征收决定等,导致物权设立、变更、转让或者消灭的,自法律文书或者征收决定等生效时发生效力(第 229 条)。《民法典物权编司法解释(一)》第 7 条规定,人民法院、仲裁机构在分割共有不动产或者动产等案件中作出并依法生效的改变原有物权关系的判决书、裁决书、调解书,以及人民法院在执行程序中作出的拍卖成交裁定书、变卖成交裁定书、以物抵债裁定书,应当认定为《民法典》第 229 条所称导致物权设立、变更、转让或者消灭的人民法院、仲裁机构的法律文书。应当注意的是,在人民法院、仲裁机构的法律文书或者人民政府的征收决定等生效后,虽未进行不动产登记或者动产交付,仍然应当认定所有权已经发生了转移,以保护新权利人的合法权益。同时,应当注意保护善意第三人的合法权益。因为,在新权利人取得所有权之后,不动产办理过户登记或者动产交付之前,原权利人有可能利用时间差,将该不动产或者动产处分给第三人,此时,如果受让该不动产或者动产的第三人为善意第三人,则应当按照《民法典》第 311 条关于善意取得的规定,保护善意第三人的合法权益。

(2) 因继承取得物权的,自继承开始时发生效力(第 230 条)。应当注意的是,《民法典》第 230 条删除了《物权法》第 29 条关于受遗赠取得物权的规定,因为受遗赠取得物权属于基于民事法律行为取得物权,不属于基于非民事法律行为而发生的物权变动。

(3) 因合法建造、拆除房屋等事实行为设立或者消灭物权的,自事实行为成就时发生效力(第 231 条)。所谓合法建造房屋,主要是指取得了合法的建房手续,包括完成特定的审批手续、取得合法的土地权利、符合规划要求等。①

应当注意的是,在上述三种情形下,尽管物权可以发生变动,但在处分该物权时,依照法律规定需要办理登记的,仍然需要办理登记;未经登记,不发生物权效力(《民法典》第232条)。此外,依据《民法典物权编司法解释(一)》第8条的规定,依据《民法典》第229条至第231条规定享有物权,但尚未完成动产交付或者不动产登记的权利人,依据《民法典》第235条至第238条的规定,请求保护其物权的,应予支持。

第二节 不动产登记

一、不动产登记概述

(一) 不动产登记的概念及意义

依据《不动产登记暂行条例》第2条的规定,不动产登记是指不动产登记机构依法将不动产权利归属和其他法定事项记载于不动产登记簿的行为。不动产登记在物权变动中具有重要意义。《民法典》第209条第1款规定,不动产物权的设立、变更、转让和消灭,经依法登记,发生效力;未经登记,不发生效力,但是法律另有规定的除外。

(二) 不动产登记机构及其职责

《民法典》第210条规定,不动产登记,由不动产所在地的登记机构办理。国家对不动产实行统一登记制度。统一登记的范围、登记机构和登记办法,由法律、行政法规规定。可见,不动产登记实行地域管辖而不实行级别管辖。《民法典》第212条规定,登记机构应当履行下列职责:① 查验申请人提供的权属证明和其他必要材料②;② 就有关登记事项询问申请人;③ 如实、及时登记有关事项;④ 法律、行政法规规定的其他职责。申请登记的不动产的有关情况需要进一步证明的,登记机构可以要求申请人补充材料,必要时可以实地查看。对于《民法典》第212条的规定,应当注意两点:一是该条关于不动产登记机构审查职责的规定,主要是针对基于民事法律行为的物权变动而作出的。对于非因民事法律行为的物权变动,原则上不宜采取该条规定的审查模式。对于由人民法院、仲裁机构作出的法律文书,以及行政机关作出的征收决定等引起的物权变动,当事人申请登记时,登记机构审查生效法律文书或征收决定的真实性即可,而不必审查

---

① 最高人民法院民法典贯彻实施工作领导小组主编:《中华人民共和国民法典物权编理解与适用》(上),法律出版社2020年版,第174页。
② 若申请人提交的材料不齐全,不动产登记机构即为申请人办理不动产所有权过户手续的,即属于未尽到审慎审查义务。

生效法律文书或征收决定的妥当性以及不动产物权的实际情况。① 二是立法机关认为,该条只是一个原则性的规定,既没有界定什么是实质审查,什么是形式审查,也没有明确不动产登记机构承担的究竟是实质审查还是形式审查义务。② 但是,从审查内容来看,该条实际上是在形式审查的基础上,融入了部分实质审查的要求,导致了不动产登记机构审查职责不清,在实践中产生了许多纠纷。

为了防止有些登记机构利用职权设置障碍以谋取私利,《民法典》第213条规定,登记机构不得有下列行为:① 要求对不动产进行评估;② 以年检等名义进行重复登记;③ 超出登记职责范围的其他行为。第223条规定,不动产登记费按件收取,不得按照不动产的面积、体积或者价款的比例收取。

二、不动产登记的范围

《不动产登记暂行条例》第5条规定,下列不动产权利,依照本条例的规定办理登记:① 集体土地所有权;② 房屋等建筑物、构筑物所有权;③ 森林、林木所有权;④ 耕地、林地、草地等土地承包经营权;⑤ 建设用地使用权;⑥ 宅基地使用权;⑦ 海域使用权;⑧ 地役权;⑨ 抵押权;⑩ 法律规定需要登记的其他不动产权利。所谓"其他不动产权利"主要指居住权等。

三、不动产登记的程序

(一) 申请

《不动产登记暂行条例》第14条规定,因买卖、设定抵押权等申请不动产登记的,应当由当事人双方共同申请。但属于下列情形之一的,可以由当事人单方申请:① 尚未登记的不动产首次申请登记的;② 继承、接受遗赠取得不动产权利的;③ 人民法院、仲裁委员会生效的法律文书或者人民政府生效的决定等设立、变更、转让、消灭不动产权利的;④ 权利人姓名、名称或者自然状况发生变化,申请变更登记的;⑤ 不动产灭失或者权利人放弃不动产权利,申请注销登记的;⑥ 申请更正登记或者异议登记的;⑦ 法律、行政法规规定可以由当事人单方申请的其他情形。第15条规定,当事人或者其代理人应当向不动产登记机构申请不动产登记。不动产登记机构将申请登记事项记载于不动产登记簿前,申请人可以撤回登记申请。

《不动产登记暂行条例实施细则》第9条规定,申请不动产登记的,申请人应当填写登记申请书,并提交身份证明以及相关申请材料。申请材料应当提供原件。因特殊情

---

① 最高人民法院民法典贯彻实施工作领导小组主编:《中华人民共和国民法典物权编理解与适用》(上),法律出版社2020年版,第71页。
② 黄薇主编:《中华人民共和国民法典释义》(上),法律出版社2020年版,第419页。

况不能提供原件的,可以提供复印件,复印件应当与原件保持一致。《民法典》第211条规定,当事人申请登记,应当根据不同登记事项提供权属证明和不动产界址、面积等必要材料。《不动产登记暂行条例》第16条规定,申请人应当提交下列材料,并对申请材料的真实性负责:① 登记申请书;② 申请人、代理人身份证明材料、授权委托书;③ 相关的不动产权属来源证明材料、登记原因证明文件、不动产权属证书;④ 不动产界址、空间界限、面积等材料;⑤ 与他人利害关系的说明材料;⑥ 法律、行政法规以及本条例实施细则规定的其他材料。不动产登记机构应当在办公场所和门户网站公开申请登记所需材料目录和示范文本等信息。

(二) 受理

《不动产登记暂行条例》第17条规定,不动产登记机构收到不动产登记申请材料,应当分别按照下列情况办理:① 属于登记职责范围,申请材料齐全、符合法定形式,或者申请人按照要求提交全部补正申请材料的,应当受理并书面告知申请人;② 申请材料存在可以当场更正的错误的,应当告知申请人当场更正,申请人当场更正后,应当受理并书面告知申请人;③ 申请材料不齐全或者不符合法定形式的,应当当场书面告知申请人不予受理并一次性告知需要补正的全部内容;④ 申请登记的不动产不属于本机构登记范围的,应当当场书面告知申请人不予受理并告知申请人向有登记权的机构申请。不动产登记机构未当场书面告知申请人不予受理的,视为受理。

(三) 查验

《不动产登记暂行条例》第18条规定,不动产登记机构受理不动产登记申请的,应当按照下列要求进行查验:① 不动产界址、空间界限、面积等材料与申请登记的不动产状况是否一致;② 有关证明材料、文件与申请登记的内容是否一致;③ 登记申请是否违反法律、行政法规规定。

(四) 实地查看和调查

《不动产登记暂行条例》第19条规定,属于下列情形之一的,不动产登记机构可以对申请登记的不动产进行实地查看:① 房屋等建筑物、构筑物所有权首次登记;② 在建建筑物抵押权登记;③ 因不动产灭失导致的注销登记;④ 不动产登记机构认为需要实地查看的其他情形。对可能存在权属争议,或者可能涉及他人利害关系的登记申请,不动产登记机构可以向申请人、利害关系人或者有关单位进行调查。不动产登记机构进行实地查看或者调查时,申请人、被调查人应当予以配合。

(五) 办结与完成登记

《不动产登记暂行条例》第20条规定,不动产登记机构应当自受理登记申请之日起30个工作日内办结不动产登记手续,法律另有规定的除外。第21条规定,登记事项自记载于不动产登记簿时完成登记。不动产登记机构完成登记,应当依法向申请人核发不动产权属证书或者登记证明。

(六) 不予登记

《不动产登记暂行条例》第 22 条规定,登记申请有下列情形之一的,不动产登记机构应当不予登记,并书面告知申请人:① 违反法律、行政法规规定的;② 存在尚未解决的权属争议的;③ 申请登记的不动产权利超过规定期限的;④ 法律、行政法规规定不予登记的其他情形。

四、更正登记和异议登记

(一) 更正登记

更正登记是指对不动产登记簿上的瑕疵记载(错误或遗漏)进行改正、补充而进行的登记。更正登记的目的是保护事实上的权利人的物权。《民法典》第 220 条第 1 款规定,权利人、利害关系人认为不动产登记簿记载的事项错误的,可以申请更正登记。不动产登记簿记载的权利人书面同意更正或者有证据证明登记确有错误的,登记机构应当予以更正。《不动产登记暂行条例实施细则》第 79 条规定,权利人、利害关系人认为不动产登记簿记载的事项有错误,可以申请更正登记。权利人申请更正登记的,应当提交下列材料:① 不动产权属证书;② 证实登记确有错误的材料;③ 其他必要材料。利害关系人申请更正登记的,应当提交利害关系材料、证实不动产登记簿记载错误的材料以及其他必要材料。第 80 条规定,不动产权利人或者利害关系人申请更正登记,不动产登记机构认为不动产登记簿记载确有错误的,应当予以更正;但在错误登记之后已经办理了涉及不动产权利处分的登记、预告登记和查封登记的除外。不动产权属证书或者不动产登记证明填制错误以及不动产登记机构在办理更正登记中,需要更正不动产权属证书或者不动产登记证明内容的,应当书面通知权利人换发,并把换发不动产权属证书或者不动产登记证明的事项记载于登记簿。不动产登记簿记载无误的,不动产登记机构不予更正,并书面通知申请人。第 81 条规定,不动产登记机构发现不动产登记簿记载的事项错误,应当通知当事人在 30 个工作日内办理更正登记。当事人逾期不办理的,不动产登记机构应当在公告 15 个工作日后,依法予以更正;但在错误登记之后已经办理了涉及不动产权利处分的登记、预告登记和查封登记的除外。

(二) 异议登记

异议登记是指真正的权利人或利害关系人针对不动产登记簿记载事项的正确性提出异议而向登记机构提出的登记。《民法典》第 220 条第 2 款规定,不动产登记簿记载的权利人不同意更正的,利害关系人可以申请异议登记。登记机构予以异议登记,申请人自异议登记之日起 15 日内不提起诉讼的,异议登记失效。异议登记不当,造成权利人损害的,权利人可以向申请人请求损害赔偿。《民法典物权编司法解释(一)》第 3 条规定,异议登记因《民法典》第220条第2款规定的事由失效后,当事人提起民事诉讼,请求确认物权归属的,应当依法受理。异议登记失效不影响人民法院对案件的实体审理。

《不动产登记暂行条例实施细则》第82条规定,利害关系人认为不动产登记簿记载的事项错误,权利人不同意更正的,利害关系人可以申请异议登记。利害关系人申请异议登记的,应当提交下列材料:① 证实对登记的不动产权利有利害关系的材料;② 证实不动产登记簿记载的事项错误的材料;③ 其他必要材料。第83条规定,不动产登记机构受理异议登记申请的,应当将异议事项记载于不动产登记簿,并向申请人出具异议登记证明。异议登记申请人应当在异议登记之日起15日内,提交人民法院受理通知书、仲裁委员会受理通知书等提起诉讼、申请仲裁的材料;逾期不提交的,异议登记失效。异议登记失效后,申请人就同一事项以同一理由再次申请异议登记的,不动产登记机构不予受理。第84条规定,异议登记期间,不动产登记簿上记载的权利人以及第三人因处分权利申请登记的,不动产登记机构应当书面告知申请人该权利已经存在异议登记的有关事项。申请人申请继续办理的,应当予以办理,但申请人应当提供知悉异议登记存在并自担风险的书面承诺。应当注意的是,在不动产登记簿上存在异议登记的情形下,从登记权利人处受让该不动产的第三人,不能被认定为善意第三人,因为他应当知道该不动产权属存在争议。

五、预告登记

(一) 预告登记的概念与性质

预告登记是指为保全一项以将来发生不动产物权变动为目的的请求权的不动产登记。预告登记是一种债权请求权的保全制度。在实践中,需要注意预告登记和商品房预售合同备案登记(网签)的区别,前者是一种民事权利保全制度,后者是一种行政管理制度。网签既不是商品房买卖合同的生效要件,也不是物权登记。

(二) 预告登记的条件

《不动产登记暂行条例实施细则》第85条规定,有下列情形之一的,当事人可以按照约定申请不动产预告登记:① 商品房等不动产预售的;② 不动产买卖、抵押的;③ 以预购商品房设定抵押权的;④ 法律、行政法规规定的其他情形。

(三) 经预告登记的权利的性质

关于经过预告登记的权利的性质,理论上主要有以下两种观点:一是债权请求权说。该说认为,经过预告登记的权利是一种以保全不动产物权为内容的债权请求权。二是准物权说。该说认为,预告登记具有限制合同相对人向第三人处分权利的效力,因而,经过预告登记的权利是一种具有物权效力的债权。本书认为,这两种观点都是正确的,只是观察角度不同而已。一个是从目的的角度观察,另一个是从效力的角度观察。

但是,从效力的角度观察更符合立法的本意,也更具有实务价值。

(四) 预告登记的法律效力

《民法典》第 221 条第 1 款规定,当事人签订买卖房屋的协议或者签订其他不动产物权的协议,为保障将来实现物权,按照约定可以向登记机构申请预告登记。预告登记后,未经预告登记的权利人同意,处分该不动产的,不发生物权效力。《民法典物权编司法解释(一)》第 4 条规定,未经预告登记的权利人同意,转让不动产所有权等物权,或者设立建设用地使用权、居住权、地役权、抵押权等其他物权的,应当依照《民法典》第 221 条第 1 款的规定,认定其不发生物权效力。

根据上述规定,结合民法理论,本书认为,预告登记的法律效力主要有以下几个方面:

第一,保障将来实现物权的效力。预告登记限制了出卖人再次处分不动产的权利,包括转移不动产所有权或者设定建设用地使用权、地役权、抵押权等他物权,有利于保障登记权利人在将来实现物权。

第二,取得对抗第三人的效力。对于经过预告登记的权利能否取得对抗第三人的效力,理论与实务上有不同的见解。例如,出卖人甲与买受人乙订立房屋买卖合同并将合同债权进行预告登记后,又与承租人丙订立租赁合同并将房屋交付于丙使用,在此情形下,乙是否有权要求丙腾退房屋?对此,有的人认为,在此情形下,出卖人甲对房屋已无处分权,因此其与承租人丙订立租赁合同无效。因此,乙有权要求丙腾退房屋。有的人认为,甲、丙之间的租赁合同有效,乙无权要求丙腾退房屋,只能请求甲交付房屋并办理过户登记。本书认为,在房屋买卖合同进行预告登记后,乙的合同债权已经物权化,已经具有物权的排他效力,出卖人甲无权再将房屋处分给其他人,但是甲将房屋出租给乙的行为,不属于处分行为,而属于设定负担的行为。因此,甲、丙之间的租赁合同有效。但是,根据物权排他性以及物权优先于债权的法理,乙应当有权要求丙腾退房屋,返还对房屋的占有。然而,对于出租人甲先向承租人丙交付租赁物,然后又为买受人乙办理所有权让与预告登记的情形下,乙是否有权要求丙腾退房屋的问题,本书认为,在此情形下,根据"买卖不破租赁"的规则,在房屋租赁合同有效期内,乙无权要求丙腾退房屋。

第三,取得对抗执行的效力。例如,出卖人先为买受人办理所有权让与预告登记,然后又将标的物抵押给第三人,为第三人设定抵押权。在此情形下,如果第三人欲实现抵押权,则预告登记的登记权利人有权提出停止处分异议或者排除执行异议。

(五) 预告登记的失效

《民法典》第 221 条第 2 款规定,预告登记后,债权消灭或者自能够进行不动产登记之日起 90 日内未申请登记的,预告登记失效。据此,预告登记失效的情形主要有:

第一,债权消灭。依据《民法典物权编司法解释(一)》第 5 条的规定,所谓"债权消灭",是指买卖不动产物权的协议被认定无效、被撤销,或者预告登记的权利人放弃债权的情形。

第二,预告登记权利人怠于进行不动产物权登记。预告登记权利人自能够进行不动产登记之日起 90 日内未申请登记的,预告登记失效。

六、查封登记

查封登记是指不动产登记机构应人民法院查封被执行不动产的要求,而对被查封的不动产所进行的登记。查封登记的性质不属于物权变动的方式,而是一种财产保全的手段。《不动产登记暂行条例实施细则》第 90 条规定,人民法院要求不动产登记机构办理查封登记的,应当提交下列材料:① 人民法院工作人员的工作证;② 协助执行通知书;③ 其他必要材料。第 91 条规定,两个以上人民法院查封同一不动产的,不动产登记机构应当为先送达协助执行通知书的人民法院办理查封登记,对后送达协助执行通知书的人民法院办理轮候查封登记。轮候查封登记的顺序按照人民法院协助执行通知书送达不动产登记机构的时间先后进行排列。第 92 条规定,查封期间,人民法院解除查封的,不动产登记机构应当及时根据人民法院协助执行通知书注销查封登记。不动产查封期限届满,人民法院未续封的,查封登记失效。

七、不动产登记的效力

《民法典》第 214 条规定,不动产物权的设立、变更、转让和消灭,依照法律规定应当登记的,自记载于不动产登记簿时发生效力。第 216 条规定,不动产登记簿是物权归属和内容的根据。第 217 条规定,不动产权属证书是权利人享有该不动产物权的证明。不动产权属证书记载的事项,应当与不动产登记簿一致;记载不一致的,除有证据证明不动产登记簿确有错误外,以不动产登记簿为准。《民法典物权编司法解释(一)》第 2 条规定,当事人有证据证明不动产登记簿的记载与真实权利状态不符、其为该不动产物权的真实权利人,请求确认其享有物权的,应予支持。

应当注意的是:第一,不动产权属证书的移转占有不能作为物权变动的生效要件;第二,无论不动产权属证书,还是不动产登记簿,都不具有绝对的证据效力。

八、登记资料的查询与复制

(一) 查询、复制的主体

为了保障权利人和利害关系人的权利,《民法典》第 218 条规定,权利人、利害关系人可以申请查询、复制不动产登记资料,登记机构应当提供。《不动产登记暂行条例》第 27 条规定,权利人、利害关系人可以依法查询、复制不动产登记资料,不动产登记机构应当提供。有关国家机关可以依照法律、行政法规的规定查询、复制与调查处理事项有关的不动产登记资料。

(二) 查询、复制的申请

《不动产登记暂行条例实施细则》第97条规定，国家实行不动产登记资料依法查询制度。权利人、利害关系人按照《不动产登记暂行条例》第27条规定依法查询、复制不动产登记资料的，应当到具体办理不动产登记的不动产登记机构申请。权利人可以查询、复制其不动产登记资料。因不动产交易、继承、诉讼等涉及的利害关系人可以查询、复制不动产自然状况、权利人及其不动产查封、抵押、预告登记、异议登记等状况。人民法院、人民检察院、国家安全机关、监察机关等可以依法查询、复制与调查和处理事项有关的不动产登记资料。其他有关国家机关执行公务依法查询、复制不动产登记资料的，依照本条规定办理。涉及国家秘密的不动产登记资料的查询，按照保守国家秘密法的有关规定执行。

《不动产登记暂行条例实施细则》第98条规定，权利人、利害关系人申请查询、复制不动产登记资料应当提交下列材料：① 查询申请书；② 查询目的的说明；③ 申请人的身份材料；④ 利害关系人查询的，提交证实存在利害关系的材料。权利人、利害关系人委托他人代为查询的，还应当提交代理人的身份证明材料、授权委托书。权利人查询其不动产登记资料无须提供查询目的的说明。有关国家机关查询的，应当提供本单位出具的协助查询材料、工作人员的工作证。

(三) 查询、复制的范围

《不动产登记暂行条例实施细则》第94条规定，不动产登记资料包括：① 不动产登记簿等不动产登记结果；② 不动产登记原始资料，包括不动产登记申请书、申请人身份材料、不动产权属来源、登记原因、不动产权籍调查成果等材料以及不动产登记机构审核材料。

(四) 查询、复制的要求

为了约束利害关系人的不当行为，《民法典》第219条规定，利害关系人不得公开、非法使用权利人的不动产登记资料。《不动产登记暂行条例》第28条规定，查询不动产登记资料的单位、个人应当向不动产登记机构说明查询目的，不得将查询获得的不动产登记资料用于其他目的；未经权利人同意，不得泄露查询获得的不动产登记资料。《不动产登记暂行条例实施细则》第99条规定，有下列情形之一的，不动产登记机构不予查询，并书面告知理由：① 申请查询的不动产不属于不动产登记机构管辖范围的；② 查询人提交的申请材料不符合规定的；③ 申请查询的主体或者查询事项不符合规定的；④ 申请查询的目的不合法的；⑤ 法律、行政法规规定的其他情形。第101条规定，查询人在查询时应当保持不动产登记资料的完好，严禁遗失、拆散、调换、抽取、污损登记资料，也不得损坏查询设备。第102条规定，查询人可以查阅、抄录不动产登记资料。查询人要求复制不动产登记资料的，不动产登记机构应当提供复制。查询人要求出具查询结果证明的，不动产登记机构应当出具查询结果证明。查询结果证明应注明查询目的及日期,并加盖不动产登记机构查询专用章。

(五) 查询、复制的期限和地点

《不动产登记暂行条例实施细则》第 100 条规定,对符合本实施细则规定的查询申请,不动产登记机构应当当场提供查询;因情况特殊,不能当场提供查询的,应当在 5 个工作日内提供查询。第 101 条规定,查询人查询不动产登记资料,应当在不动产登记机构设定的场所进行。不动产登记原始资料不得带离设定的场所。

九、登记错误的损害赔偿责任

对于登记错误的损害赔偿责任,《民法典》第 222 条规定,当事人提供虚假材料申请登记,造成他人损害的,应当承担赔偿责任。因登记错误,造成他人损害的,登记机构应当承担赔偿责任。登记机构赔偿后,可以向造成登记错误的人追偿。在实践中,造成登记错误的原因主要有:一是个别当事人提供虚假材料申请登记,导致登记错误。在此情形下,造成他人损害的,应当由该当事人承担赔偿责任。二是因登记机构工作人员在审核申请材料的故意和过失,造成登记错误。在此情形下,造成他人损害的,应当由登记机构承担赔偿责任。登记机构赔偿后,可以向造成登记错误的工作人员追偿。《审理房屋登记案件若干规定》第 12 条规定,申请人提供虚假材料办理房屋登记,给原告造成损害,房屋登记机构未尽合理审慎职责的,应当根据其过错程度及其在损害发生中所起作用承担相应的赔偿责任。第 13 条规定,房屋登记机构工作人员与第三人恶意串通违法登记,侵犯原告合法权益的,房屋登记机构与第三人承担连带赔偿责任。《国家赔偿法》第 16 条规定,赔偿义务机关赔偿损失后,应当责令有故意或者重大过失的工作人员或者受委托的组织或者个人承担部分或者全部赔偿费用。对有故意或者重大过失的责任人员,有关机关应当依法给予处分;构成犯罪的,应当依法追究刑事责任。

第三节 动产交付

一、动产交付的概念

动产交付即动产占有的移转,是指对动产的占有从一个民事主体移转给另一个民事主体。动产的交付是动产物权变动的生效要件。

二、动产交付的形式

动产交付包括现实交付和观念交付。

现实交付又称直接交付,是指物权的让与人将动产的占有直接或者间接移转给受让人。直接移转容易理解,间接移转比较难理解,试举例说明之:① 通过占有辅助人进行交付。例如,甲将自己的汽车出卖给乙,甲让自己的司机丙(占有辅助人)将汽车交付给乙,即属之。② 通过被指令人进行交付。例如,甲将自己的汽车出卖给乙,乙又将该汽车转卖给丙,乙请求甲直接将该汽车交付给丙(被指令人),甲同意了乙的请求。在此情形下,甲将汽车交付给丙,既完成了他对乙的交付,也完成了乙对丙的交付。③ 通过占有媒介人进行交付。例如,甲在乙公司购买一台钢琴,约定由乙公司将钢琴送到甲的教师丙(占有媒介人)的家中,甲定期或不定期到丙家学习钢琴,于是,乙公司将钢琴送到丙家中,即属之。

观念交付是指占有在观念上的转移而非现实的转移,包括简易交付、指示交付和占有改定。

简易交付是指当事人双方以转移物权的合意代替该动产现实转移占有的交付。简易交付的基本模式是"先租(借)后卖"。《民法典》第 226 条规定,动产物权设立和转让前,权利人已经占有该动产的,物权自民事法律行为生效时发生效力。据此,在简易交付的情形下,当事人之间不仅要有物权让与的合意,而且须在该物权让与合意生效时,才发生物权变动的效力。应当注意的是,在简易交付中,并不考虑动产物权设立和转让前权利人已经占有该动产的原因。当然,权利人已经占有该动产,通常是有原因的,如租赁或者借用。

指示交付是指当动产由第三人占有时,让与人以对第三人的返还请求权让与受让人,以代替现实交付。《民法典》第 227 条规定,动产物权设立和转让前,第三人占有该动产的,负有交付义务的人可以通过转让请求第三人返还原物的权利代替交付。此所谓"第三人",一般情况下应为特定第三人,包括该动产的承租人、借用人、保管人、质权人等,在特殊情况下也可以为不特定第三人,如将来占有标的物的第三人。值得讨论的问题是,让与人让与对标的物的返还请求权,是否应当通知第三人?不通知第三人的后果如何?对此,本书认为,虽然《民法典》未明确规定让与人应当通知第三人,但是在实践中,为了减少让与人未行通知所带来的不必要的麻烦,让与人应当通知第三人。如果让与人未通知第三人,导致第三人向让与人交付标的物的,让与人应当按照约定将标的物交付受让人。

占有改定是指转让动产物权的让与人仍直接占有标的物,而由受让人间接占有该标的物。占有改定的基本模式是"先卖后租(借)回"。《民法典》第 228 条规定,动产物权转让时,当事人又约定由出让人继续占有该动产的,物权自该约定生效时发生效力。应当注意的是,占有改定应当符合以下三项条件:第一,须让与人与受让人达成转移动产物权的合意,如买卖或设定让与担保等;第二,须让与人与受让人之间具有某种使受让人取得该动产间接占有的具体法律关系,即该条所谓当事人关于"由出让人继续占有该动产"的约定;第三,须受让人已经对该动产进行了直接占有或间接占有,否则不发生占有改定。

三、动产交付的效力

《民法典》第 224 条规定,动产物权的设立和转让,自交付时发生效力,但是法律另有规定的除外。据此,除非法律另有规定,否则,自标的物交付之时起,即发生动产物权变动的效力。第 225 条规定,船舶、航空器和机动车等的物权的设立、变更、转让和消灭,未经登记,不得对抗善意第三人。据此,对于船舶、航空器和机动车等特殊动产(或者说准不动产)而言,交付同样产生物权变动的效力,但是物权变动未经登记的,不得对抗善意第三人,其目的是维护交易秩序。应当注意的是,"未经登记的,不得对抗善意第三人"中的"善意第三人"并非指与原物权人进行交易的任何"善意第三人",而是有所限制。原物权人的一般债权人、基于无效民事法律行为而受让标的物的第三人、无效的登记名义人等,即不属于"善意第三人"。至于不法侵害或不法占有交易标的物的第三人,则当然不属于"善意第三人"。

思 考 题

1. 物权变动的区分原则。
2. 预告登记的性质和效力。

第三章

物权的保护

本章重点
1. 物权保护的意义。
2. 各种物权请求权。
3. 各种债权请求权。

物权是民事主体的一项十分重要的财产权利。但物权作为对世权的特点使其与债权相比,更容易受到来自不特定的义务主体的侵害,因此,必须重视和加强对物权的保护。

第一节　物权保护概述

一、物权保护的含义

物权保护的含义有广义与狭义之分。广义的物权保护,是指依据法律规定对物权予以保护的各种机制的总和。《民法典》第 207 条规定,国家、集体、私人的物权和其他权利人的物权受法律平等保护,任何组织或者个人不得侵犯。狭义的物权保护,是指《民法典》所特别规定的保护物权的方式。《民法典》第二编设"物权的保护"专章,充分显示了对物权保护的重视。《民法典》关于物权保护的规定,具有以下特点:一是从物权的特殊规则出发,着重运用物权方法保护物权,同时兼顾债法方法;二是规定物权的保护方式可以单独适用,也可以根据权利被侵害的情形合并适用(第 239 条);三是规定物权人可以通过多种途径,如和解、调解、仲裁、诉讼等,保护物权(第 233 条)。

二、物权保护的意义

第一,保护物权是保障基本人权的需要。所谓基本人权,也就是人之所以为人所应当享有的基本权利。其中,最基本的人权就是生存权。恩格斯指出:"正如达尔文发现有机界的发展规律一样,马克思发现了人类历史的发展规律,即历来为繁芜丛杂的意识形态所掩盖着的一个简单的事实:人们首先必须吃、喝、住、穿,然后才能从事政治、科学、艺术、宗教等等。"卢梭也说:"人性的首要法则,是要维护自身的生存,人性的首要关怀,是对其自身所应有的关怀。"人要生存,就要消耗一定的资源。资源是有限的,但人们对资源的需求却是无限的。于是,资源的有限性与需求的无限性之间必然存在着紧张关系。为消解这种紧张关系,人们想尽了各种办法。通过生产并进而增加资源的供应量无疑是最佳的,也是最能根本解决问题的方法。但由于受各种主客观原因的限制,人们并非总能做到这一点。于是,一些希图不劳而获的人试图通过另一种活动——掠夺,来获取自己所需的资源。针对掠夺行为,必然会产生第三种活动即保护活动。掠夺生活资源和保护生活资源的过程,实质上是一个侵犯和保护物权的斗争过程。在这一过程中,法律所起的作用就是定纷止争。就民法而言,主要是通过赋予民事主体各种请求权并保障这些权利的实现而达到的。

第二,保护物权是保障人的自由发展的需要。维持生存只是人权保障的最低目标。在生存权得到保障的基础上,人们必然要追求自身的自由发展和幸福生活。而人的自由发展和幸福生活的获得必然离不开一定的物质保障。美国学者沃纳说:"财产是一个人的自由意志的体现,是他的自由的外在领域。"伊利则进一步指出:"自由意味着一个人使他自己达到崇高和最佳境界的权力……而私有财产则是自由的实现。"可见,财产权既是个人自由的体现,也是个人自由实现的保障。但财产权的获得和维持并不是自动实现的。如果没有对财产权的保障,人的自由发展也便失其所依。约翰·亚当斯曾断言:"财产必须受到保护","不然,自由就没有存在的可能。"阿兰·赖恩指出:"所有权的法则保证我们可以称自己的东西为自己的东西,从而确保我们对幸福生活的向往,能够促使我们去工作。"可见,保护物权,也就是在保护人的自由发展权。

第三,保护物权是发展市场经济的需要。在资本主义社会,由于重视对私有财产的保障,因而促进了资本主义市场经济的发展。正如波斯纳所言:"对财产权的法律保护创造了有效益地利用各种资源的激励。"在我国,邓小平同志敏锐地看到了经济活动的基本动力机制是利益驱动机制,而利益驱动机制的支点就是人们对自身利益的追求,从而在中国实行市场化取向的经济体制改革,引导中国走向发展社会主义市场经济的道路。因此,可以说,要发展市场经济就必须重视对各类物权,特别是私人物权的保护。

三、物权保护的类型

(一) 公法保护与私法保护

从法律部门的角度,物权保护可以分为公法保护与私法保护。

公法保护即借助行政法、刑法以及诉讼法等法律对物权予以保护。其中,行政法保护旨在通过行政处罚惩戒和遏制侵害物权的行政违法行为来保护物权,如《治安管理处罚法》对盗窃行为的处罚性规定;刑法保护旨在通过刑事制裁惩戒和遏制侵害物权的犯罪行为来保护物权,如刑法对各种侵犯财产罪的规定等;诉讼法保护旨在通过民事诉讼法、行政诉讼法等来保护物权。

私法保护即民法保护,是指通过民法规定的保护性权利和方法除去对物权的不法侵害,以恢复物权人对标的物的完满支配状态,或使物权人得到价值上的补偿。民法保护包括物权法保护和债权法保护。前者是指通过行使物上请求权对物权加以保护,后者是指通过行使债权请求权对物权加以保护。

(二) 私力救济与公力救济

从权利人所借助的力量的角度,物权保护可以分为私力救济与公力救济。

私力救济是指物权人于其物权受到侵害时,以私人的力量维护或恢复物权的完满状态。其形式包括自卫行为和自助行为。自卫行为是指行为人为避免自己或他人的物权遭受不法侵害或紧急危险所实行的防卫行为和避险行为,包括正当防卫紧急避险。自助行为是指物权人为保护自己的物权,依靠自己的力量,对加害人的人身或财产施加一定的拘束或毁损的行为。

公力救济是指当物权受到侵害时,根据物权人的请求,由法院通过诉讼程序和强制执行程序对物权加以保护。其途径主要有三种,即民事诉讼程序、行政诉讼程序和强制执行程序。

第二节 物权的物权法保护

为了保护物权,以德国为代表的大陆法系国家和地区专门设置了物权请求权制度。我国《民法典》也确认了物权请求权制度。所谓物权请求权,是指物权人为了维护其物权的圆满状态,而对妨害或即将妨害其物权圆满状态之人请求为一定行为的权利。其类型包括物权确认请求权、返还原物请求权、排除妨害请求权和消除危险请求权。

一、物权确认请求权

(一) 物权确认请求权的概念

物权确认请求权是指在物权归属不明或者内容发生争议时,利害关系人请求有关国家机关确认物权归属、解决物权争议的请求权。《民法典》第234条规定,因物权的归属、内容发生争议的,利害关系人可以请求确认权利。《民法典物权编司法解释(一)》第1条规定,因不动产物权的归属,以及作为不动产物权登记基础的买卖、赠与、抵押等产生争议,当事人提起民事诉讼的,应当依法受理。当事人已经在行政诉讼中申请一并解决上述民事争议,且人民法院一并审理的除外。第2条规定,当事人有证据证明不动产登记簿的记载与真实权利状态不符,其为该不动产物权的真实权利人,请求确认其享有物权的,应予支持。第3条规定,异议登记因《民法典》第220条第2款规定的事由失效后,当事人提起民事诉讼,请求确认物权归属的,应当依法受理。异议登记失效不影响人民法院对案件的实体审理。

应当注意的是,《土地管理法》第14条规定,土地所有权和使用权争议,由当事人协商解决;协商不成的,由人民政府处理。单位之间的争议,由县级以上人民政府处理;个人之间、个人与单位之间的争议,由乡级人民政府或者县级以上人民政府处理。当事人对有关人民政府的处理决定不服的,可以自接到处理决定通知之日起30内,向人民法院起诉。在土地所有权和使用权争议解决前,任何一方不得改变土地利用现状。

(二)物权确认的一般规则

1. 民事诉讼法上的证据规则

一般而言,在民事诉讼中,任何主张权利的人都应当举证证明其主张的成立,否则,就要承担败诉的风险。物权确认也是这样。在物权确认诉讼中,任何对他人占有之物主张物权的人,都必须举证证明自己主张的成立,否则,其应当败诉。对于此规则的具体运用,本书不予探讨。

2. 民法上的权利推定规则

在物权确认中,还可以运用民法上的权利推定规则,推定物权的归属。这些规则主要有:

(1)占有推定规则。对于动产,民法上有所谓占有表彰权利的规则。一般而言,现时的、善意的、和平的占有被推定为合法占有。合法占有本身即产生一种权利的推定力,即占有人占有某物可以推定其对该物享有权利。如《德国民法典》第1006条第1项规定,为有利于动产占有人,推定占有人为物的所有权人。又如,我国台湾地区"民法"第943条规定,占有人于占有物上行使之权利,推定其适法有此权利。

(2)登记推定规则。对于不动产,一般推定不动产登记簿上记载的权利人为真正的权利人。即使在错误登记的情况下,如果未经变更登记,登记记载的权利人仍被推定为真正的权利人。《德国民法典》第891条第1项规定,在土地登记簿中为了某人登记一项权利的,应推定此人享有该项权利。我国台湾地区"民法"第759条之一第1项规定,不动产物权经登记者,推定登记权利人适法有此权利。

应当注意的是,上述权利推定,允许以相反证据予以推翻。当真正的权利人以其他证据予以推翻时,登记记载的权利人不得以登记的公信力为积极抗辩。

(三)物权确认请求权与诉讼时效

对于物权确认请求权是否适用诉讼时效,《八民会议纪要》第4条规定,已经合法占有转让标的物的受让人请求转让人办理物权变更登记,登记权利人请求无权占有人返还不动产或者动产,利害关系人请求确认物权的归属或内容,权利人请求排除妨害、消除危险,对方当事人以超过诉讼时效期间抗辩的,均应不予支持。据此可知,物权确认请求权不适用诉讼时效。

二、返还原物请求权

(一)返还原物请求权的概念

返还原物请求权是指物权人请求现时的无权占有人返还其标的物的权利。《民法典》第235条规定,无权占有不动产或者动产的,权利人可以请求返还原物。

(二)返还原物请求权的构成要件

1. 须发生他人无权占有物权标的物之事实

这是物权人行使返还请求权的前提条件。所谓无权占有,是指无正当权源的占有,即占有人没有法律或合同上的根据而占有他人之物,包括自始无权占有和嗣后无权占有。至于他人无权占有物权标的物是否因其过错所致,则不予考虑。

2. 请求权人须为失却占有之物权人

所谓失却占有之物权人,是指失却占有的所有权人和他物权人。他物权人包括土地承包经营权人、建设用地使用权人、宅基地使用权人、居住权人以及动产质权人等,但不包括地役权人、抵押权人和留置权人。

3. 须有相对人出现且其为现时的无权占有人

这一要件包括以下三层含义:第一,需有相对人出现。如果没有无权占有其物的相对人出现,或者虽有无权占有其物的相对人但不知相对人是谁,则无论是自力请求还是公力救济都会因为缺少相对人而无法实施。第二,相对人须为无权占有人。对于有权占有人,物权人不能行使返还原物请求权。第三,相对人须为现时的无权占有人。所谓现时的无权占有人,是指在物权人行使返还原物请求权时,仍在事实上管领其物的人。对于非现时占有人,即使曾因其无权占有行为使物权人失去对标的物的占有,物权人也不能对其行使返还原物请求权。

应当注意的是,对于返还原物请求权是否适用诉讼时效,《民法典》第196条第2项规定,不动产物权和登记的动产物权的权利人请求返还财产的请求权,不适用诉讼时效的规定。依据反面解释可知,只有未登记的动产物权的权利人请求返还财产的请求权,才适用诉讼时效的规定。

(三)返还原物请求权的效力

一般认为,返还原物请求权的效力及于原物的返还、孳息的返还,以及返还费用的负担等问题。本书认为,原物及其孳息都应当返还,返还费用应由无权占有人负担。

三、排除妨害请求权

(一) 排除妨害请求权的概念

排除妨害请求权是指当他人以侵夺占有之外的方式妨碍物权人行使物权时,物权人可以请求妨害人除去妨害,以恢复物权圆满状态的权利。《民法典》第 236 条规定,妨害物权的,权利人可以请求排除妨害。

(二) 排除妨害请求权的构成要件

1. 须标的物受有妨害且被妨害的标的物仍然存在

这是物权人行使排除妨害请求权的前提条件,包括两层含义:一是须标的物受有妨害。所谓妨害,是指他人的行为或物件对物权人的物权造成妨碍。二是被妨害的标的物仍然存在。如果标的物已经毁灭,则物权绝对消灭,妨害排除请求权也将失其所依。

2. 相对人以占有以外的方法妨害物权人行使物权

这是物权人行使排除妨害请求权的实质条件。所谓"以占有以外的方法妨害物权人行使物权",是指相对人没有剥夺物权人对其标的物的占有,而是通过其他方式妨害物权人行使物权。妨害包括事实上的妨害和法律上的妨害。前者是指通过对标的物实施某种实际作用力而妨害物权人行使物权;后者是指通过实施某种法律上的行为而妨害物权人行使物权。

3. 妨害必须是非法的、不正当的

对于合法的、正当的"妨害",物权人有容忍的义务,不得要求排除。

应当注意的是,排除妨害请求权的行使不以相对人具有过错为要件,也不适用诉讼时效的规定。

(三) 排除妨害请求权的效力

一般而言,相对人应当自担费用,排除对物权人物权的妨害。

四、消除危险请求权

(一) 消除危险请求权的概念

消除危险请求权又称妨害预防请求权,是指物权人的物权有受到相对人妨害的危险时,物权人可以请求相对人除去危险的请求权。《民法典》第 236 条规定,可能妨害物权的,权利人可以请求消除危险。

(二) 消除危险请求权的构成要件

1. 物权人的物权有受妨害的危险

所谓有受妨害的危险,是指物权即将受到妨害的威胁。

2. 请求权人为物权的行使或实现受有危险的物权人

消除危险的请求权人,包括所有权或他物权的行使或实现受到妨害威胁的所有权人和他物权人。

3. 相对人为对危险的除去具有支配力的人

消除危险请求权的相对人,为实施危险行为或者对危险物具有支配力的人。实施危险行为的人是指物权人以外的任何其他人。对危险物具有支配力的人是指任何实际占有、控制危险物的人,包括所有权人、他物权人以及其他合法或非法的占有人。

应当注意的是,消除危险请求权的行使同样不以相对人具有过错为要件,也不适用诉讼时效的规定。

(三) 消除危险请求权的效力

消除危险请求权的效力主要体现在,危险的制造者或支配人应当采取一定的措施,消除对他人物权构成的危险。相对人消除危险的行为,即可以是积极的作为,例如加固将要倒塌的墙体;也可以是消极的不作为,例如停止在他人房屋边的挖沟行为。

(四) 消除危险请求权与排除妨害请求权的比较

消除危险请求权与排除妨害请求权是既相似又不同的两种物权请求权。其相似之处表现在:① 二者都构成了对他人物权的妨害;② 都不考虑相对人是否具有过错;③ 都要求相对人实施一定的积极行为以排除妨害或消除危险;④ 排除妨害或消除危险所需的费用,原则上都由相对人承担。其不同之处表现在:① 前者是将来的妨害,而后者是现实的妨害;② 前一项请求权的行使,有时要求相对人作出一定的行为,有时要求相对人抑制一定的行为,而后一项请求权的行使,通常只要求相对人作出一定的行为。

第三节 物权的债法保护

物权的债法保护主要是通过恢复原状、损害赔偿和不当得利制度来实现的。从物权人的角度看,这三项制度即为因侵害物权所产生的恢复原状请求权、损害赔偿请求权和返还不当得利请求权,它们和物权请求权一起,共同构成完整的物权民法保护的请求权体系。

一、恢复原状请求权

(一) 恢复原状请求权的概念与性质

恢复原状请求权是指物权人请求相对人通过修理等方式将被损坏之物恢复到被损坏前状态的权利。《民法典》第 237 条规定，造成不动产或者动产毁损的，权利人可以依法请求修理、重作、更换或者恢复原状。对于恢复原状请求权究竟是属于物权请求权还是债权请求权，学者之间有不同的认识。有的认为，其属于物权请求权；有的认为，其属于债权请求权。"不少意见提出……物权法第 36 条规定的修理、重作、更换或者恢复原状，在性质上不属于物权法律制度上的物权请求权，而属于债权请求权。本条吸收这一意见，增加'依法'二字，以示区分。这里的'依法'，是指民法典侵权责任编以及其他法律规范的规定。"[1]

(二) 恢复原状请求权的适用条件

1. 须标的物遭到损坏

这是恢复原状的前提条件。如果标的物不是遭到损坏，而是遭到灭失，则物权人不得请求恢复原状，只能请求赔偿损失。

2. 须被损坏之物有修复的可能

不管以何种方式予以修理，被损坏之物必须可以修理。如果因为技术等原因致使被损坏之物不能修理，则属于恢复原状不能。此时，物权人只能放弃恢复原状而寻求金钱补偿。

3. 须有恢复的必要

被损坏之物虽有修复的可能，但物权人已不需要修复，则没有必要再采取恢复原状的方式。

(三) 恢复原状请求权的效力

加害人应当自担费用，通过修理、重作、更换等方式恢复标的物的原状。加害人不修理的，受害人可以自行修理，费用由加害人负担。

二、损害赔偿请求权

(一) 损害赔偿请求权的概念

损害赔偿请求权是指权利人因其物权受到侵害而享有的要求加害人承担损害赔偿

---

[1] 黄薇主编：《中华人民共和国民法典释义》(上)，法律出版社 2020 年版，第 445—446 页。

责任的权利。《民法典》第238条规定,侵害物权,造成权利人损害的,权利人可以依法请求损害赔偿,也可以依法请求承担其他民事责任。

(二) 损害赔偿的适用条件

1. 须有侵害物权的行为

这是发生损害赔偿请求权的前提条件。所谓侵害物权的行为,是指行为人通过非法侵入、侵占、妨碍、毁损他人之物等手段侵害他人物权的行为。

2. 须有损害事实

损害事实是指物权人的物权受到损害的事实。物权损害虽然也属于财物损害,但不等于财物损害。例如,非法扣押他人房屋产权证的行为、强迫农户改变经营方式的行为等,尽管没有使物受到损害,却使物权人的物权受到损害。

3. 侵害行为与损害事实之间须有因果关系

侵权法上的因果关系,是指违法行为和损害事实之间的前因后果之联系。就侵害物权的损害赔偿请求权而言,因果关系是指行为人侵害物权的行为与损害事实之间的前因后果关系,包括直接因果关系和间接因果关系。在侵害行为与损害事实具有直接因果关系的情况下,物权人享有损害赔偿请求权,自不待言。在侵害行为与损害事实之间仅具有间接因果关系的情况下,物权人是否享有损害赔偿请求权,值得探讨。根据相当因果关系理论,只要违法行为是发生损害事实的适当条件,即使其属于间接因果关系,侵权人也应当承担损害赔偿责任。

4. 须侵害人主观上具有过错

一般而言,对于侵害物权的行为,行为人主观上必有过错。但是,不同的侵害物权行为,对行为人主观方面的具体要求并不相同:① 对于非法侵入行为,英美法要求被告必须是因故意、疏忽或过失所为;② 对于妨害行为,故意或过失均可构成;③ 对于侵占行为,只能是出于故意;④ 对于毁损行为,故意或过失均可构成。

(三) 损害赔偿的内容

损害赔偿的内容就是赔偿损失。赔偿损失的方式,包括折价赔偿和实物赔偿两种。前者是指将物权人所遭受的财产损害,折合成现金,以金钱予以赔偿;后者是指以同种类、同质量的物替代受到损害的物。应当注意的是,《民法典》第1183条第2款规定,因故意或者重大过失侵害自然人具有人身意义的特定物造成严重精神损害的,被侵权人有权请求精神损害赔偿。

(四) 损害赔偿请求权与物权请求权的关系

1. 损害赔偿请求权与物权请求权的区别

(1) 目的和功能不同。物权请求权的目的和功能主要在于使受到妨害的物权恢复到未受妨害时的圆满状态,而损害赔偿请求权的目的和功能主要在于使物权人的损失得到弥补。

(2) 权利基础不同。物权请求权的基础是物权的圆满状态受到侵害或者物权的行使受到妨害,而损害赔偿请求权的基础是损害的发生。仅有物权的圆满状态受到妨害的事实而没有损害的发生,仅产生物权请求权,而不产生损害赔偿请求权,只有当妨害物权给物权人造成损害时,始产生损害赔偿请求权。

(3) 对损害的要求不同。在物权请求权的情形,侵害行为所产生的后果,不仅包括既已发生的现实损害,也包括尚未发生损害但将来必然发生损害的危险状态;而在损害赔偿请求权的情形,侵权行为所产生的后果为现实的妨害。

(4) 归责原则不同。物权请求权的构成不以主观过错为要件,不适用过错责任原则。而损害赔偿请求权以加害人的主观过错为要件,适用过错责任原则。

(5) 责任方式不同。在物权人行使物权请求权的情形下,相对人承担责任的方式为返还财产、排除妨害、预防妨害;在损害赔偿请求权的情况下,侵权人承担责任的方式为赔偿损失。

(6) 是否适用诉讼时效不同。物权请求权原则上不适用诉讼时效,而损害赔偿请求权适用诉讼时效。

2. 损害赔偿请求权与物权请求权的竞合

在很多情形下,行为人侵害和妨害物权的行为,既符合物权请求权的构成要件,也符合损害赔偿请求权的构成要件,此时,即发生损害赔偿请求权与物权请求权的竞合。在上述两种请求权竞合的情形下,物权人当然可以行使选择权。不过,比较而言,行使物权请求权对物权人更为有利,因为物权请求权不以过错为构成要件,而损害赔偿请求权以过错为构成要件。物权请求权一般不受诉讼时效的限制,而损害赔偿请求权受诉讼时效的限制。

3. 物权请求权向损害赔偿请求权的转化

如果物权之标的物被他人无权占有,则无权占有人应当应物权人之请求返还该标的物。但是,返还原物并非在任何情况下都属可能。如果标的物遭到严重毁损或灭失,则将发生返还不能,即所谓的物权请求权给付不能。返还不能发生以后,物权请求权即有可能向损害赔偿请求权转化。例如,甲无权占有乙之房屋,在占有期间,甲不慎失火将该房屋烧毁,则甲对乙之返还原物请求权只能转变为损害赔偿请求权。

三、返还不当得利请求权

(一) 返还不当得利请求权的含义

返还不当得利请求权是指物权人在他人没有合法根据取得物权利益而使自己受到损失的情形下,要求受益人向自己返还不当得利的权利。《民法典》第238条规定,侵害物权造成权利人损害的,权利人也可以依法请求承担其他民事责任。其中,"其他民事责任"即包括返还不当得利。

(二) 返还不当得利请求权的构成要件

1. 须他方获得利益

就物权而言,获得利益是指行为人通过侵害他人物权的行为或其他事实使自己或者他人的财产利益得以增加。例如,甲非法出租乙的房屋而使自己获得租金,或者甲将从乙处偷来的手机无偿赠与丙,从而使丙获得不当利益。

2. 须自己受到损失

从物权保护角度看,所谓自己受到损失,是指物权人的财产因行为人的行为或事件而减少或丧失。

3. 须他方受益与己方受损之间具有牵连关系

所谓牵连关系,是指他人获益和物权人受损各自与致其发生的原因事实之间的牵连关系。此种牵连关系不同于损害赔偿请求权所要求的因果关系,不能简单地理解为获益和受损之间具有直接的原因和结果关系。

4. 须他方获得利益无合法根据

所谓无合法根据,是指受益人取得利益并继续保有利益欠缺正当性或者法律依据,而不是指取得利益的过程没有法律上的依据。具体到物权保护,是指物权关系的存在与否应当是判断有无法律上原因的标准。物权关系的存在即为有法律上的原因,物权关系的不存在即为无法律上的原因。

(三) 不当得利的返还

1. 善意受益人仅返还现存利益

所谓善意受益人,是指不知无法律上的原因而受有利益的人。所谓现存利益,是指请求权人提出返还请求时尚存的利益。其表现形式主要有:原物的法定孳息、让与原物及其自然孳息所得的价金、原物及其自然孳息受到损害所获得的损害赔偿金、保险赔偿金等。

2. 恶意受益人须返还全部利益

所谓恶意受益人,是指明知无法律上的原因而受有利益的人。恶意受益人既包括自始的恶意受益人,也包括嗣后的恶意受益人。前者是指在受领时即为恶意的受益人,后者是指本为善意受益人,但因拒绝返还不当得利而转变成恶意受益人。恶意受益人须返还所取得的全部利益,不管该利益是否尚存。

(四) 返还不当得利请求权与返还原物请求权的关系

1. 返还不当得利请求权与返还原物请求权之比较

返还不当得利请求权与返还原物请求权既有相同之处,也有不同之处。

其相同之处表现在：① 权利行使的目的都是使得失去的财产或利益复归于物权人；② 都不以返还义务人的过错为返还责任的构成要件。

其不同之处表现在：① 请求权的性质不同。前者属于债权请求权，后者属于物权请求权。② 构成要件不同。前者的构成要件是一方无合法根据取得利益致另一方受到损害，后者的构成要件是一方无权占有另一方的标的物，而且该标的物仍然存在。③ 请求权的内容不同。前者是请求返还不当利益，后者是返还原物。④ 举证责任不同。在前者，请求权人须证明对方的受益与自己的受损之间具有因果关系，在后者，请求权人仅须证明自己是物权人，而对方为无权占有。⑤ 是否适用诉讼时效不同。前者适用一般诉讼时效，后者一般不适用诉讼时效。

2. 返还不当得利请求权与返还原物请求权的竞合

对于返还不当得利请求权能否与物权返还请求权发生竞合的问题，有两种不同的观点。一种观点认为，返还不当得利请求权为一种辅助性的权利，不发生与物权返还请求权竞合的问题，只有当返还原物请求权不能行使或虽能行使但不能满足权利人的要求时，才能行使返还不当得利请求权。另一种观点认为，返还不当得利请求权是一种独立的权利，可以与物权返还请求权发生竞合，当事人可以选择适用返还不当得利请求权或者返还原物请求权。我国《民法典》实际上采纳了第一种观点，在第 235 条规定了返还原物请求权，第 238 条隐含了返还不当得利请求权。

3. 返还原物请求权向返还不当得利请求权的转化

在有些情况下，返还原物请求权可以转化为返还不当得利请求权。例如，甲误将乙之砖头砌于自己的新建房屋之中，此时，乙对甲享有返还原物请求权。但是，除非拆毁房屋，否则将发生原物之返还不能。又由于甲无法律根据而受有利益，已构成不当得利。在此情形下，乙对甲的返还原物请求权转化为返还不当得利请求权。

思 考 题

1. 确认物权请求权的性质。
2. 恢复原状请求权的性质。
3. 物权请求权与债权请求权的关系。
4. 返还原物与返还不当得利的关系。

第四章

所有权概论

> **本章重点**
> 1. 所有权的概念。
> 2. 所有权的类型。
> 3. 所有权的权能。
> 4. 所有权的取得方式。
> 5. 所有权的行使原则及限制。
> 6. 所有权的消灭原因。

第一节 所有权的概念与类型

一、所有权的概念

(一) 所有权概念的产生及定义方法

所有权的概念可以追溯到罗马法。罗马法称所有权为"dominium",意指所有权人对物的管辖和控制。但由于"dominium"一词同时被用来指称"家父"的"一般权力"以及任何主体对权利的"拥有",因而到帝国后期,所有权遂改用"proprietas"一词,并与"ususfructus"(用益权)一词对应使用。大约在公元前2世纪,罗马法的所有权概念正式确立。罗马法将所有权定义为"对物最一般的实际主宰或潜在主宰",认为所有权是所有权人在事实和法律的可能的范围内,对所有物可以行使的最完全、最绝对的权利。罗马法的这种定义方法被称为"抽象概括主义"方法。

在近现代民法中,《德国民法典》继受了罗马法的传统,继续采用"抽象概括主义"方法给所有权下定义。其第903条规定,在不违反法律和第三人权利的范围内,物的所有权人可以随意处分其物,并排除他人的任何干涉。但是,以法国为代表的一些国家和地区却没有采用这种方法,而是采用了另外一种被称为"具体列举主义"的定义方法。《法国民法典》第544条规定,所有权是最绝对地享用和处分物的权利,但法律或条例禁止的使用除外。《日本民法典》第206条规定,所有权人于法令限制之范围内,有自由使用、收益及处分其所有物的权利。我国台湾地区"民法"第765条规定,所有权人,于法令限制之范围内,得自由使用、收益、处分其所有物,并排除他人之干涉。

中华人民共和国成立以后,我国民事立法均采取具体列举主义的方法给所有权下定义。1986年《民法通则》第71条规定,财产所有权是指所有权人依法对自己的财产享有占有、使用、收益和处分的权利。《民法典》第240条规定,所有权人对自己的不动产或者动产,依法享有占有、使用、收益和处分的权利。

(二) 所有权的概念和特征

依据《民法典》第240条的规定,所有权是指所有权人对自己的不动产或者动产所依法享有的占有、使用、收益和处分的权利。

与他物权相比较,所有权具有以下特性:

第一,完全性。所有权的完全性又称全面性,是指所有权人对于所有物,在法律限制范围内,可以为全面的、概括的支配,既可以支配物的使用价值,也可以支配物的交换价值。因此,所有权是完全物权。与所有权的全面支配性不同,他物权只是对标的物使用价值或者交换价值的支配,因而属于一面的支配权。

第二,整体性。所有权的整体性又称浑一性,是指所有权不是占有、使用、收益和处分等各种权能在量上的总和,而是一个整体(浑然一体)的权利。所有权的整体性决定了所有权本身不得在内容或时间上加以分割。在所有权上设定用益物权或担保物权,非属于让与所有权的一部,而是创设一个新的独立的物权。

第三,弹力性。所有权的弹力性又称归一性,是指所有权的单一内容可以自由伸缩。在所有权之上设立限制物权时,所有权人对所有物的全面支配权将因受到限制而缩减,而在该限制解除时,所有权人又恢复了对所有物的圆满支配状态。而他物权的权能则不能像所有权这样自由伸缩。所有权的弹力性对于充分发挥所有物的效用,具有非常重要的意义和作用。

第四,恒久性。所有权的恒久性又称永续性,是指所有权因所有物的存在而永久存续,不得预定其存续期间。因此,所有权是无期限的物权。而他物权都是有期限的物权。应当指出的是,所有权具有恒久性,并不是说所有权永不消灭或不可消灭,而只是说所有权不得像他物权那样预定存续期间。

二、所有权的分类

(一) 国家所有权、集体所有权和私人所有权

这是根据所有权主体的不同而作的分类。国家所有权是指国家对国有财产即全民所有财产所享有的所有权。集体所有权是指劳动群众集体组织依法对集体财产所享有的所有权。私人所有权是指私人对其合法的收入、房屋、生活用品、生产工具、原材料等

所享有的所有权。

区分国家所有权、集体所有权和私人所有权的意义在于：对国家所有权、集体所有权和私人所有权进行有针对性的分类规定，分类保护。

(二) 单独所有权、共同所有权与区分所有权

这是根据所有权主体数量的不同而作的分类。单独所有权是指由一个民事主体对特定的物所享有的所有权。共同所有权是指由两个以上的民事主体对特定的物所享有的所有权。区分所有权是指业主对区分所有建筑物的专有部分所享有的专有权以及对共有部分所享有的共有权和管理权。

区分单独所有权、共同所有权、区分所有权的意义在于：单独所有权，由于只有一个权利主体，因而不存在主体之间的内部关系。共同所有权，由于有两个以上的权利主体，因而存在着主体之间的内部关系。区分所有权主体之间的关系更为复杂，不仅存在着相邻关系和共有关系，还存在着共同管理关系。

(三) 动产所有权与不动产所有权

这是根据所有权客体的不同而作的分类。动产所有权是指以动产为客体的所有权；不动产所有权是指以不动产为客体的所有权，包括土地所有权和建筑物所有权。

区分动产所有权与不动产所有权的意义在于：① 取得方式不尽相同。例如，先占可以作为动产所有权的取得方式，但不能作为不动产所有权的取得方式。② 物权变动的公示方式不同。动产所有权的变动以交付为公示方式，而不动产所有权的变动则以登记为公示方式。③ 法律对二者的限制程度不同。一般来说，法律对不动产所有权的限制较多，而对动产所有权的限制较少。

(四) 土地所有权和建(构)筑物所有权

这是根据不动产所有权客体的不同而作的分类。土地所有权是指以土地为客体的不动产所有权。在我国，土地所有权具有以下特点：① 土地所有权的客体是土地，包括国有土地和集体土地。土地包括地表、地上空间和地下地身，因此，就需要明确土地所有权的效力范围。对此，可以从"横"和"纵"两个方面理解。在"横"的方面，可以通过划定四至的方法，明确地界，以此来确定某一土地所有权的范围。相应地，土地所有权在"横"的方面即以地界为其效力所及的范围。在"纵"的方面，土地所有权的效力及于地表、地上空间和地下地身。但土地所有权的效力在及于地上空间和地下地身时应受到一定的限制：一方面，土地所有权的效力范围要受到法律的限制，如国防、电信、交通、自然资源、环境保护、名胜古迹保护等方面的法律限制。另一方面，土地所有权的效力范围仅限于其行使受到法律保护的利益范围之内；超出此范围，为土地所有权的效力所不及。② 土地所有权的主体是国家和集体经济组织，其他任何组织或个人都不得成为土地所有权的主体。③ 土地所有权不允许以任何形式进行交易。买卖土地或者以土地所有权进行投资等，都属于非法行为。

建(构)筑物所有权是指以各种类型的建(构)筑物为客体的不动产所有权。建(构)筑物属于地上定着物,在物理上与土地不可分离。但在法律上,建(构)筑物与土地可以各自独立成为物权的客体,具体表现为建(构)筑物所有权与土地使用权是两种独立的不动产物权。可见,我国法律在建(构)筑物与土地的关系上采取了分别主义。

区分土地所有权和建(构)筑物所有权的意义在于:二者的法律适用规则有所不同。例如,土地所有权不允许以任何形式进行交易,而建(构)筑物所有权一般则无此限制。

第二节 所有权的内容

所有权是所有权人对所有物的全面支配权,但全面支配并不是抽象的存在,而是要通过各种具体的措施和手段来实现,这就涉及所有权的内容和权能问题。所有权的内容又称所有权的权能,是指所有权人为利用所有物以实现其对所有物的独占利益,而于法律规定的范围内可以采取的各种措施与手段。在民法理论上,所有权的权能被分为积极权能和消极权能。在民事立法上,《民法典》第240条列举了所有权的四项积极权能,而其第114条第2款则揭示了所有权的消极权能。

一、所有权的积极权能

依据《民法典》第240条的规定,所有权的积极权能包括占有权能、使用权能、收益权能和处分权能。

(一) 占有权能

占有权能是指所有权人对所有物为事实上管领、控制的权能。占有权能既是所有权人对所有物进行现实支配的前提和基础,又是所有权人支配其所有物的直观表现。占有权能作为所有权的一项独立权能,在一定条件下可以与所有权相分离,依所有权人的意思或法律的规定交由他人行使。当占有权能与所有权分离而属于非所有权人时,非所有权人享有的占有权同样受法律保护,所有权人不得随意请求返还原物、回复对所有物的占有。

(二) 使用权能

使用权能是指所有权人依所有物的性能或用途,在不毁损所有物或变更其性质的前提下加以利用,以满足生产和生活需要的权能。使用权能是所有权人对标的物实行事实上的支配的权能,其本质是对所有物使用价值的利用。使用权能的行使以对标的物的占有为前提,享有物的使用权能须同时享有其占有权能。但在某些情形下,享有物的占有权能并不一定享有其使用权能。使用权能可以与所有权发生分离,即物的使用权人可以依照法律的规定或者与所有权人的约定,取得物的使用权能。

(三) 收益权能

收益权能是指收取所有物的孳息的权能。在市场经济条件下,收益权能已成为所有权各项权能中最重要的权能。收益权能可以与所有权发生分离,且分离的形式已日益呈现出多样化的趋势。由于收益权能既是所有权的权能之一,也是用益物权的权能之一,因此二者就可能发生冲突。对此,《民法典》第321条第1款规定,天然孳息,由所有权人取得;既有所有权人又有用益物权人的,由用益物权人取得。当事人另有约定的,按照其约定。

(四) 处分权能

处分权能是指依法对所有物进行处置、决定其命运的权能。处分权能是所有权最基本的权能,是所有权的核心内容。处分包括事实上的处分和法律上的处分。前者是指对所有物进行物理上处置的事实行为,如消费产品、拆除房屋等。后者是指实施使标的物的所有权发生变动的民事法律行为,如通过买卖移转标的物所有权,通过合同设定抵押权或质权等。处分权能通常由所有权人行使,非所有权人只有在法律有特别规定或者当事人有特别约定时,才能处分他人所有的财产。

二、所有权的消极权能

所有权的消极权能又称"排除他人干涉"的权能,是指所有权人有权排斥并除去他人对所有物的不法侵夺、妨害或干扰。所有权的消极权能是所有权绝对性的体现,也是实现所有权各项积极权能的必要条件。由于排除他人干涉的权能只在所有权受到他人不法干扰、妨害或侵夺时,始能表现,否则仅隐而不彰,故称之为"消极权能"[①]。消极权能的行使主要是通过行使物上请求权实现的。对此,本书第三章已有阐述,此处不再重复。

第三节 所有权的取得

所有权的取得,是指特定的民事主体与特定的物相结合,从而取得该物的所有权的法律事实。《民法通则》第72条规定,财产所有权的取得,不得违反法律的规定。这是因为,所有权是法律赋予民事主体的。因此,其取得方式必须合法,不得违反法律的规定。也就是说,非法行为如盗窃、抢夺、抢劫、贪污、受贿等,不能使行为人取得标的物的所有权。

所有权的取得,因其发生原因和根据的不同,可分为原始取得与继受取得。

[①] 刘保玉:《物权法学》,中国法制出版社2007年版,第159页。

一、原始取得

原始取得是指不以他人已有的所有权和意志为根据,直接依照法律的规定,通过某种方式取得所有权。所有权原始取得的方式主要有劳动生产、收取孳息、善意取得、取得遗失物、先占、添附、税收、征收、没收等。其中,劳动生产、收取孳息、善意取得、先占、添附等,是一般民事主体取得所有权的方式;税收、征收、没收、取得遗失物等,是国家取得所有权的方式。此处介绍劳动生产、收取孳息及先占等几种方式。税收、征收、没收等方式留待第五章介绍,善意取得、取得遗失物、添附等几种为《民法典》所特别规定的方式留待第九章介绍。

1. 劳动生产

劳动生产是取得所有权的最常见、最基本、最重要的合法方式。这是因为,劳动生产是人们运用劳动工具来生产和创造各种产品的过程。由于通过付出体力或脑力,对原材料进行加工、改造而制造出来的产品,无论从形态和使用价值,还是从价值上来看,都与原材料有着本质的区别。因而,产品的所有权当然也就归属于创造出该产品的人。

2. 收取孳息

孳息是指由原物滋生、增值、繁衍出来的财产。根据产生原因的不同,孳息可分为天然孳息与法定孳息。天然孳息是指按照原物的自然规律而自然滋生和繁衍出来的新的独立的物,如牲畜所产的幼畜,家禽所产下的蛋,果树所结的果实等。法定孳息是指根据法律的规定所直接产生的收益,如出租财产的租金,出借金钱的利息,以及投资入股的股息和红利等。对于法定孳息的归属,《民法典》第321条第2款规定,法定孳息当事人有约定的,按照约定取得;没有约定或者约定不明确的,按照交易习惯取得。

3. 先占

先占是指以所有的意思,先于他人占有无主的动产,而取得其所有权的法律事实。先占制度早在罗马法中已经确立,是最为古老的取得财产所有权的"自然方式"之一。其性质属于事实行为。先占制度的价值在于:实现物有所归,利于物尽其用,同时为私有财产的起源提供一个合法的假说。先占的适用条件是:① 先占的客体须为无主的动产。有主财产不适用先占,不动产也不适用先占。因此,拾得遗失物、发现埋藏物和漂流物,均不适用先占。② 先占人须先于他人占有无主动产。仅发现而不占有无主动产,不构成先占。③ 先占人须以所有的意思占有无主动产。不以自主占有而以他主占有的意思占有无主动产,也不构成先占。在符合上述条件的情形下,先占人即取得该无主动产的所有权。

应当注意的是:① 我国民事立法并未规定先占制度,但也没有一般性地规定无主财产归国家所有。因此,先占在我国的实际生活中,仍有存在的余地。事实上,先占在我国的实际生活中,每天都在大量地发生。如捡废品,到无人承包的山上采草药,到荒野打猎,到无人承包的河湖捕鱼和垂钓等。② 先占只适用于法律对于无主动产的归属没有特别规定的情形。如果法律对无主动产的归属已有明确规定,则不适用先占取得。《民法典》第1160条规定,无人继承又无人受遗赠的遗产,归国家所有,用于公益事业;死者生前是集体所有制组织成员的,归所在集体所有制组织所有。

二、继受取得

继受取得是指基于原所有权人的所有权,从原所有权人处取得所有权的法律事实。继受取得的方式主要有买卖、互易、赠与、接受继承或遗赠等。

第四节 所有权的行使及限制

一、所有权的行使

(一)所有权行使的含义

所有权的行使,是指所有权人依照法律规定实现其所有权的各项权能的行为。所有权的行使体现着所有权人的意志和利益。所有权人不仅可以依法独立进行各种行使所有权的活动,而且可以通过行使所有权获得收益。所有权人还可以根据自己的意志,将所有权的一项或几项权能分离出来并转让给他人,这种权能的分离并不使所有权人丧失其所有权,而是所有权人正常行使其所有权的具体表现。《民法典》第241条规定,所有权人有权在自己的不动产或者动产上设立用益物权和担保物权。用益物权人、担保物权人行使权利,不得损害所有权人的权益。

(二)所有权行使的原则

所有权人行使所有权,应当遵循以下原则:

第一,公序良俗原则。公序良俗原则是大陆法系民法所确立的一项基本原则。《法国民法典》第6条规定,任何人均不得以特别约定违反涉及公共秩序和善良风俗的法律。《德国民法典》第138条第1款规定,违反善良风俗的法律行为无效。《日本民法典》第90条规定,以违反公共秩序或善良风俗的事项为标的的法律行为,为无效。我国台湾地区"民法"第72条规定,法律行为,有悖于公共秩序或善良风俗者,无效。我国《民法典》第8条规定,民事主体从事民事活动,不得违反法律,不得违背公序良俗。第153条第2款规定,违背公序良俗的民事法律行为无效。总之,所有权人行使所有权的活动属于民事活动,自然不能违背公序良俗。

第二,诚实信用原则。诚实信用原则是民事主体行使权利、履行义务所应当遵循的一项基本原则,其目的是维持当事人利益以及当事人利益与社会公共利益的平衡。《瑞士民法典》第2条第1款规定,任何人都必须以诚实、信用的方式行使权利和履行其义务。我国台湾地区"民法"第 148 条第 2 款规定,行使权利、履行义务应依诚实及信用方法。我国《民法典》第 7 条规定,民事主体从事民事活动,应当遵循诚信原则,秉持诚实,恪守承诺。据此,所有权人行使所有权应当遵循诚实信用原则。

第三,禁止权利滥用原则。所有权的行使必须在一定的限度之内,否则就可能构成权利滥用,而被法律所禁止。《德国民法典》第 226 条规定,权利的行使不得以损害他人为目的。《意大利民法典》第 833 条规定,所有权人不得从事旨在损害或者骚扰他人的活动。我国台湾地区"民法"第 148 条第 1 款规定,权利之行使,不得违反公共利益,或以损害他人为主要目的。我国《民法典》第 132 条规定,民事主体不得滥用民事权利损害国家利益、社会公共利益或者他人合法权益。可见,所有权人不得滥用所有权是各国和地区民法的共同要求。应当注意的是,我国《民法典》对权利滥用采取客观认定标准,这与其他国家以及我国台湾地区采取主观认定标准,明显不同。

二、所有权的限制

(一)所有权限制的含义

1. 所有权限制的概念

所有权的限制,是指法律基于公共利益等原因,对所有权的主体、客体、内容以及行使等所施加的限制。在近代社会,由于受个人本位主义立法指导思想的影响,民法奉行所有权绝对主义,对所有权一般不加限制。但在现代社会,基于公共利益需要等原因,立法指导思想由个人本位主义向社会本位主义转变,民法转而奉行所有权负有义务的立法主义,开始对所有权加以限制。

2. 所有权限制的特征

(1)限制原因的复杂性。表现在:第一,为了维护国家的基本经济制度,规定土地所有权只能归国家所有和集体所有,并不得以任何形式进行交易;第二,为了维护交易安全,规定了善意取得制度,并以此切断原所有权人的追及权;第三,为了实现社会公共利益,规定了征收、征用制度,并以此消灭和限制原所有权人的所有权;第四,为了保护耕地,明确规定国家对耕地实行特殊保护,严格限制农用地转为建设用地,控制建设用地总量;第五,为了构建和谐社会,规定了相邻关系和地役权制度,对所有权的行使加以法定或约定的限制。

(2)限制形式的多样性。表现在:既包括对不动产所有权的限制,也包括对动产所有权的限制;既包括对所有权享有的限制,也包括对所有权行使的限制。

(3)限制程度的差异性。表现在:第一,所有权的客体不同,法律对其限制的程度也不同。法律对不动产所有权的限制要多于和严于对动产所有权的限制。这是因为,土地等不动产所负载的社会功能要远远大于一般动产所负载的社会功能。第二,所有权的类型不同,法律对其限制的程度也不同。如国家所有权的享有所受到的限制比集体所有权和私人所有权要少;而国家所有权的行使所受到的限制则比集体所有权和私人所有权要多。第三,所有权的权能不同,法律对其限制的程度也不同。在所有权的占有、使用、收益和处分等四项积极权能中,处分权能所受到的限制要比其他三项权能多。

(二) 所有权限制的类型

1. 公法限制与私法限制

公法限制是指宪法、土地管理法、矿产资源法等公法对所有权的限制。我国《宪法》第 10 条规定,任何组织或者个人不得侵占、买卖或者以其他形式非法转让土地。《土地管理法》第 4 条规定,国家实行土地用途管制制度,使用土地的单位和个人必须严格按照土地利用总体规划确定的用途使用土地;第 38 条规定,禁止任何单位和个人闲置、荒芜耕地。私法限制是指民法对所有权的限制。《民法典》第 242 条规定,法律规定专属于国家所有的不动产和动产,任何组织或者个人不能取得所有权。

2. 一般限制与具体限制

一般限制是对一切所有权或抽象意义上的所有权的限制,它针对的是不特定的主体和不特定的客体;具体限制是针对特定类型的主体或客体的限制。一般限制主要表现为各国宪法以及民法对所有权行使受公共利益限制的原则规定;而具体限制则表现为土地管理法、矿产资源法等法律对各种具体类型的所有权所作的具体的限制性规定。

3. 自愿限制与非自愿限制

自愿限制是指所有权人自愿对自己的所有权进行的限制,所有权人在自己的所有物上为他人设定用益物权,即属于自愿限制。非自愿限制是指不是出于所有权人的意愿,而是基于法律的规定对所有权进行的限制,如法律关于相邻关系的规定即属之。

应当注意的是,近年来在我国的实践中,出现了对所有权的过度限制问题,集中表现在"管制性征收"方面。所谓管制性征收(regulatory takings),是指政府通过颁布管制性法规对所有权加以限制,从而造成所有权人的财产受损的情形。其常见的表现形式有:通过发布公告关闭部分桑拿洗浴场所、禁止特定道路通行(使得店家无法经营)、停办摩托车注册登记等。如何对因管制性征收而受损的所有权人进行救济,是一个值得认真研究的问题。

第五节 所有权的消灭

一、所有权消灭的概念

所有权的消灭,是指因某种原因致使财产所有权人丧失其所有权的法律事实,包括相对消灭和绝对消灭。相对消灭是指原所有权人失去所有权,但标的物尚存,由新的主体取得其所有权。如所有权人通过买卖、赠与等转让其标的物的所有权。绝对消灭是指标的物不复存在,不再会发生新的所有权。

二、所有权消灭的原因

所有权消灭的原因主要有:

第一,所有权客体灭失。所有权客体灭失的,所有权绝对消灭。

第二,所有权主体消灭。作为所有权人的自然人死亡,其所有权消灭。有继承人和受遗赠人的,由继承人或受遗赠人取得所有权;无人继承或受遗赠的,归国家所有,用于公益事业,死者生前是集体组织成员的,归集体组织所有。作为所有权人的法人解散或被撤销的,其所有权消灭,由承继其权利义务的主体取得所有权,无人承继的,由其成员取得所有权。

第三,被所有权人抛弃。所有权人抛弃所有权的,其所有权消灭。被抛弃的标的物成为无主财产,他人可以通过先占而取得其所有权。

第四,所有权被强制消灭。国家通过税收、征收、没收等方式强制取得组织和个人的所有权的,原所有权人的所有权消灭。《民法典》第 243 条第 1 款规定,为了公共利益的需要,依照法律规定的权限和程序可以征收集体所有的土地和组织、个人的房屋以及其他不动产。

思 考 题

1. 所有权的性质。
2. 所有权的权能构造。
3. 所有权取得方式的分类标准问题。
4. 所有权的行使原则。
5. 对所有权进行限制的限度问题。

第五章

国家所有权和集体所有权、私人所有权

本章重点
1. 国家所有权的特点、取得方式、行使与实现方式。
2. 集体所有权的性质、主体、行使与实现方式。
3. 私人所有权的保护。

第一节 国家所有权

一、国家所有权的概念和特征

(一) 国家所有权的含义与性质

国家所有权是指国家对国有财产即全民所有财产所享有的占有、使用、收益和处分的权利。国家所有权的概念在罗马法时代即已萌芽。古罗马法学家盖尤斯在《法学阶梯》中描述道:"那些由人法支配的物品或者是公有的,或者是私有的","公有物被认为不归任何人享有,实际上它们被认为是全体的或共同体的"。在前资本主义时期,国家既是政权主体又是国有财产的所有者,可以通过政权主体获得、行使和保护其财产。到了资本主义时期,国家所有权终于在法律上取得了区别于私人所有权、法人所有权的财产形式,并形成完全法律意义上的国家所有权。

关于国家所有权的性质,在民法理论上有"物权说"与"非物权说"两种不同的观点。"物权说"认为,国家所有权是物权,是全民所有制在法律上的体现,其客体是国有财产,其主体是国家,其内容是国家对国有财产的占有、使用、收益和处分。"非物权说"认为,国家所有权不过是一种国家通过公共权力分配权益和风险的机制,本质上并不是物权。其理由是:第一,国家系抽象主体,不能成为具体确定的物权主体。第二,国有财产的范围极其广泛,难以都成为特定的物权客体。第三,国家所有权的内容兼涉财产权、行政管理权和国家主权。行政管理权和国家主权并不属于物权的内容。第四,国家所有权所表现的利益是公共利益,与所有权系私权利的属性相违背。尽管如此,我国《民法典》还是明确认可了国家所有权的物权性质。

(二)国家所有权的特征

1. 国家所有权的主体具有统一性和唯一性

对于国家所有权的主体,学者有不同的见解:有的认为,国家所有权的主体是全体人民;有的认为,国家所有权的主体是国家;有的认为,国家所有权的主体是中央政府。本书认为,国家所有权的主体不是全体人民,因为人民是一个抽象的政治概念,不能成为民法上的独立人格。国家所有权的主体也不是中央政府,因为中央政府属于中央一级的政府机构,与此对应的是地方各级政府机构。如果把中央政府认定为国家所有权的主体,那么,就会把国家所有转化为中央政府所有,同时,它也排斥了地方政府所有。因此,国家所有权的主体只能是国家。因为,只有国家才能代表全体人民的意志和利益,其他任何国家机关、组织和个人都不能代表全体人民的意志和利益。因此,国家所有权的主体具有统一性和唯一性。

2. 国家所有权的客体具有无限广泛性和专有性

所谓无限广泛性,是指国家所有权的客体没有范围的限制,任何财产都可以成为国家所有权的客体。依据《民法典》第247条至第254条的规定,下列财产属于国家所有:① 矿藏、水流、海域;② 无居民海岛;③ 城市的土地以及法律规定属于国家所有的农村和城市郊区的土地;④ 森林、山岭、草原、荒地、滩涂等自然资源,但是法律规定属于集体所有的除外;⑤ 法律规定属于国家所有的野生动植物资源;⑥ 无线电频谱资源;⑦ 法律规定属于国家所有的文物①;⑧ 国防资产②以及依照法律规定为国家所有的铁路、公路、电力设施、电信设施和油气管道等基础设施。应当注意的是,国家所有权客体的无限广泛性是说任何财产都可以成为国家所有权的客体,而不是说任何财产都是国家所有权的客体。对集体组织及私人所有的财产,国家也不能任意取得。

所谓专有性,是指根据宪法和法律的规定,有些财产只能作为国家所有权的客体,即国家专有,不能成为集体或者私人所有权的客体。《民法典》第242条规定,法律规定专属于国家所有的不动产和动产,任何组织或者个人不能取得所有权。

---

① 《文物保护法》第5条规定,中华人民共和国境内地下、内水和领海中遗存的一切文物,属于国家所有。古文化遗址、古墓葬、石窟寺属于国家所有。国家指定保护的纪念建筑物、古建筑、石刻、壁画、近代现代代表性建筑等不可移动文物,除国家另有规定的以外,属于国家所有。国有不可移动文物的所有权不因其所依附的土地所有权或者使用权的改变而改变。下列可移动文物,属于国家所有:① 中国境内出土的文物,国家另有规定的除外;② 国有文物收藏单位以及其他国家机关、部队和国有企业、事业组织等收藏、保管的文物;③ 国家征集、购买的文物;④ 公民、法人和其他组织捐赠给国家的文物;⑤ 法律规定属于国家所有的其他文物。属于国家所有的可移动文物的所有权不因其保管、收藏单位的终止或者变更而改变。国有文物所有权受法律保护,不容侵犯。

② 《国防法》第37条规定,国家为武装力量建设、国防科研生产和其他国防建设直接投入的资金、划拨使用的土地等资源,以及由此形成的用于国防目的的武器装备和设备设施、物资器材、技术成果等属于国防资产。国防资产归国家所有。

3. 国家所有权的取得方式具有特殊性

国家所有权的取得除具有与集体所有权、私人所有权相同的取得方式外，还有一些特殊的取得方式，如征收、税收、没收等。《民法典》第 243 条第 1 款规定，为了公共利益的需要，依照法律规定的权限和程序可以征收集体所有的土地和组织、个人的房屋以及其他不动产。《国有土地上房屋征收与补偿条例》第 8 条规定，下列情形属于公共利益需要：① 国防和外交的需要；② 由政府组织实施的能源、交通、水利等基础设施建设的需要；③ 由政府组织实施的科技、教育、文化、卫生、体育、环境和资源保护、防灾减灾、文物保护、社会福利、市政公用等公共事业的需要；④ 由政府组织实施的保障性安居工程建设的需要；⑤ 由政府依照城乡规划法有关规定组织实施的对危房集中、基础设施落后等地段进行旧城区改建的需要；⑥ 法律、行政法规规定的其他公共利益的需要。

4. 国家所有权的行使具有特殊性

国家所有权行使的特殊性主要体现在以下几个方面：

(1) 通过代表人行使。由于国家是一个抽象或集合的概念，因此，其对特定财产的占有、使用、收益和处分，不能像自然人那样亲力亲为，而必须借助其组成部门即国家机关的活动才能实现。当然，国家所有权也可以由国家授权国家机关之外的组织来行使，如授权国有公司委托私人公司管理。

(2) 行使目的具有公共性。国家所有权不同于私人所有权，它在本质上属于公共所有权。国家所有权行使的目的在于满足人民的物质和文化生活需要。也就是说，国家所有权的行使应以公共利益的实现为目的。

(3) 具体行使方式依赖于国有财产的性质和目的。不同类型的国有财产，有着不同的经济属性、存在状态、使用目的和管理途径，由此决定了国家所有权的具体行使方式也应当有所区别。第一，对于权力性财产，国家所有权的行使者只能依据其法定职能对其进行占有和使用，既不能将这些财产进行投资或者出租，也不能取得这些财产的收益。如果需要处分也必须得到明确的法律授权，否则不能自行处分。第二，对于经营性财产，国家所有权的行使者依法将这些财产投入企业，将财产的占有、使用、收益和部分处分权能移转给企业，自己只享有出资人权利，即投资以后发生所有权与出资人权利的转换。第三，对于事业性财产，国家财产所有权的行使者则是根据事业目的设立法人组织，将财产的占有、使用、收益和部分处分权能移转给公立学校和医院等事业单位法人，而事业单位法人的设立人只享有剩余财产索取权。

二、国家所有权的取得

国家所有权的取得方式主要有以下几种：

(一) 积累资金

积累资金指用于扩大再生产的国民收入。这部分收入从国有企业经营管理的国有财产所得的收益中获取,是国家取得所有权的主要方式。

(二) 税收

税收是指国家为了向社会提供公共产品、满足社会共同需要,按照法律的规定参与社会产品的分配,强制、无偿取得财产所有权的一种方式。税收作为取得财产所有权的方式,为国家所独享,其他任何组织和个人都不享有该权力。

(三) 征收

征收是指国家为了公共利益的需要,依照法律规定的权限和程序征收集体所有的土地和组织、个人的房屋及其他不动产。征收作为取得财产所有权的方式,同样为国家所独享。当然,国家在通过征收、取得集体所有的土地或者组织、个人的房屋及其他不动产的所有权的同时,应当给予被征收人补偿。

(四) 没收

没收是指国家将个人或单位的违法违规所得予以罚没和收缴的行为。没收主要包括以下几种类型:① 行政管理的一种强制措施。如没收违反治安管理法规的行为人用于违法活动的工具。② 行政处罚的一种。如没收行为人违反药品管理法所生产、销售的药品。③ 刑罚的一种。指没收罪犯的个人合法财产。④ 诉讼法上的一种强制措施。如没收违法犯罪分子的违法所得。⑤ 革命措施的一种。如中华人民共和国成立初期没收地主土地、没收官僚资本等。

(五) 国有化

国有化(nationalization)是指国家将私人财产强制收归国家所有的行为。国有化的原因往往是某些产业,比如公共供水、供电、供热、供气等,具有重要的战略意义。国有化早在自由资本主义时期即已产生。当时,矿山、港口、河道、铁路、公路等私人资本难以经营的企业和设施就已经部分地转归国家所有。到了垄断资本主义时期,国有化有了显著的发展。二战以后,通过国有化扩大资本主义国家所有制经济,已成为资本主义国家发展国家垄断资本主义的主要形式。其主要方法是资本主义国家高价收买私人企业的产权,或由国家向私人企业投资。其形式主要有:国营、国有私营和公私合营等。无产阶级在取得革命胜利,建立无产阶级政权以后,在确立社会主义生产方式的过程中,也存在着将私人企业的生产资料收归国家所有的问题。例如,中国由新民主主义社会向社会主义社会的过渡,就是通过没收官僚资本、改造民族资本,实行国有化来实现的。当然,在国有化的过程中,国家一般也会对原所有者进行补偿,只不过有时候这个价格比市场价格要低得多,因此会造成原所有者的损失。国有化一般通过国家颁行国有化法令来实现。这种国有化法令的效力不但及于本国公民在国内的财产,而且也适用于外国法人和自然人在该国境内的财产,甚至还适用于本国私人所有的位于国外的财产。

(六) 罚款和罚金

罚款是国家行政机关和司法机关,对违法的单位或个人强制其缴纳一定数额货币的行政或司法处罚。罚金是人民法院根据《刑法》规定,强制犯罪分子缴纳一定数额金钱的刑罚。罚款与罚金收入均须上缴国库,归国家所有。

(七) 依法取得无主财产

无主的不动产由国家依据一定的方式接收,取得所有权。此外,经过一定期限后无人认领的遗失物也由国家取得所有权。公民死亡后,无人继承又无人受遗赠的财产,也可能归国家所有。

除上述方式外,国家所有权的取得方式,还有开展国内民事活动、从事对外经济贸易、接受赠与等方式。

三、国家所有权的行使

(一) 国家所有权行使的含义

国家所有权的行使,是指国家所有权的主体通过自己或者代表人的积极行为,支配特定的客体,从而使所有权的利益得到实现的活动。国家所有权的行使具有三层含义:其一,国家所有权的行使是国家所有权具体得到实现的过程,没有权利的行使就谈不上权利的实现。也就是说,权利的行使是过程,权利的实现是结果。其二,国家所有权的行使主要表现为行使者的积极行为,即对国有财产的占有、使用、收益和处分。其三,国家所有权的行使,既表现为行使所有权的积极权能,也表现为行使所有权的消极权能。

(二) 国家所有权的行使原则

国家所有权的行使应遵循下列原则:

第一,符合广大人民群众的意志和利益。我国是社会主义国家,国家是代表全体人民支配生产资料和劳动成果的,国有财产是用于实现全社会的福祉的,因此国家所有权的行使必须始终不偏离全体人民的意志和利益。

第二,依据不同国有财产的目的而行使。对于经营性国有财产,由于它在我国国民经济和社会生活中具有极为重要的意义,因此必须以保值增值为其行使的重要目的。对于非经营性国有财产,应该保证其按其目的使用。对于自然资源,则应合理处理当前利益与长远利益的矛盾,实现可持续发展。

第三,应当与国家行政权力的行使分开。国家所有权的行使应当与国家行政权力的行使分开。这是因为,如果二者一体结合,就会使政府的行政管理职能与国有产权管理职能不分,使得国家所有权呈现权力化的趋向。如果国家借用行政权结构系统来实现所有权的流转,就会导致所有权权能的畸变与异化。同时,两权的一体结合也会使政府的经济行政行为受到所有权代表的民事权利观念的干扰,从而导致政府经济职权行为走向合同化,不利于建立和形成科学的宏观经济调控体系。

(三) 国家所有权的行使主体

1. 关于国家所有权行使主体的理论

关于国家所有权行使的主体,在民法理论上存在两种不同的观点:一种为"代理说";另一种为"代表说"。

"代理说"形成于经济体制改革初期。该说认为,国家所有权的行使是"委托—代理"关系。因为国有财产的真实所有者是全体人民,而全体人民不可能直接行使所有权,它只能通过多层"委托—代理"关系寻找自己的代理人来行使国家所有权,最初的委托人是全体人民,他们寻找的第一级代理人是人大代表,然后人大代表再作为第二级委托人寻找代理人——中央政府。中央政府是第二级代理人,但它本身又作为第三级委托人把所有权委托给省(自治区、直辖市)或中央各部委。这样一级接一级地委托下去,到直接行使所有权的主管部门这一级,其中需要经过漫长的"委托—代理"链条。其中间的各级代理人都是不同层次的"代理所有者"。只有当最后一级"代理所有者"确定以后,才能由他们去选择经营者。

"代表说"形成于我国实行社会主义市场经济体制以后。该说认为,包括国务院在内的国家机关均是代表国家行使所有权。该说是我国法学界关于国家所有权行使的主流学说,为我国立法所采纳。1998年修订的《土地管理法》第2条第2款明文规定"国家所有土地的所有权由国务院代表国家行使"。其后颁布实施的法律,如《物权法》《企业国有资产法》等,均采用了"代表"的提法。

2. 国家所有权行使主体的确定

(1) 由国家直接行使其所有权。《民法典》第246条第2款对国务院代表国家行使国有财产所有权作了概括性规定,同时,对国务院以外的国家机构代表行使国家所有权作了但书规定。例如,《国防法》确立了国务院和中央军事委员会对国防资产所有权的代表行使主体资格,其第14条第4项规定,国防资产由国务院管理;第15条第9项规定,中央军事委员会会同国务院管理。此外,国家作为特殊的民事主体,可以以国家的名义进行民事活动,如发行公债(国库券)和对外签订贸易协议,这些都是国家直接行使所有权的方式。

(2) 由国家机关、国家举办的事业单位行使国家所有权。《民法典》第255条规定,国家机关对其直接支配的不动产和动产,享有占有、使用以及依照法律和国务院的有关规定处分的权利。[①] 第256条规定,国家举办的事业单位对其直接支配的不动产和动产,享有占有、使用以及依照法律和国务院的有关规定收益、处分的权利。这里的"国家

---

① 实践中应当注意,当合同的一方当事人为国家机关时,对于国家机关违反本条规定擅自处分国有财产的民事法律行为,应当认定为无效。参见中国审判理论研究会民事审判理论专业委员会编著:《民法典物权编条文理解与司法适用》,法律出版社2020年版,第110页。

机关",指《宪法》所称的国家机构,包括全国人民代表大会、国务院、中央军事委员会和地方各级人民代表大会、地方各级人民政府、民族自治地方的自治机关、人民法院以及人民检察院等。这里的"国家举办的事业单位",指国家机关举办的事业单位。依据《事业单位登记管理暂行条例》的规定,是指为了实现社会公益目的,由国家机关举办或其他组织利用国有资产举办的,从事教育、科技、文化、卫生等活动的社会服务组织。

（3）由国家出资的企业使用或经营某些国有财产。《民法典》第257条规定,国家出资的企业,由国务院、地方人民政府依照法律、行政法规规定分别代表国家履行出资人职责,享有出资人权益。所谓国家出资的企业,是指国家作为直接投资人投资的企业,不包含国家采用债权等形式间接投资的企业。国家出资的企业可以采用不同的企业形态,符合《公司法》规定的,可以采用公司的形式,具体包括国有独资公司、国家控股或参股的有限责任公司和股份有限公司等。《企业国有资产监督管理暂行条例》第4条规定,企业国有资产属于国家所有。国家实行由国务院和地方人民政府分别代表国家履行出资人职责,享有所有者权益,权利、义务和责任相统一,管资产和管人、管事相结合的国有资产管理体制。第5条规定,国务院代表国家对关系国民经济命脉和国家安全的大型国有及国有控股、国有参股企业,重要基础设施和重要自然资源等领域的国有及国有控股、国有参股企业,履行出资人职责。省、自治区、直辖市人民政府和设区的市、自治州级人民政府分别代表国家对由国务院履行出资人职责以外的国有及国有控股、国有参股企业,履行出资人职责。

（四）国家所有权的行使方式

国家所有权的行使方式是多种多样的,在实践中主要有：

（1）划拨。指国家无偿地将公益性用地或其他国有财产交由权利人占有和使用。国家机关、事业单位使用国有土地或其他国有财产主要是通过这种方式获得的。

（2）出让。指国家将土地使用权或其他国有财产让与他人,同时取得出让金。

（3）投资入股。指国家作为出资人,以国有财产向企业投资,包括直接投资和间接投资。

（4）发包。指国家将土地、自然资源、国有企业等国有财产交由单位或个人承包经营。

（5）设立他物权。指国家以国有土地使用权为客体为他人设立他物权。例如,在国有土地上设立建设用地使用权、土地承包经营权、地役权等。

（6）许可使用。指国家通过行政许可将海域使用权、探矿权、采矿权、取水权、养殖权、捕捞权等交由单位或个人使用。

（7）信托。指国家作为委托人,将国有财产委托给特定的信托投资公司,信托投资公司作为受托人按照信托法的规则管理、处分国有财产。

此外,国家所有权的行使方式还有出租、互换等。

（五）国家所有权行使的监督

被授权者就授权事项对授权者负责,受授权者的监督,是现代法治的基本要求。《民法典》第 259 条规定,履行国有财产管理、监督职责的机构及其工作人员,应当依法加强对国有财产的管理、监督,促进国有财产保值增值,防止国有财产损失;滥用职权,玩忽职守,造成国有财产损失的,应当依法承担法律责任。违反国有财产管理规定,在企业改制、合并分立、关联交易等过程中,低价转让、合谋私分、擅自担保或者以其他方式造成国有财产损失的,应当依法承担法律责任。本书认为,在国家所有权行使领域,所有有权代表国家行使所有权的主体,都应当接受监督。人民法院在审理民商事案件过程中,一旦发现当事人有违反国有财产管理规定,在企业改制、合并分立、关联交易等过程中,低价转让、合谋私分、擅自担保或者以其他方式造成国有财产损失的情形,应当认定合同无效,并运用法律规定的民事责任承担方式,避免国有财产受到损失。

四、国家所有权的保护

（一）平等保护还是特殊保护

在理论上,对于国家所有权与其他所有权是应当平等保护,还是国家所有权应当优越于其他所有权受到保护,曾有两种针锋相对的观点:一种观点认为,国家所有权应当受到特殊保护。因为国家所有权反映了全民所有制,国家所有权是比集体所有权、个人所有权更为高级的所有权形态,无论国有财产属于何种类型、处于何种状态,一律应当受到特殊保护。另一种观点认为,国家所有权不应当受到特殊保护,而应当与集体所有权、个人所有权同等对待,实行合法财产一体保护,这是民法的基本原则——平等原则的要求和体现。对国家所有权若提供特殊保护,则有违市场经济的本质,也违背了我国加入世界贸易组织的国际承诺,对我国经济发展非常不利。

在立法上,我国《宪法》第 12 条规定,社会主义的公共财产神圣不可侵犯;《民法通则》第 73 条规定,国家财产神圣不可侵犯。这些规定表明,国家所有权的确曾被放置在优越于其他所有权的地位而受到保护。2007 年,《物权法》首次确立了平等保护原则。其第 4 条规定,国家、集体、私人的物权和其他权利人的物权受法律保护,任何单位和个人不得侵犯。《民法典》第 207 条则在"法律"和"保护"之间加上了"平等"二字,从而真正确立了平等保护原则。

（二）国家所有权的民法保护方式

《民法典物权编》第三章关于"物权的保护"的规定,适用于对一切物权的保护,当然也适用于对国家所有权的保护,其方式主要有停止侵害、排除妨害、消除危险、返还原物、恢复原状,以及损害赔偿等。此外,《民法典》第 258 条还专门规定,国家所有的财产受法律保护,禁止任何组织或者个人侵占、哄抢、私分、截留、破坏。侵占是指以非法占有为目的,将其经营、管理的国有财产非法占为己有。哄抢是指以非法占有为目的,多人一起强行抢夺国有财产的行为。私分是指违反国家关于国有财产分配管理的规定,以单位名义将国有财产按人头分配给单位内部全部或者部分职工的行为。截留是指违反国家关于国有资金等国有财产拨付、流转的决定,擅自将经手的有关国有财产据为己有或者挪作他用的行为。破坏是指故意毁坏国有财产,影响其正常发挥功效的行为。凡以上述方式侵害国家所有权的,国家所有权保护主体都应当依照《民法典》及有关法律法规的规定,保护国家所有权。人民法院在审理民事案件中,如果发现以侵占、私分、破坏国家所有的财产为内容的合同,应当认定为无效。

第二节　集体所有权

一、集体所有权的概念和特征

集体所有权是指劳动群众集体组织依法对集体财产所享有的占有、使用、收益和处分的权利。

集体所有权具有以下特征：

第一,集体所有权的主体具有广泛性与多元性。集体所有权的主体是为数众多的劳动群众集体组织,包括农民集体组织和城镇集体组织。

第二,集体所有权的客体具有限定性。《民法典》第260条规定,集体所有的不动产和动产包括:① 法律规定属于集体所有的土地和森林、山岭、草原、荒地、滩涂[①];② 集体所有的建筑物、生产设施、农田水利设施;③ 集体所有的教育、科学、文化、卫生、体育等设施;④ 集体所有的其他不动产和动产。

第三,集体所有权取得方式的有限性。集体所有的财产最初是由劳动群众在自愿、互利的基础上,通过生产资料的集体化或交纳股金、入社费等方式取得的。在建立集体组织后,集体财产主要是通过民事方式取得的。

二、集体所有权的性质

(一) 学者的观点

在2007年《物权法》出台之前,民法学者们对集体所有权的性质,有不同的认识,主要有以下几种观点：

一是共有权说。该说认为,集体所有权是集体组织的全体成员对依法属于集体所

---

① 应当注意的是,法律对土地与森林、草原等的规定是有差异的。对于土地而言,农村和城市郊区的土地,以集体所有为原则,以国家所有为例外;对于森林和草原而言,则以国家所有为原则,以集体所有为例外。

有的财产,共同享有占有、使用、收益和处分的权利。

二是法人所有权说。该说认为,集体所有权的主体是作为法人而独立存在的每个具体的集体组织,集体组织的某个或某部分成员都不能成为集体所有权的主体。

三是共有和法人所有说。该说认为,集体所有制主要包括农村社区集体所有制和城镇集体所有制。农村社区集体所有制决定了农村社区集体所有权适合采取社区全体成员共同所有的形式,而农村专业性集体所有制经济中和城镇集体所有制经济中的集体所有权形式主要是法人所有权形式。

四是抽象的集体所有说。该说认为,集体所有既不等于集体企业法人所有,也不属于集体成员共有,而是高度抽象的"劳动群众集体所有形态"。

(二) 法律的规定

1.《宪法》的规定

依据《宪法》第 10 条的规定,农村和城市郊区的土地,除由法律规定属于国家所有的以外,属于集体所有。宅基地和自留地也属于集体所有。

2.《民法通则》的规定

《民法通则》第 74 条规定,集体所有的土地依照法律属于村农民集体所有,由村农业生产合作社等农业集体经济组织或者村民委员会经营、管理。已经属于乡(镇)农民集体经济组织所有的,可以属于乡(镇)农民集体所有。

3.《土地管理法》的规定

《土地管理法》第 2 条第 2 款规定,农村和城市郊区的土地,除由法律规定属于国家所有的以外,属于农民集体所有;宅基地和自留地、自留山,属于农民集体所有。第 11 条规定,农民集体所有的土地依法属于村农民集体所有的,由村集体经济组织或者村民委员会经营、管理;已经分别属于村内两个以上农村集体经济组织的农民集体所有的,由村内各该农村集体经济组织或者村民小组经营、管理;已经属于乡(镇)农民集体所有的,由乡(镇)农村集体经济组织经营、管理。

4.《民法典》的规定

《民法典》第 261 条第 1 款规定,农民集体所有的不动产和动产,属于本集体成员集体所有;第 263 条规定,城镇集体所有的不动产和动产,依照法律、行政法规的规定由本集体享有占有、使用、收益和处分的权利。[①]

由上可见,我国《宪法》和法律并没有将集体所有权界定为"共有权"或"法人所有权",而是直接界定为"集体所有权",具体包括农民集体所有和城镇集体所有权。农民集体所有又包括村农民集体所有、村内农民集体所有、乡(镇)农民集体所有。

---

① 应当注意的是,如果城镇集体企业已经改制为有限责任公司、股份有限公司、个人独资企业或者合伙企业,就不再适用本条规定,而应当适用《公司法》《个人独资企业法》或者《合伙企业法》的有关规定。

三、集体所有权的行使

(一) 由集体成员民主议定事项的范围

《民法典》第 261 条第 2 款规定,下列事项应当依照法定程序经本集体成员决定:① 土地承包方案以及将土地发包给本集体以外的组织或者个人承包;② 个别土地承包经营权人之间承包地的调整;③ 土地补偿费等费用的使用、分配办法;④ 集体出资的企业的所有权变动等事项;⑤ 法律规定的其他事项。需要注意的是,依据《村民委员会组织法》第 5 条第 3 款的规定,村民委员会依照法律规定,管理本村属于村农民集体所有的土地和其他财产。因此,在实践中要处理好村民委员会管理权与农民集体行使集体所有权的关系,不能以村民委员会管理权取代农民集体所有权的行使。《民法典》第 264 条规定,农村集体经济组织或者村民委员会、村民小组应当依照法律、行政法规以及章程、村规民约向本集体成员公布集体财产的状况。集体成员有权查阅、复制相关资料。

(二) 集体自然资源所有权的行使

《民法典》第 262 条规定,对于集体所有的土地和森林、山岭、草原、荒地、滩涂等,依照下列规定行使所有权:① 属于村农民集体所有的,由村集体经济组织或者村民委员会依法代表集体行使所有权;② 分别属于村内两个以上农民集体所有的,由村内各该集体经济组织或者村民小组依法代表集体行使所有权;③ 属于乡镇农民集体所有的,由乡镇集体经济组织代表集体行使所有权。应当注意的是,这里的村,是指设立村民委员会的村,而不是指自然村。这里的村民小组,是指行政村内由村民组成的组织,相当于人民公社时代的生产小队。这里的行使所有权,是指根据集体成员自治的决定对外表达或受领意思表示。"代表集体"行使所有权的效果归属于集体,而不是归属于"行使者"。

(三) 城镇集体所有权的行使

《民法典》第 263 条规定,城镇集体所有的不动产和动产,依照法律、行政法规的规定由本集体享有占有、使用、收益和处分的权利。应当注意的是,城镇集体表现为企业的,应当适用 1991 年 9 月 9 日国务院颁布的《城镇集体所有制企业条例》的相关规定。

(四) 集体经济组织成员的权利

1. 监督权

《民法典》第 264 条规定,农村集体经济组织或者村民委员会、村民小组应当依照法律、行政法规以及章程、村规民约向本集体成员公布集体财产的状况。集体成员有权查阅、复制相关资料。依照法律、行政法规的规定履行该项义务,属于法定义务。依据《村民委员会组织法》第 24 条和第 30 条的规定,村民委员会应当及时公布涉及村民利益的事项[①],接受村民的监督。

2. 撤销权

《民法典》第 265 条第 2 款规定,农村集体经济组织、村民委员会或者其负责人作出的决定侵害集体成员合法权益的,受侵害的集体成员可以请求人民法院予以撤销。该撤销权的构成要件有二:一是集体经济组织、村民委员会或者其负责人作出决定,即就集体财产发出或者接受意思表示,实施民事法律行为。二是该决定侵害集体成员的合法权益,即法律所保护的集体经济组织成员的权利和利益。《农村土地承包法》第 30 条规定,承包期内,妇女结婚,在新居住地未取得承包地的,发包方不得收回其原承包地。据此,如果集体经济组织违反该规定收回妇女的承包地,即属于侵害了集体成员的合法权益。

应当注意的是,集体成员撤销权的权利人,只能是合法权益受到侵害的集体成员,非属集体成员者不享有该项权利。撤销权的对象是集体经济组织、村民委员会或者其负责人作出的决定。撤销权的行使方式是由权利人以起诉的方式向人民法院提出;行使的结果则是被撤销的决定无效。

关于集体成员撤销权的性质,由于被撤销的决定根据撤销人单方意思表示而无效,因此应当解释为形成权。

四、集体所有权的保护

《民法典》第 265 条第 1 款规定,集体所有的财产受法律保护,禁止任何组织或者个人侵占、哄抢、私分、破坏。第 244 条规定,国家对耕地实行特殊保护,严格限制农用地[②]转为建设用地,控制建设用地总量。不得违反法律规定的权限和程序征收集体所有的土地。但是,集体所有权在某些特殊情形下要受到一定的限制。一是依据《民法典》第 243 条的规定,国家为了公共利益的需要,依照法律规定的权限和程序可以征收集体所有的土地和组织的房屋以及其他不动产。当然,国家征收集体所有的土地,应当依法及时足额支付土地补偿费、安置补助费以及农村村民住宅、其他地上附着物和青苗等的补偿费用,并安排被征地农民的社会保障费用,保障被征地农民的生活,维护被征地农民的合法权益。二是依据《民法典》第 245 条的规定,国家因抢险救灾、疫情防控等紧急需要,依照法律规定的权限和程序可以征用组织的不动产或者动产。被征用的不

---

① 诸如:从村集体经济所得收益的使用;本村公益事业的兴办和筹资筹劳方案及建设承包方案;土地承包经营方案;村集体经济项目的立项、承包方案;宅基地的使用方案;征地补偿费的使用、分配方案;以借贷、租赁或者其他方式处分村集体财产;等等。

② 2008 年中共十七届三中全会提出了永久基本农田的概念。永久基本农田是耕地的精华,无论在什么情况下都不能改变其用途,不得以任何方式挪作他用。

动产或者动产使用后,应当返还被征用人。组织的不动产或者动产被征用或者征用后毁损、灭失的,应当给予补偿。

第三节　私人所有权

一、私人所有权的历史演进

私人所有权是人类历史上最古老的所有权形态。在原始社会,实行共同占有生产资料、共同劳动、共同分享劳动成果的原始共产主义,人们并没有"你的""我的"之类的观念。但是,随着社会经济生活的发展,私有制、阶级和国家的产生,使得私人所有权制度全面建立。作为奴隶制社会法律典型代表的罗马法将所有权视为对物的绝对的、全面的支配权,个人是私人生活领域的最高主宰,个人对其所有物的支配不受他人意志的左右,并在这种绝对的个人所有权制度之上建立了罗马私法体系。

随着日耳曼民族入侵罗马,罗马帝国被征服,罗马法中以个人为本位的所有权观念也随着罗马帝国的崩溃而消失。西欧封建社会建立了被严重扭曲的私人所有权制度,表现在:第一,私人所有权的客体范围狭窄;第二,行使私人所有权的自由受到较大限制;第三,私人所有权受到以王权为主的一些政治权力的侵犯。因此,在中世纪封建制度的制约和压迫之下,私人所有权处境艰难,发展缓慢。

西欧国家进入资本主义社会之后,以资产阶级私有制为经济基础,以人权和自由为基本价值诉求,重新恢复了罗马法中以个人为本位的所有权观念,并将其升华到新的理论高度,体现在:第一,私人所有权被认为是个人自由的基础,是保障每个人免受外来意志干扰的自由生活空间。第二,私人所有权是人格权的基础,对所有权的保护和尊重就是对人本身的保护和尊重。第三,私人所有权是法律秩序中的第一秩序,国家有尊重所有权人在法律范围内自由行使其权利的义务。在这一理念的指引下,近代西方资本主义国家普遍建立起私人所有权绝对、私人所有权神圣不可侵犯、私人所有权自由行使的私人所有权基本理念和制度体系。

以个人为本位的所有权体系适应了自由资本主义的发展要求,对于促进资本主义社会生产力的发展以及促进人的自由和解放等,都曾发挥了极其重要的作用。但是,随着社会生产力的进一步发展,以个人为本位的所有权体系越来越不适应社会生产力发展的要求,并导致了经济危机、贫富差距的急剧扩大等社会问题。在此情形下,资本主义国家开始调整其经济政策,实施国家计划并对经济运行加以干预,于是,自由资本主义发展到垄断资本主义。与此相适应,个人本位的所有权理论开始转变为社会本位的所有权理论。社会本位的所有权理论开始否认私人所有权的绝对性,强调私人所有权负有社会义务,并认为出于社会公共利益的需要,国家可以对私人所有权加以限制乃至剥夺。

二、私人所有权在我国的确立

改革开放之前,我国民法理论界长期将所有权划分为国家所有权、集体所有权和公民个人所有权,不使用"私人所有权"的概念。"私人所有权"常常被表述为"公民生活资料所有权""公民个人财产权""公民个人所有权""公民的财产所有权"及"公民合法财产的所有权"等。随着改革开放的深入以及社会主义市场经济的实行,"私人所有权""私人财产权"等概念开始流行,并随着对公民财产权的更加关注和个体经济、私营经济、外资经济等非公有制经济的发展而越来越受到重视,最终得以在 2007 年《物权法》中确立。《物权法》第 64 条规定,私人对其合法的收入、房屋、生活用品、生产工具、原材料等不动产和动产享有所有权。《民法典》第 266 条沿用了《物权法》的规定。

三、私人所有权的概念和特征

私人所有权是指私人[①]对其财产所依法享有的占有、使用、收益和处分的权利。《民法典》第 266 条规定,私人对其合法的收入、房屋、生活用品、生产工具、原材料等不动产和动产享有所有权。

私人所有权具有以下特征:

第一,私人所有权的主体是私人。私人所有权的主体只能是私人,而不能是国家或集体组织。这里的私人,包括自然人、个体工商户、农村承包经营户以及私营企业等。

第二,私人所有权的客体包括生活资料和生产资料。私人财产主要包括私人的合法收入、房屋、生活用品、生产工具、原材料、储蓄、投资及其收益等。可见,私人所有权的客体包括生活资料和生产资料,但主要是生活资料。

第三,私人所有权主要通过劳动获得。私人所有权的取得方式主要是劳动,当然也可以通过其他方式取得,如投资、接受继承、遗赠等。

四、私人所有权的保护

《民法典》第 267 条规定,私人的合法财产受法律保护,禁止任何组织或者个人侵占、哄抢、破坏。应当注意的是,私人所有权在某些特殊情形下同样要受到一定的限制。一是依据《民法典》第 243 条的规定,国家为了公共利益的需要,依照法律规定的权限和程序可以征收个人的房屋及其他不动产。二是依据《民法典》第 245 条的规定,国家因抢险救灾、疫情防控等紧急需要,依照法律规定的权限和程序可以征用个人的不动

---

① 所谓"私人",主要是指自然人,包括个体工商户和个人独资企业。此外,合伙、公司、中外合资经营企业、中外合作经营企业,乃至于学校、医院、寺庙等,也可以看作"私人"。参见崔建远:《物权法》,中国人民大学出版社 2017 年版,第 184 页。

产或者动产。当然,个人的不动产或者动产被征用或者征用后毁损、灭失的,应当给予补偿。

第四节 国家所有权和集体所有权、私人所有权的其他问题

一、出资人权益

《民法典第》268条规定,国家、集体和私人依法可以出资设立有限责任公司、股份有限公司或者其他企业。国家、集体和私人所有的不动产或者动产投到企业的,由出资人按照约定或者出资比例享有资产收益、重大决策以及选择经营管理者等权利并履行义务。该条是关于国家、集体和私人直接投资的规定,主要涉及两方面的问题:① 投资设立企业。投资自由属于私人自治的重要内容,属于处分自由的内容。该条明确了法律对私人投资的不禁止,即国家、集体和私人均可以依法出资设立有限责任公司、股份有限公司或者其他企业。设立不同类型的企业,应当根据设立企业所需要的条件和程序进行。至于法律对投资主体的限制,应当根据不同法律予以确定。② 出资人权利。投资设立企业后,出资人权利的基本内容是按照约定或者出资比例享有资产收益、参与重大决策以及选择经营管理者等权利。其中,享有资产收益,是指出资人有权通过企业盈余分配从中获得红利;参与重大决策是指出资人通过股东会或者股东大会等作出决议的方式决定企业的重大行为;选择经营管理者,是指出资人有权通过股东会或者股东大会作出决议选举或者更换公司的董事或者监事,决定董事或者监事的薪酬,通过董事会来聘任或者解聘经理等企业高级管理人员。至于权利行使的具体方式,则会因为企业形态的不同而须符合相应的法律规定。

二、法人财产权

《民法典》第269条规定,营利法人对其不动产和动产依照法律、行政法规以及章程享有占有、使用、收益和处分的权利。营利法人以外的法人,对其不动产和动产的权利,适用有关法律、行政法规以及章程的规定。该条是关于法人财产权的规定,涉及两个方面的内容:① 营利法人财产权。营利法人是指以营利为目的的法人,如有限责任公司、股份有限公司等。营利法人的财产包括设立时出资的财产和营利法人存续期间取得的财产。营利法人对其取得的财产,因取得基础和权利标的的不同而享有不同权利,可能是所有权,也可能是所有权之外的财产权。营利法人行使财产权,除依照法律和行政法规的规定外,营利法人的章程对营利法人及其成员、经营管理人员等具有约束力,在财产权问题上同样应当符合章程要求。② 非营利法人财产权。非营利法人是指不以营利为目的的法人,主要指事业单位法人和社会团体法人。非营利法人一般不从事经营

活动,其财产主要是法人设立时取得的财产以及存续期间相关单位拨款、赠与等取得的财产。非营利法人行使财产权同样应当遵循法律、行政法规以及法人章程的规定。

三、社会团体法人、捐助法人所有权

《民法典》第 270 条规定,社会团体法人、捐助法人依法所有的不动产和动产,受法律保护。《社会团体登记管理条例》第 2 条规定,社会团体是指中国公民自愿组成,为实现会员共同意愿,按照其章程开展活动的非营利性社会组织。《民法典》第 90 条规定,具备法人条件,基于会员共同意愿,为公益目的或者会员共同利益等非营利目的设立的社会团体,经依法登记成立,取得社会团体法人资格;依法不需要办理法人登记的,从成立之日起,具有社会团体法人资格。捐助法人是指赋予捐助财产以法律人格,主要包括基金会、社会服务机构,以及依法设立的宗教活动场所。第 92 条规定,具备法人条件,为公益目的以捐助财产设立的基金会、社会服务机构等,经依法登记成立,取得捐助法人资格。依法设立的宗教活动场所,具备法人条件的,可以申请法人登记,取得捐助法人资格。法律、行政法规对宗教活动场所有规定的,依照其规定。

思 考 题

1. 国家所有权的行使主体与实现方式问题。
2. 集体所有权的性质、主体与行使问题。
3. 私人所有权的保护问题。

第六章

建筑物区分所有权

> **本章重点**
> 1. 建筑物区分所有权的性质和特征。
> 2. 专有权及其行使。
> 3. 共有权及其行使。
> 4. 管理权及其行使。
> 5. 区分所有建筑物的管理。

第一节 建筑物区分所有权概述

一、建筑物区分所有权的产生

建筑物区分所有权的观念萌芽于奴隶社会。在奴隶社会,由于生产和交换的发展,人口开始集聚于城市。为满足城市人口居住和经营的需要,公元前 2000 的古巴伦王国,产生了类似于现代区分所有建筑物的建筑物形态,标志着建筑物区分所有权的萌芽。在罗马法中,由于贯彻"一物一权"主义,尤其是确认了"建筑物所有权属于建筑物所附着之土地所有权人"或"地上物属土地所有权人"的原则,因此,不存在近现代意义上的建筑物区分所有权。

1804 年《法国民法典》开创了建筑物区分所有权制度的先河。此后,意大利、葡萄牙、西班牙、瑞士等欧洲资本主义国家相继建立了建筑物区分所有权制度。进入 20 世纪,两次世界大战使得原有建筑物遭到极大破坏,战后急需建设大量的建筑物以满足快速增长的人口的居住需要。另一方面,随着城市化进程的加快,城市人口激增,致使住宅问题更趋严峻。与此同时,科学技术的进步在客观上又为建筑物向更高的立体化方向发展提供了条件。高层建筑的发展,使得建筑物的所有权法律关系变得更加复杂,急需创设新的理论体系和法律体系来解决实践问题。于是,建筑物区分所有权的概念和建筑物区分所有权制度应运而生。

二、建筑物区分所有权的概念

关于建筑物区分所有权的名称，各国立法的规定不尽相同。法国称为"住宅分层所有权"，德国称为"住宅所有权"，英国称为"公寓所有权"，瑞士称为"楼层所有权"，日本以及我国台湾地区称为"区分所有权"或"建筑物区分所有权"。我国《物权法》和《民法典》均使用了"业主的建筑物区分所有权"，简称"建筑物区分所有权"或"区分所有权"。

关于建筑物区分所有权的概念，学者们也有不同的见解，主要有一元论、二元论、新一元论和三元论等不同观点。

一元论又称"一元主义"，分为"专有权说"与"共有权说"两种。它们都是由法国学者在解释1804年《法国民法典》第664条时提出来的。专有权说认为，建筑物区分所有权是区分所有权人对区分所有建筑物的专有部分所享有的权利，即专有所有权。此后，1962年日本《建筑物区分所有权法》采纳了专有权说。我国台湾地区"土地登记规则"也采纳了专有权说。该法第71条规定，区分所有权人可以对其区分所有部分的权利，单独申请登记。共有权说认为，建筑物区分所有权为全体区分所有权人所共有，属于共有所有权。该说系法国学者普鲁东和拉贝针对专有权说而提出的对立主张。它以集团性、共同性为立论的基点，从共有所有权的角度来理解和把握区分所有权，因而得出了与专有权说不同的观点。从表面上看，专有权说与共有权说只是观察角度的不同。其实不尽然。专有权说是深受个人本位主义所有权观念的影响而提出来的观点，其目的仍然是为了维护所有权绝对的观念。共有权说则已经开始突破所有权绝对的观念，在一定程度上顺应了所有权向多元化方向发展的趋势；只不过思想仍不够解放，仍然局限在所有权二元划分的框框内。所谓二元划分就是将所有权划分为单独所有权与共同所有权。

二元论是法国学者针对一元论提出来的不同观点。二元论认为，建筑物区分所有权，是成立于"专有物"上的专有权和成立于"共有物"上的共有权的集合。法国1938年《有关区分各阶层不动产共有之法律》和1965年《住宅分层所有权法》采纳了二元论的观点。《有关区分各阶层不动产共有之法律》第5条规定，建筑物区分所有权，是成立于"专有物"（专有部分）上的专有权和成立于"共有物"（共用部分）上的共有权的集合。《住宅分层所有权法》第2条和第3条作出了与1938年法律相类似的规定。我国台湾地区"民法"也采纳了二元论，其第799条规定，数人区分一建筑物而各有其一部分的，推定为各所有权人共有，其修缮费与其他负担，由各所有权人按其所有部分的价值分担。

新一元论是法国学者舍瓦利耶针对《有关区分各阶层不动产共有之法律》而提出来的观点。该说否定二元论区分专有部分与共用部分的做法，径直将二者合并，并称之为"享益部分"，因此又被称为"享益部分说"。该说认为建筑物区分所有权是以"享益部分"为标的而成立的不动产权利。随着1965年法国废除《有关区分各阶层不动产共有之法律》，制定《住宅分层所有权法》，新一元论受到了重视。

三元论又称"广义的区分所有权说",为德国学者贝尔曼所倡导。该说认为,建筑物区分所有权是由区分所有建筑物的专有部分所有权、共用部分持分权和因共同关系所生的成员权三要素共同构成的一种特别所有权。三元论为德国《住宅所有权法》所采纳。

我国民法理论和民事立法对建筑物区分所有权的概念,均采纳了三元论的观点。《民法典》第271条规定,业主对建筑物内的住宅、经营性用房等专有部分享有所有权,对专有部分以外的共有部分享有共有和共同管理的权利。据此,建筑物区分所有权是指区分所有权人对建筑物内的专有部分所享有的专有权、对共有部分所享有共有权和共同管理权相结合而形成的一种新型所有权。

三、建筑物区分所有权的特征

(一) 权利客体的整体性

建筑物区分所有权的客体是区分建筑物,包括纵切式区分建筑物、横割式区分建筑物和纵横切割式区分建筑物三种。纵切式区分建筑物是指将一般连栋式和双并式建筑物纵切为数户的建筑物。这种形态的区分建筑物,各区分所有权人之间的共用部分比较单纯,除共同的壁、梁、柱之外,屋顶、楼梯、外廊等都是分开的,外围壁、基地等均以界壁为界,分属于各专有部分。因此,纵切式区分建筑物与一般独门独院的建筑物,几乎没有什么区别,所以它不是研究的重点。横割式区分建筑物是指上下横割分层的建筑物。例如,将一栋四层楼的建筑物,上下横割为四层,分别为甲、乙、丙、丁四人所有。这种形态的区分建筑物,区分所有权人之间的共有部分,除共同的壁、梁、柱之外,尚有共同的屋顶、楼梯、走廊、外壁、基地等,因此,它是与纵切式区分建筑物完全不同的一种区分建筑物,是研究的重点之一。纵横切割式区分建筑物,又称混合式区分建筑物,是指上下横割、左右纵切的区分建筑物。例如,将一栋四层楼的建筑物上下横割为四层后,再予以左右纵切为一套套的套房,我国称之为楼层和单元。这种形态的区分建筑物兼具纵切式和横割式区分建筑物的共同特性,是研究的重点。

(二) 权利内容的复合性

建筑物区分所有权是由专有部分的专有权、共有部分的共有权和管理权所共同构成的一种复合所有权。其内容主要表现为三方面的权利义务关系:一是权利主体作为单独所有权人的权利义务关系;二是权利主体作为共有权人的权利义务关系;三是权利主体作为管理团体成员的权利义务关系。

(三) 权利性质的一体性

构成建筑物区分所有权的专有权、共有权和管理权必须结为一体,不可分离,失去其中一个,建筑物区分所有权即刻解体。因此,建筑物区分所有权在转让、抵押、继承时,应将专有权、共有权和管理权一并转让、抵押或继承。他人在受让建筑物区分所有权时,也应同时取得这三项权利。

(四) 专有权的主导性

在建筑物区分所有权中,专有权居于主导地位,主要表现在:① 业主取得专有权时便取得了共有权和管理权;反之,业主丧失专有权时,也便丧失共有权和管理权。《民法典》第 273 条第 2 款规定,业主转让建筑物内的住宅、经营性用房,其对共有部分享有的共有和共同管理的权利一并转让。② 专有权的大小决定了共有权和管理权的大小。③ 在建筑物区分所有权的设立登记上,只登记专有权,共有权和管理权不需要单独登记。

(五) 主体身份的多重性

建筑物区分所有权由专有权、共有权和管理权复合而成,因此,权利主体的身份具有多重性。就专有部分而言,业主享有单独所有权,为所有权人;就共用部分而言,业主享有共有权和管理权,为共有权人和管理权人。

第二节 专有权

一、专有权的含义和性质

专有权是指业主对专属于自己的、在构造和使用上具有独立性的建筑物部分所享有的占有、使用、收益和处分的权利。对于专有权的性质,存在"空间所有权说"和"非空间所有权说"两种不同观点。通说认为,专有权是一种空间所有权,业主的权利范围原则上以由四周的墙壁、地板和天花板所构成的空间为限,不及于整栋建筑物主体结构的柱、梁、墙,以及两个或者多个相邻的建筑物区分所有权人所共用的墙壁。

二、专有权的客体

(一) 关于专有部分范围的不同见解

专有权的客体为专有部分,对此,理论与实务上没有分歧。所谓专有部分,是指在构造上能够明确区分,具有排他性且可独立使用的建筑物部分。专有部分的存在,是建筑物区分所有权成立的基础。

通说认为,构成专有部分,须具备以下两项要件:

(1) 构造上的独立性。又称"物理上的独立性",是指一个专有部分与另一个专有部分须在建筑构造上能够客观地区分其范围。

(2) 利用上的独立性。又称机能上的独立性，是指各区分部分须与一般独立的建筑物同样具有能满足一般生活目的的独立机能。在实践中，某一建筑物的区分部分是否具有独立满足一般生活目的的机能，应依下述基准判定：其一，能否单独使用。这是指建筑物区分部分无须其他部分的辅助，即可独立利用。区分部分可否单独使用，通常以该区分部分有无独立的出入门户为判断要素。区分所有部分如有独立门户与公共走廊或公共楼梯等公共设施相通，即可单独使用而为区分所有权的客体。反之，则不得成为区分所有权的客体。其二，有无独立的经济效用。这是指一栋建筑物的区分部分有无与一般建筑物同样独立的经济效用。如果有，则可成为专有部分；如果没有，则不能构成专有部分。

但是，学者们对于专有部分的范围，又有不同的见解：

一是壁心说。该说以日本学者山田幸二和河村贡为代表，认为专有部分的范围达到墙壁、柱、地板、天花板等境界部分厚度的中心。该说虽有利于各区分所有权人充分行使其对分隔境界的权利，但对整体建筑物的维持与管理较为有害。因为专有部分的范围既然包含境界壁中心线，则各区分所有权人在未超越壁心范围的界限内，即可自由使用或变更其专有部分。而实际上，区分建筑物分隔部分的内部构造相当复杂，往往敷设有维持整体建筑物正常使用所必需的各种管线，如果任由区分所有权人自由使用或变更，则会对整体建筑物的管理、维护和管线敷设产生不良影响。因此中心说存在局限，不宜全部采纳。

二是空间说。该说以日本学者舟桥淳一和我国台湾学者史尚宽为代表。该说以区分所有权的共有权理念为立论基础，认为专有部分的范围仅限于由共同墙壁、地板和天花板所围成的空间。至于界线点上的分隔部分，如墙壁、地板、天花板等则为全体或部分区分所有权人所共有。

三是最后粉刷表层说。该说以日本学者玉田弘毅为代表，认为专有部分包含壁、柱等境界部分表层所粉刷的部分，而境界壁与其他境界的本体则属于共用部分。

四是壁心和最后粉刷表层说。该说以日本学者川岛一郎和丸山英气为代表，认为专有部分的范围应分别内部关系与外部关系而定。在区分所有权人之间，尤其是在有关建筑物的维持和管理关系上，专有部分应仅包含壁、柱、地板和天花板等境界部分表层所粉刷的部分。但在外部关系上，尤其是对第三人（如买卖、保险或税金等）的关系上，专有部分的范围则应包含壁、柱、地板及天花板等境界部分厚度的中心线。

（二）我国司法解释关于专有部分的界定

《建筑物区分所有权司法解释》第 2 条规定，建筑区划内符合下列条件的房屋（包括整栋建筑物），以及车位、摊位等特定空间，应当认定为专有部分：① 具有构造上的独立性，能够明确区分；② 具有利用上的独立性，可以排他使用；③ 能够登记成为特定业主所有权的客体。规划上专属于特定房屋，且建设单位销售时已经根据规划列入该特定房屋买卖合同中的露台等，应当认定为专有部分的组成部分。可见，《建筑物区分所有权司法解释》关于专有部分界定标准的规定,比以往的学理见解要更加科学合理,是我们应当重点掌握的内容。

三、专有权的内容

(一) 业主的权利

在专有权中,业主可以在法律规定的范围内,行使占有、使用、收益和处分的权利并排除他人的干涉。《民法典》第 272 条规定,业主对其建筑物专有部分享有占有、使用、收益和处分的权利。该权利相当于单独所有权人的所有权。

(二) 业主的义务

在专有权中,业主负有以下义务:

(1) 按照专有部分本来的用途加以使用,不得擅自改变。《民法典》第 279 条规定,业主不得违反法律、法规以及管理规约,将住宅改变为经营性用房。业主将住宅改变为经营性用房的,除遵守法律、法规以及管理规约外,应当经有利害关系的业主一致同意。《建筑物区分所有权司法解释》第 10 条和第 11 条规定,业主将住宅改变为经营性用房,未经有利害关系的业主同意,有利害关系的业主请求排除妨害、消除危险、恢复原状或者赔偿损失的,人民法院应当予以支持;将住宅改变为经营性用房的业主以多数有利害关系的业主同意其行为进行抗辩的,人民法院不予支持。业主将住宅改变为经营性用房,本栋建筑物内的其他业主,应当认定为"有利害关系的业主";建筑区划内、本栋建筑物之外的业主,主张与自己有利害关系的,应证明其房屋价值、生活质量受到或者可能受到不利影响。《物业管理条例》第 52 条规定,业主需要装饰装修房屋的,应当事先告知物业服务企业。物业服务企业应当将房屋装饰装修中的禁止行为和注意事项告知业主。

(2) 正常使用专有部分,不损害区分所有权人的共同利益。《民法典》第 272 条规定,业主行使权利不得危及建筑物的安全,不得损害其他业主的合法权益。实践中,业主危及建筑物安全的行为主要表现为对建筑物的不当损毁和不当使用。前者如拆除承重墙,后者如危险物品存放在建筑物内。《建筑物区分所有权司法解释》第 4 条规定,业主基于对住宅、经营性用房等专有部分特定使用功能的合理需要,无偿利用屋顶以及与其专有部分相对应的外墙面等共有部分的,不应认定为侵权,但违反法律、法规、管理规约,损害他人合法权益的除外。

(3) 容忍义务。业主为使用、修缮、改良其专有部分而必须使用其他业主的专有部分时,其他业主有容忍的义务。

(4) 损害赔偿义务。业主超越自己的权利范围行使权利时,应当停止侵害;造成他人损害的,应当承担损害赔偿责任。

第三节 共有权

一、共有权的含义和性质

共有权是指业主依照法律或管理规约的规定,对区分所有建筑物的共有部分所享有的占有、使用和收益的权利。共有权具有从属性和不可分性。共有权的从属性,是指共有权从属于专有权,体现在存在、行使及转让等方面。共有权的不可分性,是指只要建筑物区分所有权存在,共有权即不可分割。共有权的不可分性来源于共有部分的不可分割性。

二、共有权的客体

共有权的客体为共有部分。所谓共有部分,是指区分所有建筑物除专有部分以外的其他部分以及不属于专有部分的附属物。依据《民法典》第274条至第276条的规定,建筑物区共有部分主要包括:

(1)建筑区划内的道路,属于业主共有,但是属于城镇公共道路的除外。建筑区划内的绿地,属于业主共有,但是属于城镇公共绿地或者明示属于个人的除外。建筑区划内的其他公共场所、公用设施和物业服务用房,属于业主共有(第274条)。应当注意的是,物业服务用房可以根据物业服务合同的约定,由物业服务企业占有和使用。

(2)建筑区划内,规划用于停放汽车的车位、车库的归属,由当事人通过出售、附赠或者出租等方式约定。占用业主共有的道路或者其他场地用于停放汽车的车位,属于业主共有(第275条)。建筑区划内,规划用于停放汽车的车位、车库应当首先满足业主的需要(第276条)。《建筑物区分所有权司法解释》第5条规定,建设单位按照配置比例将车位、车库,以出售、附赠或者出租等方式处分给业主的,应当认定其行为符合"应当首先满足业主的需要"的规定。第6条规定,这里所称的配置比例,是指建筑区划内在规划用于停放汽车的车位、车库与房屋套数的比例。这里所称的车位,是指建筑区划内在规划用于停放汽车的车位之外,占用业主共有道路或者其他场地增设的车位。

(3)除法律、行政法规规定的共有部分外,建筑区划内的以下部分,应当认定为共有部分:① 建筑物的基础、承重结构、外墙、屋顶等基本结构部分,通道、楼梯、大堂等公共通行部分,消防、公共照明等附属设施、设备,避难层、设备层或者设备间等结构部分;② 其他不属于业主专有部分,也不属于市政公用部分或者其他权利人所有的场所及设施等;③ 建筑区划内的土地,依法由业主共同享有建设用地使用权,但属于业主专有的整栋建筑物的规划占地或者城镇公共道路、绿地占地除外(《建筑物区分所有权司法解释》第 3 条）。

三、共有权的内容

《民法典》第 273 条第 1 款规定，业主对建筑物专有部分以外的共有部分，享有权利，承担义务；不得以放弃权利为由不履行义务。

（一）业主的权利

在共有权中，业主享有以下权利：① 共有部分的使用权，这是业主作为共有权人的一项基本权利；② 共有部分的收益权，即取得共有部分所生利益的权利；③ 共有部分单纯的修缮、改良权，即业主基于居住或其他用途的需要，有权对共有部分进行单纯的修缮与改良。

（二）业主的义务

在共有权中，业主负有以下义务：① 依共有部分的本来用途使用共有部分。所谓本来用途，是指依共有部分的种类、位置、构造、性质或依管理规约规定的共有部分的目的或用途。② 分担共同费用和负担，如管理、修缮费用等。《物业管理条例》第 49 条规定，物业管理区域内按照规划建设的公共建筑和共用设施，不得改变用途。业主依法确需改变公共建筑和共用设施用途的，应当在依法办理有关手续后告知物业服务企业；物业服务企业确需改变公共建筑和共用设施用途的，应当提请业主大会讨论决定同意后，由业主依法办理有关手续。第 50 条规定，业主、物业服务企业不得擅自占用、挖掘物业管理区域内的道路、场地，损害业主的共同利益。因维修物业或者公共利益，业主确需临时占用、挖掘道路、场地的，应当征得业主委员会和物业服务企业的同意；物业服务企业确需临时占用、挖掘道路、场地的，应当征得业主委员会的同意。业主、物业服务企业应当将临时占用、挖掘的道路、场地，在约定期限内恢复原状。

第四节　管理权

一、管理权的含义和性质

管理权是指业主基于对区分所有建筑物的共同管理而享有的权利。管理权是独立于专有权与共有权的一项权利，是基于业主之间的共同关系而产生的权利，属于建筑物所有权的"人法"因素、身份权利，是一种永久性的权利。

二、管理权的内容

(一) 业主的权利

《物业管理条例》第 6 条规定,房屋的所有权人为业主。业主在物业管理活动中,享有下列权利:① 按照物业服务合同的约定,接受物业服务企业提供的服务;② 提议召开业主大会会议,并就物业管理的有关事项提出建议;③ 提出制定和修改管理规约、业主大会议事规则[1]的建议;④ 参加业主大会会议,行使投票权;⑤ 选举业主委员会成员,并享有被选举权;⑥ 监督业主委员会的工作;⑦ 监督物业服务企业履行物业服务合同;⑧ 对物业共用部位、共用设施设备和相关场地使用情况享有知情权和监督权;⑨ 监督物业共用部位、共用设施设备专项维修资金的管理和使用;⑩ 法律、法规规定的其他权利。所谓"法律、法规规定的其他权利",主要包括:① 应得份额请求权。即对公共管理事项及共同收益的应得份额享有请求权。② 损害赔偿请求权。《民法典》第 287 条规定,业主对建设单位、物业服务企业或者其他管理人以及其他业主侵害自己合法权益的行为,有权请求其承担民事责任。《物业服务纠纷司法解释》第 3 条第 1 款规定,物业服务企业不履行或者不完全履行物业服务合同约定的或者法律、法规规定以及相关行业规范确定的维修、养护、管理和维护义务,业主请求物业服务企业承担继续履行、采取补救措施或者赔偿损失等违约责任的,人民法院应予支持。第 5 条规定,物业服务企业违反物业服务合同约定或者法律、法规、部门规章规定,擅自扩大收费范围、提高收费标准或者重复收费,业主以违规收费为由提出抗辩的,人民法院应予支持。业主请求物业服务企业退还其已收取的违规费用的,人民法院应予支持。

(二) 业主的义务

《民法典》第 286 条第 1 款规定,业主应当遵守法律、法规以及管理规约。《物业管理条例》第 7 条规定,业主在物业管理活动中,履行下列义务:① 遵守管理规约、业主大会议事规则;② 遵守物业管理区域内物业共用部位和共用设施设备的使用、公共秩序和环境卫生的维护等方面的规章制度;③ 执行业主大会的决定和业主大会授权业主委员会作出的决定;④ 按照国家有关规定交纳专项维修资金;⑤ 按时交纳物业服务费用;⑥ 法律、法规规定的其他义务。《物业服务纠纷司法解释》第 4 条规定,业主违反物业服务合同或者法律、法规、管理规约,实施妨害物业服务与管理的行为,物业服务企业请求业主承担恢复原状、停止侵害、排除妨害等相应民事责任的,人民法院应予支持。

---

[1] 住房和城乡建设部 2009 年制定的《业主大会和业主委员会指导规则》第 19 条规定,业主大会议事规则应当对下列主要事项作出规定:① 业主大会名称及相应的物业管理区域;② 业主委员会的职责;③ 业主大会会议事规则;④ 业主大会会议召开的形式、时间和议事方式;⑤ 业主投票权数的确定方法;⑥ 业主代表的产生方式;⑦ 业主大会会议的表决程序;⑧ 业主委员会委员的资格、人数和任期等;⑨ 业主委员会换届程序、补选办法;⑩ 业主大会、业主委员会工作经费的筹集、使用和管理;⑪ 业主大会、业主委员会印章的使用和管理。

三、区分所有建筑物的管理

区分所有建筑物的管理,是指为维持区分所有建筑物的物理机能,并充分发挥其社会的、经济的机能,而对之所为的一切经营活动,包括"物的管理"与"人的管理"。所谓"物的管理",是指对建筑物及其附属设施的保存、改良、利用乃至处分等所为的物理的管理。"物的管理"原则上仅限于建筑物的共有部分,不包括专有部分。所谓"人的管理",是指对业主群居生活关系所为的管理。其对象不以业主的行为为限,凡出入区分所有建筑物的人的行为均应纳入。其内容包括对建筑物不当毁损行为、不当使用行为的管理以及对生活妨害行为的管理等。《民法典》第286条第2款规定,业主大会或者业主委员会,对任意弃置垃圾、排放污染物或者噪声、违反规定饲养动物、违章搭建、侵占通道、拒付物业费等损害他人合法权益的行为,有权依照法律、法规以及管理规约,请求行为人停止侵害、排除妨碍、消除危险、恢复原状、赔偿损失;第3款规定,业主或者其他行为人拒不履行相关义务的,有关当事人可以向有关行政主管部门报告或者投诉,有关行政主管部门应当依法处理。

(一) 管理机构

管理机构是指业主为了维护建筑物各部分的机能,解决彼此间的纷争,进而维护共同生活秩序及共同利益而设立的机构。《民法典》第277条规定,业主可以设立业主大会,选举业主委员会。业主大会、业主委员会成立的具体条件和程序,依照法律、法规的规定。地方人民政府有关部门、居民委员会应当对设立业主大会和选举业主委员会给予指导和协助。应当注意的是,业主大会和业主委员会选举中的纠纷,以及有关业主提出的异议,均不属于人民法院民事案件受理及审理的范围,如果当事人向人民法院起诉,应告知其向有关行政部门申请解决。《物业管理条例》第8条规定,物业管理区域内全体业主组成业主大会。业主大会应当代表和维护物业管理区域内全体业主在物业管理活动中的合法权益。[1] 第9条规定,一个物业管理区域成立一个业主大会。物业管理区域的划分应当考虑物业的共用设施设备、建筑物规模、社区建设等因素。具体办法由省、自治区、直辖市制定。第10条规定,同一个物业管理区域内的业主,应当在物业所在地的区、县人民政府房地产行政主管部门或者街道办事处、乡镇人民政府的指导下成立业主大会,并选举产生业主委员会。[2] 但是,只有一个业主的,或者业主人数较少且经全体业主一致同意,决定不成立业主大会的,由业主共同履行业主大会、业主委员会职责。

---

[1] 《业主大会和业主委员会指导规则》第2条规定,业主大会由物业管理区域内的全体业主组成,代表和维护物业管理区域内全体业主在物业管理活动中的合法权利,履行相应的义务。

[2] 《业主大会和业主委员会指导规则》第6条规定,物业所在地的区、县房地产行政主管部门和街道办事处、乡镇人民政府负责对设立业主大会和选举业主委员会给予指导和协助,负责对业主大会和业主委员会的日常活动进行指导和监督。

业主大会是区分所有建筑物管理的最高决策机构,其活动方式是举行会议、作出决议,对外代表该建筑物的全体业主,对内对建筑物的管理作出决策。《民法典》第278条规定,下列事项由业主共同决定:① 制定和修改业主大会议事规则;② 制定和修改管理规约;③ 选举业主委员会或者更换业主委员会成员;④ 选聘和解聘物业服务企业或者其他管理人;⑤ 使用建筑物及其附属设施的维修资金;⑥ 筹集建筑物及其附属设施的维修资金;⑦ 改建、重建建筑物及其附属设施;⑧ 改变共有部分的用途或者利用共有部分从事经营活动;⑨ 有关共有和共同管理权利的其他重大事项。业主共同决定事项,应当由专有部分面积占比2/3以上的业主且人数占比2/3以上的业主参与表决。决定前款第6项至第8项规定的事项,应当经参与表决专有部分面积3/4以上的业主且参与表决人数3/4以上的业主同意。决定前款其他事项,应当经参与表决专有部分面积过半数的业主且参与表决人数过半数的业主同意。

《物业管理条例》第11条规定,下列事项由业主共同决定:① 制定和修改业主大会议事规则;② 制定和修改管理规约;③ 选举业主委员会或者更换业主委员会成员;④ 选聘和解聘物业服务企业;⑤ 筹集和使用专项维修资金;⑥ 改建、重建建筑物及其附属设施;⑦ 有关共有和共同管理权利的其他重大事项。第12条第①—③项规定,业主大会会议可以采用集体讨论的形式,也可以采用书面征求意见的形式;但是,应当有物业管理区域内专有部分占建筑物总面积过半数的业主且占总人数过半数的业主参加。业主可以委托代理人参加业主大会会议。业主大会决定第11条第5项和第6项规定的事项,应当经专有部分占建筑物总面积①2/3以上的业主且占总人数②2/3以上的业主同意;决定本条例第11条规定的其他事项,应当经专有部分占建筑物总面积过半数的业主且占总人数过半数的业主同意。第13条规定,业主大会会议分为定期会议和临时会议。业主大会定期会议应当按照业主大会议事规则的规定召开。经20%以上的业主提议,业主委员会应当组织召开业主大会临时会议。第14条规定,召开业主大会会议,应当于会议召开15日以前通知全体业主。住宅小区的业主大会会议,应当同时告知相关的居民委员会。业主委员会应当作好业主大会会议记录。

业主委员会是业主大会的执行机构。《物业管理条例》第15条规定,业主委员会执行业主大会的决定事项,履行下列职责:① 召集业主大会会议,报告物业管理的实施情况;② 代表业主与业主大会选聘的物业服务企业签订物业服务合同;③ 及时了解业主、物业使用人的意见和建议,监督和协助物业服务企业履行物业服务合同③;④ 监督管理

---

① 《业主大会和业主委员会指导规则》第23条规定,业主大会确定业主投票权数,可以按照下列方法认定专有部分面积和建筑物总面积:① 专有部分面积按照不动产登记簿记载的面积计算;尚未进行登记的,暂按测绘机构的实测面积计算;尚未进行实测的,暂按房屋买卖合同记载的面积计算;② 建筑物总面积,按照前项的统计总和计算。

② 《业主大会和业主委员会指导规则》第24条规定,业主大会确定业主投票权数,可以按照下列方法认定业主人数和总人数:① 业主人数,按照专有部分的数量计算,一个专有部分按一人计算。但建设单位尚未出售和虽已出售但尚未交付的部分,以及同一买受人拥有一个以上专有部分的,按一人计算;② 总人数,按照前项的统计总和计算。

③ 《业主大会和业主委员会指导规则》第31条规定,业主委员会由业主大会会议选举产生,由5至11人单数组成。

规约的实施;⑤ 业主大会赋予的其他职责。第 16 条规定,业主委员会应当自选举产生之日起 30 日内,向物业所在地的区、县人民政府房地产行政主管部门和街道办事处、乡镇人民政府备案。业主委员会委员①应当由热心公益事业、责任心强、具有一定组织能力的业主担任。业主委员会主任、副主任在业主委员会成员中推选产生。

《民法典》第 280 条规定,业主大会或者业主委员会的决定,对业主具有法律约束力。业主大会或者业主委员会作出的决定侵害业主合法权益的,受侵害的业主可以请求人民法院予以撤销。《建筑物区分所有权司法解释》第 12 条规定,业主以业主大会或者业主委员会作出的决定侵害其合法权益或者违反了法律规定的程序为由,请求法院撤销该决定的,应当在知道或者应当知道业主大会或者业主委员会作出决定之日起 1 年内行使。同时,业主大会和业主委员会对不当行为享有诉权。值得讨论的问题是,实践中,经常有一些业主对业主大会或者业主委员会作出的决定不服,请求人民法院撤销业主大会或者业主委员会作出的决定。对此,应当如何处理?本书认为,只要业主大会或者业主委员会作出的决定是符合法律和行政法规的规定的,就对该物业管理区域的全体业主具有法律约束力,个别业主的撤销主张,不能得到支持。但是,对于业主大会或者业主委员会作出的与物业管理无关的决定,如果侵害到业主合法权益的,受侵害的业主可以请求人民法院予以撤销。

(二) 区分所有建筑物及其附属设施的管理

依据《民法典》第 284 条和第 285 条的规定,业主可以自行管理建筑物及其附属设施,也可以委托物业服务企业或者其他管理人管理。对建设单位聘请的物业服务企业或者其他管理人,业主有权依法更换。物业服务企业或者其他管理人根据业主的委托,依照本法合同编有关物业服务合同的规定管理建筑区划内的建筑物及其附属设施,接受业主的监督,并及时答复业主对物业服务情况提出的询问。物业服务企业或者其他管理人应当执行政府依法实施的应急处置措施和其他管理措施,积极配合开展相关工作。

《民法典》第 281 条规定,建筑物及其附属设施的维修资金,属于业主共有。经业主共同决定,可以用于电梯、屋顶、外墙、无障碍设施等共有部分的维修、更新和改造。建筑物及其附属设施的维修资金的筹集、使用情况应当定期公布。紧急情况下需要维修建筑物及其附属设施的,业主大会或者业主委员会可以依法申请使用建筑物及其附属设施的维修资金。第 282 条规定,建设单位、物业服务企业或者其他管理人等利用业主的共有部分产生的收入,在扣除合理成本之后,属于业主共有。第 283 条规定,建筑物及其附属设施的费用分摊、收益分配等事项,有约定的,按照约定;没有约定或者约定不

---

① 《业主大会和业主委员会指导规则》第 31 条规定,业主委员会委员应当是物业管理区域内的业主,并符合下列条件:① 具有完全民事行为能力;② 遵守国家有关法律、法规;③ 遵守业主大会议事规则、管理规约,模范履行业主义务;④ 热心公益事业,责任心强,公正廉洁;⑤ 具有一定的组织能力;⑥ 具备必要的工作时间。第 43 条规定,有下列情况之一的,业主委员会委员资格自行终止:① 因物业转让、灭失等原因不再是业主的;② 丧失民事行为能力的;③ 依法被限制人身自由的;④ 法律、法规以及管理规约规定的其他情形。

明确的,按照业主专有部分面积所占比例确定。

(三) 管理规约

管理规约是指全体业主就建筑物的管理、使用与所有关系,以书面形式订立的自治规则。管理规约是业主为了增进共同利益,确保良好的生活环境而共同制定的。《物业管理条例》第 17 条规定,管理规约应当对有关物业的使用、维护、管理,业主的共同利益,业主应当履行的义务,违反管理规约应当承担的责任等事项依法作出约定。管理规约应当尊重社会公德,不得违反法律、法规或者损害社会公共利益。管理规约对全体业主具有约束力。《业主大会和业主委员会指导规则》第 18 条规定,管理规约应当对下列主要事项作出规定:① 物业的使用、维护、管理;② 专项维修资金的筹集、管理和使用;③ 物业共用部分的经营与收益分配;④ 业主共同利益的维护;⑤ 业主共同管理权的行使;⑥ 业主应尽的义务;⑦ 违反管理规约应当承担的责任。《物业管理条例》第 47 条规定,物业使用人在物业管理活动中的权利义务由业主和物业使用人约定,但不得违反法律、法规和管理规约的有关规定。物业使用人违反本条例和管理规约的规定,有关业主应当承担连带责任。

思 考 题

1. 哪些财产属于业主共有财产?如何认定业主共有财产?
2. 区分所有建筑物管理中存在的问题及其解决办法。

第七章

相邻关系

本章重点
1. 相邻关系的性质。
2. 相邻关系的内容。
3. 处理相邻关系的原则。
4. 各种相邻关系的处理。

第一节 相邻关系概述

一、相邻关系制度的起源

相邻关系作为一种法律制度起源于古罗马。《十二表法》第 7 表规定,相邻田地之间,应留田地五尺,以便通行和犁地,在他人土地上有通行权的,其道路的宽度,直向为 8 尺,拐弯处为 16 尺,建筑物的周围应留 2.5 尺宽的田地以便通行。

到了资本主义时期,随着工业的发展,人们对物的利用范围和方式极大丰富,这对相邻关系提出了新的冲击和挑战。到了德国制定民法典的时候,社会法学思想已显露端倪,所有权绝对的观念遭到质疑,所有权人特别是土地所有权人应承受工业化所带来的容忍义务,已成为社会的共识。在此背景下,1896 年《德国民法典》将相邻关系纳入所有权制度进行安排,而将地役权关系纳入他物权制度进行安排,从而确立了相邻关系与地役权的二分法。就相邻关系而言,《德国民法典》规定了不可称量的物质的侵入、树木根枝伸入邻地、果实逾界自落、邻地使用及越界建筑等相邻关系。这些制度对其他国家和地区的民事立法产生了深远影响。1898 年《日本民法典》在所有权部分用单独一节规定了相邻关系,条文达 30 条之多,内容和体系甚为完备。1907 年《瑞士民法典》则在土地所有权的限制中,规定了经营工业的方式、挖掘及建筑、树木的根枝、水的自然流向及排水、管道通过、通路权、进入他人土地的权利,以及为防卫目的进入他人土地的权利等相邻关系。我国台湾地区"民法"在不动产所有权部分规定了防免邻地损害之义务,自然流水排水权,工作物破溃、阻塞之防止、修缮义务,屋檐排水之限制,高地所有权人之疏水权,土地所有权人之灌水权,水源地所有权人,所有权人使用邻地余水之用水权,所有权人变更水流或宽度之用水限制,设堰与用堰之用水权,管线安设权与费用之负担,袋地通行权,开路通行权,通行权之限制,邻地使用权,禁止气灰音响侵入权等相邻关系。

新中国成立后,1986年《民法通则》规定了相邻关系,其第83条规定,不动产的相邻各方,应当按照有利生产、方便生活、团结互助、公平合理的精神,正确处理截水、排水、通行、通风、采光等方面的相邻关系。给相邻方造成妨碍或者损失的,应当停止侵害,排除妨碍,赔偿损失。《物权法》和《民法典》进一步完善了相邻关系制度。

二、相邻关系的概念和性质

在我国,最早给相邻关系下定义的是民国时期的学者曹志。他在1937年出版的《中国民法物权论》中说,异其所有者之两个土地相互邻接时,此所有者之权利行使,影响于他所有者之权利行使,其结果于相邻间发生权利之抵触,为调和此种抵触而有设一定限制之必要。此种限制,从受限制一方观之,则为义务;从其他方观之,则为权利。因权利本位的观念,一般多称为相邻权,但实际上不过是土地所有权人相互之间的权利义务而已。这一认识为我国台湾民法学界所沿袭。王泽鉴先生在1992年出版的《民法物权·通则·所有权》一书中说,在相邻关系中,不动产所有权人依照法律规定使用邻地,为必要通行或安装管线等,邻地所有权人有容忍的义务,属于所有权的限制。

中华人民共和国成立后,最早给相邻关系下定义的是1983年全国第三期法律专业师资进修班民法班整理的《中华人民共和国民法原理》一书。该书认为,相邻关系是指相邻的所有权人或占用人对各自土地或土地上的自然物、建筑物行使所有权或占用权时,因相互间应当给予方便或接受限制而发生的权利义务关系。从享有权利的角度来看,又可称之为相邻权。之后,民法学界的通说认为,相邻关系又称不动产相邻关系,是指两个相互毗邻的不动产所有权人或占有使用人在行使不动产的占有、使用、收益和处分时,相互之间应当给予便利或接受限制而发生的权利义务关系。《物权法草案》(第五次审议稿)第252条曾规定,相邻关系是指相互毗邻的两个以上不动产权利人,在通行、通风、采光等方面根据法律规定产生的权利义务关系。结合这两个定义,我们可以将相邻关系定义为:相邻关系是指相邻不动产权利人在行使不动产权利的过程中因相互间应当给予方便或接受限制而发生的民事权利义务关系。

对于相邻关系(或相邻权)的性质,理论上有不同的见解,主要的观点有以下两种:

一种是所有权扩张与限制说。德国、日本和我国(含台湾地区)学者持这种观点,认为相邻关系(相邻权)的本质是相邻不动产所有权或使用权的适当扩张或限制。表现在:一方面,不动产权利人可要求相邻他方给予一定的便利,此为所有权的扩张;另一方面,相邻他方对不动产权利人利用自己的不动产负有容忍义务,此为所有权的限制。由于此种扩张或限制为所有权的当然内容,因而,多数大陆法系国家和地区的民法将其置于所有权的规范体系之下。

另一种是法定地役权说。法国、意大利、俄罗斯等国学者持这种观点,认为相邻关系(相邻权)的本质是法定地役权,它与约定地役权一起构成了完整的地役权体系。

在上述两种观点中,前一种观点更具有合理性,也更具有说服力。因为相邻关系(相邻权)不同于一般的物权。在一般的物权中,权利人可以占有、使用和收益标的物。但是,相邻权人却不享有邻人不动产的占有、使用和收益权能,而仅可就邻人的不动产享有通行、取水、排水等便利。正因如此,我国民事立法没有使用"相邻权"的概念,而是使用了"相邻关系"的概念。

应当指出的是,民法关于相邻关系的规范属于强行性规范,而不是任意性规范,这不仅是民法理论上的通说,也是我国民事立法所持的基本立场。

三、相邻关系的法律特征

第一,相邻关系基于不动产相邻的事实而发生。相邻关系只能发生在两个以上不动产相邻的情形下,没有不动产的相邻,就不可能发生相邻关系。这是相邻关系与地役权的显著区别。地役权虽然常常也是因为不动产相邻而发生,但地役权的发生并不要求不动产一定相邻,即使两个不动产远隔千山万水,也可能发生地役权。

第二,相邻关系的主体是"不动产的相邻权利人"。所谓"不动产的相邻权利人",主要是指相邻不动产的物权人,包括所有权人和使用权人。

第三,相邻关系的客体是行使不动产权利时所体现的利益。对于相邻关系的客体,民法理论上有三种不同观点:有的认为,相邻关系的客体是相邻不动产;有的认为,相邻关系的客体是相邻各方所实施的行为;有的认为,相邻关系的客体是不动产权利人行使不动产权利时所体现出来的利益。其中,利益说为通说。这是因为,相邻关系作为一种物权法上的制度,其所要解决的问题是在行使不动产权利时发生的利益冲突,而非不动产本身或行使行为的争议,因此,相邻关系的客体并不是物或行为,而是相邻方行使不动产权利时所体现的利益。

第四,相邻关系是依法律规定而直接产生的。相邻关系是由法律直接规定的,而不是由当事人约定的。相邻关系是法律为调和不动产权利人之间的利益冲突而对所有权所作的限制,属于所有权制度的一项重要内容。

四、相邻关系的内容

相邻关系的基本内容是相邻一方要求他方为自己行使不动产权利提供必要便利的权利,以及他方应当给予这种必要方便的义务。

(一) 相邻一方的权利和义务

1. 相邻一方的权利

相邻一方在行使自己的不动产权利时,如果涉及相邻他方的不动产,则相邻一方有权要求相邻他方的不动产权利人提供这种便利。所谓必要的便利,是指相邻一方非从相邻他方获得这种便利,便无法行使其不动产权利;当相邻一方获得此种便利后,其不动产权利便得到延伸,从而使其能够顺利行使自己的不动产权利。例如,相邻一方因通行、用水、排水等需要利用相邻他方的土地的,有权要求相邻他方提供必要的便利;相邻一方因建造、修缮建筑物以及铺设管线等必须利用相邻他方的土地或建筑物的,有权要求相邻他方提供必要的便利;等等。

2. 相邻一方的义务

相邻一方的义务主要有三项:一是不作为义务。例如,相邻一方建造建筑物的,不得妨碍相邻建筑物的通风、采光和日照。二是最小损害义务。例如,不动产权利人因用水、排水、通行、铺设管线等利用相邻不动产的,应当尽量避免给相邻的不动产权利人造成损害。三是损害赔偿义务。例如,不动产权利人因用水、排水、通行、铺设管线等需要利用相邻不动产的,给相邻不动产权利人造成损害的,应当给予赔偿,承担的就是损害赔偿义务。

(二) 相邻他方的义务和权利

1. 相邻他方的义务

对应于相邻一方的权利,相邻他方的义务主要是为相邻一方行使不动产权利提供必要的便利,这种提供必要便利的义务通常表现为不作为的容忍义务。判断相邻他方是否应负容忍义务的标准是有无"实质性妨害"。无实质性妨害的,相邻他方则有容忍的义务。所谓无实质性妨害,是指扩张权利的一方对相邻他方行使权利不构成不利影响,即不影响或破坏相邻他方对不动产在法律上或事实上的处分。判断某种妨害是否具备实质性,应从一个理性的正常人的理解出发进行利益衡量,并以生活习惯以及被妨害的不动产的用途等,来评价妨害的程度和持续的时间。此外,还要考虑到不动产权利所体现的价值。有实质性妨害的,相邻他方则不负容忍义务。因为在造成对相邻他方实质性妨害的情形下,已构成侵权,此时,相邻他方自然无须再容忍。但在同时具备以下两个条件时,相邻他方仍须容忍。其一,是当地的通行做法。指不动产权利人扩张自己的权利在当地是一种约定俗成的做法,而不是权利人一时的权利滥用。其二,是无可替代方法。指不动产权利人只有这一种扩张自己权利的方法,没有其他可替代的方法。如果有其他可替代的方法,则相邻他方无须容忍。应当注意的是,相邻他方不得实施积极行为以妨碍相邻一方行使权利。例如,对于自然流水的利用,处于高地的相邻他方不得擅自截水;而对自然流水的排放,处于低地的相邻他方,应当尊重水的自然流向,不得擅自堵截。

2. 相邻他方的权利

对应于相邻一方的权利损害赔偿义务,相邻他方则享有损害赔偿请求权。在相邻一方因用水、排水、通行、铺设管线等利用其不动产而造成损害时,相邻他方有权要求相邻一方给予赔偿。

(三) 相邻各方的义务和权利

1. 相邻各方的义务

在有些相邻关系中,并非只是一方享有权利而他方负有义务,而是各方均负有义务。例如,对于不可计量的污染物,任何一方都无权排放。《民法典》第 294 条规定,不动产权利人不得违反国家规定弃置固体废物,排放大气污染物、水污染物、土壤污染物、噪声、光辐射、电磁辐射等有害物质。又如,对于相邻防险,《民法典》第 295 条规定,不动产权利人挖掘土地、建造建筑物、铺设管线以及安装设备等,不得危及相邻不动产的安全。

2. 相邻各方的权利

在相邻一方因行使不动产权利给相邻他方造成不应容忍的妨碍或有妨害的危险时,相邻他方有权要求相邻一方排除妨碍或者消除危险;在相邻一方给相邻他方造成不应有的损害的情形下,相邻他方有权要求相邻一方予以损害赔偿。

第二节 相邻关系的处理

一、处理相邻关系的原则

《民法典》第 288 条规定,不动产的相邻权利人应当按照有利生产、方便生活、团结互助、公平合理的原则,正确处理相邻关系。第 289 条规定,法律、法规对处理相邻关系有规定的,依照其规定;法律、法规没有规定的,可以按照当地习惯。可见,相邻各方在处理相邻关系时,应当遵守以下三项原则:

第一,有利生产和方便生活的原则。相邻关系是人们在生产、生活中,因行使不动产权利而产生的,与人们的生产、生活直接相关,因此,相邻各方在处理相邻关系时,应当从有利生产、方便生活的原则出发,正确处理相邻关系。

第二,团结互助和公平合理的原则。不动产的相邻权利人应当按照团结互助、公平合理的原则,处理相邻关系。一方面,在相邻关系中,如果相邻权利人只要求他人给予便利,而自己却不为他人提供便利,就不可能处理好相邻关系。因此,处理相邻关系必须遵循团结互助的原则。另一方面,相邻权利人在获得便利时,也应承担一定的义务,对于受到损害的相邻他方,应按照公平、合理的原则给予赔偿。《民法典》第 296 条规定,不动产权利人因用水、排水、通行、铺设管线等利用相邻不动产的,应当尽量避免对相邻的不动产权利人造成损害。

第三,遵循习惯的原则。相邻关系的具体形态是丰富多样的,对其中有些情形,法律、法规可能未作规定,在此情形下,可以按照当地习惯处理。应当注意的是,相邻关系不宜直接适用于土地租赁权人和房屋租赁权人,因为他们是债权人而非物权人。其解决办法是：土地租赁权人和房屋租赁权人可以代为行使土地使用权人和房屋所有权人的权利，以实现在相邻关系上的利益，或者以占有人的身份主张相邻关系上的利益。①

二、各种相邻关系的处理

（一）相邻用水、排水关系的处理

依据《宪法》第9条的规定，水流属于国家所有。因此，相邻各方均有使用水流的权利。但是在实践中，相邻用水的问题和矛盾还是比较突出的，尤其是在水资源紧张的地区。为此，《民法典》第290条规定，不动产权利人应当为相邻权利人用水、排水提供必要的便利。对自然流水的利用，应当在不动产的相邻权利人之间合理分配。对自然流水的排放，应当尊重自然流向。

相邻用水、排水关系包括相邻用水关系和相邻排水关系两种情形，需要分别加以讨论。

1. 相邻用水关系

水分为地表水与地下水。用水分为利用自然流水与人工用水。对于自然流水，相邻各方在利用时应当尊重其自然流向，依照由上而下、由高到低的次序依次使用，上游和高处的相邻人不得擅自截水，妨害下游和低处的相邻人用水。对于人工用水，相邻他方不得妨害相邻一方的合法用水。无论是利用自然流水，还是人工用水，相邻一方都不得实施污染水源、枯竭水源等方式，妨害相邻他方用水。

2. 相邻排水关系

相邻排水关系，包括相邻自然排水和相邻人工排水。

对于自然排水，由于水具有往低处流的自然属性，因此，低地权利人（包括所有权人、使用权人）负有"承受义务"，应容忍高地的水经自己的土地排放。该"承受义务"为不作为义务，即如果高地的水流至低地权利人的土地而受阻碍时，低地权利人不负疏通义务。如果需要疏通，应由高地权利人自费疏通，并不得损害低地权利人的利益。例如，《意大利民法》第908条规定，房屋的所有权人应当以将雨水排放到自己的土地上而不使其坠落到邻人土地上的方式建造房屋。如果有公共排水系统，则应当将雨水通过屋檐或排水沟导入公共排水系统。在任一情况下，都应当遵守地方法规和有关调整水资源法的规定。第913条规定，低地应当接受自高地非人力的、自然流下之水。低地的所有权人不得阻碍这一排放，高地的所有权人也不得加重这一排放。如果为进行这块或那块土地的农业规划工程而必须改变水的自然流量，则必须对因改变流量而受到损害的土地的所有权人进行补偿。

---

① 中国审判理论研究会民事审判理论专业委员会编著：《民法典物权编条文理解与司法适用》，法律出版社2020年版，第190—191页。

对于人工排水，原则上，高地权利人无权设置屋檐或排水沟、排水管等直接向低地排水，但在例外情形下可以。例如，《日本民法典》第 220 条规定，高地所有权人，为干涸其浸水地或排泄家用、农工业用的污水至公共道路、公共水流及下水道，可以使水通过低地。但应选择对低地损害最小的处所及方法。我国台湾地区"民法"第 779 条规定，土地所有权人因使浸水之地干涸，或排泄家用或其他用水，以至河渠或沟道，得使其水通过邻地。但应选择于邻地损害最少之处所及方法为之。前项情形，有通过权之人对于邻地所受之损害，应支付偿金。

（二）相邻土地通行关系的处理

相邻土地通行关系是人们在生产和生活中经常发生的相邻关系。《民法典》第 291 条规定，不动产权利人对相邻权利人因通行等必须利用其土地的，应当提供必要的便利。据此，相邻权利人享有对相邻土地的必要通行权。该必要通行权的成立，须具备以下条件：

（1）须土地与公共道路无适宜的联络。其中，绝对不通公共道路的土地称为袋地，相对不通公共道路的土地称为准袋地。所谓土地与公路无适宜的联络，包括三种情形：一是土地四周皆不通公路（袋地）；二是土地与公共道路之间因高低悬殊等原因而致通行困难，不能直达公共道路（准袋地）；三是虽有其他道路可通公共道路，但所需费用过高、具有危险或十分不便（准袋地）。

（2）须为土地通常之利用所必要。判断是否系土地通常之利用所必要，除应考虑土地的位置、面积、形状、地势等因素外，还应考虑土地的用途。

（3）须非土地所有权人或利用人的任意行为所致。如果土地与公共道路无适宜的联络系土地所有权人或利用人的任意行为所致，则该土地所有权人或利用人不得主张必要通行权。例如，土地所有权人或利用人任意破坏原有的桥梁、渡口、堤坝、通道，或者抛弃邻地上原有的其他通行权而致土地与公共道路无适当的联络，就不得主张必要通行权。

在具备上述条件的情形下，通行权人即可通过周围相邻土地以达公共道路。应当注意的是，通行权人无论采取何种方式通至公共道路，均应选择对周围相邻土地损害最小的处所和方法。为了平衡通行权人与周围土地权利人之间的利益关系，通行权人通行导致周围土地损害的，应支付赔偿金。

（三）相邻不动产利用关系的处理

随着社会的发展和生活水平的提高，人们对居住和生活品质的要求也越来越高，这就离不开建造大量的建筑物以及能源输送设施。为此，《民法典》第 292 条规定，不动产权利人因建造、修缮建筑物以及铺设电线、电缆、水管、暖气和燃气管线等必须利用相邻土地、建筑物的，该土地、建筑物的权利人应当提供必要的便利。据此，相邻一方因建造、修缮建筑物以及铺设电线、电缆、水管、暖气和燃气管线等必须利用相邻他方的土地或者建筑物的，相邻他方土地或建筑物的权利人应当提供必要的便利。所谓"必须利用相邻他方的土地或者建筑物",是指相邻一方非通过或利用他人土地或建筑物就不能"建造、修缮建筑物以及铺设电线、电缆、水管、暖气和燃气管线等"情形,或者虽能建造、修缮建筑物或铺设管线但费用过大的情形。应当注意的是,相邻一方利用相邻他方土地或者建筑物,应当尽量避免对相邻的不动产权利人造成损害;造成损害的,应当给予赔偿。

(四) 相邻通风、采光、日照关系的处理

建筑物获得适当的通风、采光和日照,既是建筑物权利人在不动产上的重要利益,也是其保持应有生活品质的必要因素。《民法典》第 293 条规定,建造建筑物,不得违反国家有关工程建设标准,不得妨碍相邻建筑物的通风、采光和日照。据此,建筑物通风、采光和日照相邻关系包括两个方面的内容:一是建造建筑物不得违反国家有关工程建设标准。这些标准主要包括《建筑采光设计标准》(GB50033—2013)、《城市居住区规划设计标准》(GB50180—2018)、《工程建设标准强制性条文》(2013 年版,房屋建筑部分)等。二是建造建筑物不得妨碍相邻建筑物的通风、采光和日照。违反《民法典》和这些规范性文件规定的标准建造建筑物,妨碍相邻建筑物的通风、采光和日照的,相邻建筑物的权利人(所有权人或使用权人)有权请求停止侵害、恢复原状;造成损失的,还可请求损害赔偿。应当注意的是,为了充分利用稀缺的土地资源,相邻建筑物权利人获得通风、采光和日照的权利也应局限在适当和必要的限度内。超出该限度,相邻建筑物权利人如果需要获得更佳的居住条件,可以与建筑物权利人订立地役权合同,设立以通风、采光或者日照等为内容的地役权。

(五) 相邻环保关系的处理

随着现代工业的迅猛发展,煤烟、尘埃、噪声、振动、臭气等不可量物越来越多,对人们日常生活的消极影响也越来越大。为此,以德国、瑞士为代表的大陆法系国家,在民法典相邻关系中引入了不可量物侵害,并对其进行规制。《德国民法典》第 906 条规定:① 在干涉不损害或者较轻微损害土地的使用的范围内,土地所有权人不得禁止煤气、蒸汽、臭气、烟气、煤烟、热气、噪声、震动和其他来自他人土地的类似的干涉的侵入。轻微损害通常是指,根据规定查明和估算的干涉未超过法律或者法令确定的极限数值或者标准数值。上述规定同样适用于根据《联邦污染防治法》第 48 条颁布的、包含技术标准的一般行政规定中的数值。② 在按当地通行的使用方法使用他人的土地引起重大损害,而且不是采取此种使用者在经济上可望获得的措施所能阻止的范围内,同样适用上述规定。所有权人在此后应容许干涉时,如果其干涉对自己的土地按当地通行的使用,或者对土地的收益所造成的妨害超出预期的程度时,所有权人可以向另一块土地的使用人要求适当的金钱赔偿。③ 不允许通过特殊管道进行侵入。在英美法中,与不可量物侵害制度相当的制度是"安居妨害""不法妨害"或"权益妨害"。它们均属于侵权行为的一种。我国借鉴了德国等大陆法系国家的做法,在《民法典》相邻关系中规定了预防不可量物侵害的相邻环保关系。其第 294 条规定,不动产权利人不得违反国家规定

弃置固体废物,排放大气污染物、水污染物、土壤污染物、噪声、光辐射、电磁辐射等有害物质。据此,不动产权利人违反国家规定弃置固体废物,排放大气污染物、水污染物、噪声、光、电磁波辐射等有害物质的,相邻他方有权要求停止侵害,造成损失的,还有权要求赔偿。应当注意的是,为了平衡相邻防险各方的利益,除上述《德国民法典》第①项的规定外,《意大利民法典》第 844 条第 1 款规定,在正常忍受限度内,同时考虑到当地的环境条件,土地的所有权人不得妨碍自邻地自然排出或者传出的烟雾、热气、气味、噪音、震动以及其他类似的排放。

(六) 相邻防险关系的处理

相邻防险关系是指不动产权利人在挖掘土地、建造建筑物、铺设管线以及安装设备等时,不得使邻地地基动摇或发生危险,或者使邻地上的建筑物受到损害。《民法典》第 295 条规定,不动产权利人挖掘土地、建造建筑物、铺设管线以及安装设备等,不得危及相邻不动产的安全。但是,该条没有明确危及相邻不动产安全时的处理方法以及不动产权利人所应当承担的法律责任。实践中,受到损害或可能受到损害的相邻一方,可以要求不动产权利人停止侵害、消除危险、排除妨害,遭受损害的,还可以请求损害赔偿。

(七) 相邻越界关系的处理

在社会生活中,如果相邻一方超越疆界建造建筑物,或者栽植的竹木逾越了疆界线,或者果实落于邻地,也会发生相应的相邻关系,这就是相邻越界关系,同样需要妥善处理。

1. 建筑物越界

现代各国民法认为,相邻一方在地界一侧修筑建筑物时,应当与地界线保持适当的距离,不得越界侵占相邻他方的土地。如《法国民法典》第 674 条规定,在共有分界墙或非共有分界墙旁挖井或挖粪池,建造烟囱或壁炉、锻造炉、冶炼炉、炉灶,倚墙修建牲畜栏棚,或者倚墙建立盐栈或存放腐蚀性材料的场所,均应当留出条例或特别习惯就安放这些物件所规定的距离,或者建造依同样条例与习惯所规定的隔开设施,以避免给邻人带来损害。《日本民法典》第 234 条规定:① 建造建筑物时,应自疆界线起保留 50 厘米以上的距离。② 有人违反前款规定进行建筑时,邻地所有权人可让其废止或变更。但是,自建筑着手起经过 1 年,或其建筑竣工后,只能请求损害赔偿。

为了补偿相邻他方因忍受越界建筑而带来的不利益,大陆法系国家和地区的立法又往往赋予其下列两项权利:一是土地购买请求权。即相邻他方提出相当的价格,请求相邻一方购买越界部分的土地,越界建筑一方不得拒绝。二是损害赔偿请求权。相邻他方因相邻一方的越界建筑行为而遭受损害的,仍可请求损害赔偿。我国台湾地区"民法"规定,该损害赔偿请求权可与土地购买请求权合并行使。

2. 竹木根枝越界

现代各国民法认为,相邻一方在地界一侧栽培竹木时,应与地界线保持适当的距离,以预防竹木的根枝逾越疆界线侵入相邻他方的土地。在相邻一方的竹木根枝越界侵入相邻他方的土地时,相邻他方可以请求相邻一方于适当期间内剪除、截取该根枝;相邻一方逾期不剪除的,相邻他方可以自行剪除、截取越界根枝。但是,依照一般的社会观念,相邻他方应当容忍的除外。

3. 果实越界

果实越界是指相邻一方果树的果枝越界进入相邻他方的土地上空,或者果实因成熟等原因而自落于邻地。对于如何处理果实越界和果实自落于邻地的问题,古今物权法的规定,经历了一个变化发展的过程。古罗马《十二铜表法》规定,果实自落于邻地者,3日以内其所有权人可自由拾取;3日之后则归邻地所有权人所有。《法国民法典》第673条第1款规定,相邻人可要求他方相邻人砍去其树木、树丛或小灌木伸展至其土地上的树枝;从这些树枝上自然掉落在相邻人土地上的果实,属于该相邻人。《瑞士民法典》第687条第2项规定,土地所有权人,容忍邻地的树枝逾越邻界线进入其有建筑物或植物的土地时,对树枝上的果实有权取得。我国台湾地区"民法"第798条规定,果实自落于邻地者,视为属于邻地所有权人。但邻地为公用地者,不在此限。我国《民法典》对此未作具体规定。实践中,可依照《民法典》的原则规定,按照当地习惯处理。

思 考 题

1. 相邻关系的性质。
2. 如何正确处理各种相邻关系?

第八章

共 有

本章重点
1. 共有的概念和特征。
2. 共有的发生原因与分类。
3. 按份共有的效力。
4. 共同共有的效力。

第一节 共有概述

一、共有制度的历史沿革

共有制度是随着所有权制度的发展而发展起来的。在前资本主义时代,共有主要有三种形态:一是罗马法上的共有(communio)。在罗马法中,共有可依据当事人的合意、遗嘱或者法律的规定等而发生。在共有关系中,各共有人对共有财产均享有使用、收益和处分的权利,同时也负担因共有财产而产生的管理费和税收等义务。罗马法上的共有实际上为按份共有。二是日耳曼法上的总有。总有是日耳曼法上的一项特有制度。它是指由一定的团体对标的物享有管理权能,而由其成员享有标的物的收益权能的一种所有权制度。三是日耳曼法上的合有。指数人根据共同关系享有对标的物的所有权,因此也称为共同共有。它是一种团体主义色彩非常浓厚的共有形态。

在上述三种形态的共有中,日耳曼法上的合有已经演变为法人的独立财产权;另外两种形态的共有为后世民法所继承,逐步发展成现代大陆法系民法上的两种共有形态,即按份共有和共同共有。但是,大陆法系国家和地区关于共有的立法体例却不尽一致。《法国民法典》没有关于共有的一般规定,但承认继承及合伙等事项的共有关系(第815条、第842条)。《德国民法典》则将财产共有的一般原则规定于债编之中(第741条—第758条),而将有关物的共有规定在物权编之中(第1008条—第1011条),并将有关合伙财产、共同继承财产和夫妻共有财产等规定为合有。我国台湾地区"民法"将共有分为分别共有、共同共有及准共有(第817条—第831条)。我国《民法典》也将共有分为按份共有、共同共有和准共有(第297条—第310条)。

二、共有的概念和特征

依据《民法典》第297条的规定,共有是指两个以上的民事主体(组织、个人)对同一项财产(不动产或者动产)共同享有所有权,包括按份共有和共同共有。对同一项财产共同享有所有权的组织或者个人为财产共有人,该同一项不动产或者动产为共有财产(又称"共有物")。各共有人因共有而形成的权利义务关系为共有关系。应当注意的是,共有与公有、总有有所不同。公有是与私有相对应的概念,是一种社会经济制度,而共有是指一种所有权形态。总有是指社团财产的归属,如公司的财产属于公司,而不是股东按份共有。

共有的性质为所有权的联合,而非一种独立的所有权类型。所有权的联合包括同种类所有权的联合和不同种类所有权的联合。前者主要指私人与私人的共有,如夫妻共有、家庭共有、合伙人共有等;后者主要指私人与国家的共有,如共有产权房等。

共有具有以下特征:

第一,主体的多元性。共有必须有两个以上的自然人、法人或非法人组织作为其主体,单一主体不构成共有。因此,共有的主体具有多元性。

第二,客体的同一性。共有作为所有权的一种表现形式,其客体也是物,但这种物表现为同一项特定财产。所谓"同一项特定财产",既可以是某一项特定的不动产或动产,也可以是特定的集合财产,如夫妻共有财产、遗产等。

第三,内容的双重性。共有的内容不仅包括共有人与非所有权人之间的权利义务关系,也包括共有人内部相互之间的权利义务关系。因此,共有的内容具有双重性。

三、共有的发生原因与分类

(一) 共有的发生原因

共有的发生原因主要有以下两种:一是基于当事人的约定而发生。例如,甲、乙二人约定,一人出钱,一人出地,盖好的房屋为双方共有。又如,丙、丁二人约定,共同出资购房,所购房屋为双方共有。二是基于法律的规定发生。例如,基于添附所产生的共有,基于夫妻关系所产生的共有,基于家庭关系所产生的共有,基于共同继承遗产所产生的共有,等等。

(二) 共有的分类

按照大陆法系民法理论,所有权可以从质上和量上加以分割。所有权质的分割,是指所有权的部分权能与所有权分离而由非所有权人享有。例如,欧洲中世纪的所谓分割所有权(又称"双重所有权")。在分割所有权中,"上级所有权"(指每年从土地上征收贡赋的权能、土地买卖处分的同意权等)归作为领主的地主所有;而"下级所有权"(指作为土地现实的使用、收益权能)则为家臣或农民所有。又如,根据我国现行民事立法,在土地所有权上设定的土地承包经营权、建设用地使用权、宅基地使用权、抵押权、地役权等,也属于所有权的"质"的分割。所有权量的分割,是指同一财产由两个或两个以上的民事主体所共同享有。共有就是对所有权的"量"的分割,无论按份共有,还是共同共有,均是如此。

第二节 按份共有

一、按份共有的概念和特征

按份共有又称分别共有,是指共有人按照确定的份额对共有财产分享权利、分担义务的共有。

按份共有具有以下特征:

第一,按份共有人对共有财产存在一定的应有部分。《民法典》第298条规定,按份共有人对共有的不动产或者动产按照其份额享有所有权。可见,按份共有人对共有财产存在一定的应有部分。

第二,按份共有人对其应有部分享有相当于所有权的权利。按份共有人虽然按照应有部分的比例分享权利、分担义务,但按份共有人对其应有部分享有相当于所有权的权利。因此,在法律或共有协议未作限制的情况下,按份共有人随时都可以要求分出或转让其份额。在按份共有人死亡时,其继承人有权继承其应有的部分。

第三,按份共有人的权利、义务及于共有财产的全部。虽然按份共有人是按照自己的应有部分享有权利、承担义务,但是,由于应有部分只是所有权的量的分割而非共有财产的量的分割,所以,按份共有人并不是就共有财产的各特定部分享有权利、承担义务,而是就自己的份额比例对整个共有财产享有权利、承担义务。

二、按份共有的效力

按份共有的效力,是指按份共有人之间以及按份共有人与第三人之间的权利义务关系。前者为按份共有的内部效力,后者为按份共有的外部效力。

(一) 按份共有的内部效力

按份共有的内部效力又称按份共有的内部关系,是指按份共有人相互之间的法律关系,涉及按份共有人之间的权利和义务,其主要内容包括:

1. 应有部分及其处分

应有部分又称持分比例,是指按份共有人对共有财产所有权的比例,或共有人对共有财产所有权在量上应享的份额。

关于应有部分的性质,主要有五种不同的观点:一是实在的部分说。认为分别共有财产,确有实在的部分存在,各共有人在其实在的部分上,各享有一个所有权。二是理想的分割说。认为各分别共有人在共有财产上,就想象部分的分割,各享有一个所有权。三是内容的分属说。认为所有权的种种权能,可分别由不同共有人享有。四是计算的部分说。认为所有权有金钱计算的价格,各共有人按其价格比例享有之。五是权利范围说。认为同一财产由数人共有其所有权,为避免权利行使的冲突,不得不确立一定的范围,以使各共有人在其权利范围内行使权利。这里所说的权利范围,就是各共有人的应有部分。权利范围说为通说。

对于应有部分的确定,一般应依共有人的意思而定。但是,依据《民法典》第309条的规定,如果按份共有人对共有的份额没有约定或者约定不明确的,则应当按照出资额确定;不能确定出资额的,视为等额享有。

应有部分的处分,通常包括应有部分的分出、转让、设定负担和抛弃等。

(1)应有部分的分出。按份共有人有权要求将自己的应有部分从共有财产中分出。分出时,在不损害共有财产的使用性能及其他共有人权利的前提下,可以分出实物;反之,则只能要求其他共有人作价补偿。应当注意的是,按份共有人虽有应有部分分出权,但在共有协议或法律规定对分出设有限制时,按份共有人应当遵守该限制。

(2)应有部分的转让。按份共有人有权不经其他共有人同意而转让自己的应有部分。在同等条件下,其他共有人享有优先购买权。《民法典》第305条规定,按份共有人可以转让其享有的共有的不动产或者动产份额。其他共有人在同等条件下享有优先购买的权利。第306条规定,按份共有人转让其享有的共有的不动产或者动产份额的,应当将转让条件及时通知其他共有人。其他共有人应当在合理期限内行使优先购买权。两个以上其他共有人主张行使优先购买权的,协商确定各自的购买比例;协商不成的,按照转让时各自的共有份额比例行使优先购买权。

共有人优先购买权的成立与行使须符合以下条件:

其一,优先购买权须在共有份额转让(出卖)其份额的情形下适用,不适用于继承、遗赠等情形。《民法典物权编司法解释(一)》第9条规定,共有份额的权利主体因继承、遗赠等原因发生变化时,其他按份共有人主张优先购买的,不予支持,但按份共有人之间另有约定的除外。

其二,优先购买权须在按份共有人向共有人之外的第三人转让共有份额时适用。按份共有人之间转让共有份额的,其他按份共有人不得主张优先购买,但是按份共有人之间另有约定的除外。《民法典物权编司法解释(一)》第13条规定,按份共有人之间转让共有份额,其他按份共有人主张依据《民法典》第305条规定优先购买的,不予支持,但按份共有人之间另有约定的除外。

其三,其他共有人须同等条件下主张优先购买权。所谓同等条件,依据《民法典物权编司法解释(一)》第10条的规定,应当综合共有份额的转让价格、价款履行方式及期限等因素确定。应当注意的是,依据《民法典物权编司法解释(一)》第12条第1项的规定,共有人主张优先购买权,但提出减少转让价款、增加转让人负担等实质性变更要求的,不予支持。

其四,其他共有人只能于规定期间内行使优先购买权。关于优先购买权的行使期间,《民法典物权编司法解释(一)》第11条规定,按份共有人之间有约定的,按照约定处理;没有约定或者约定不明的,按照下列情形确定:① 转让人向其他按份共有人发出的包含同等条件内容的通知中载明行使期间的,以该期间为准;② 通知中未载明行使期间,或者载明的期间短于通知送达之日起15日的,为15日;③ 转让人未通知的,为其他按份共有人知道或者应当知道最终确定的同等条件之日起15日;④ 转让人未通知,且无法确定其他按份共有人知道或者应当知道最终确定的同等条件的,为共有份额权属转移之日起6个月。第12条第1项规定,共有人主张优先购买权,但未在规定的期间内行使权利的,不予支持。第2项规定,共有人以其优先购买权受到侵害为由,仅请求撤销共有份额转让合同或者认定该合同无效的,不予支持。

值得讨论的问题是,共有人的共有份额优先购买权与房屋承租人的承租房屋优先购买权能否发生竞合?如果发生竞合,应当如何处理?对此,本书认为,共有人的共有份额优先购买权与房屋承租人的承租房屋优先购买权不会发生竞合,因为二者的对象不同,因而也不存在谁更优先的问题。当然,也有的观点认为,共有人的优先购买权与承租人的优先购买权能发生竞合,当二者发生竞合时,根据物权优先于债权的原理,共有人的优先购买权应当优先于承租人的优先购买权。

(3)在应有部分上设定负担。按份共有人既然可以转让其应有部分,按照"举重以明轻"的法理,他也有权就应有部分设定负担,因为设定负担是比转让效力较弱的处分行为。通说认为,按份共有人可以就其应有部分设定抵押权或者质权。在设定抵押权的情形下,即使共有财产分割,对抵押权也不产生影响。在设定质权的情形下,出质人须使质权人与其他共有人共同占有共有财产。

(4)抛弃应有部分。原则上,财产权均可抛弃,抛弃财产权的行为不损害公序良俗即可。同理,按份共有人也可以抛弃其应有部分。抛弃行为在性质上属于处分行为。

值得讨论的问题是:被按份共有人抛弃的应有部分,其权利归属如何?对此,有两种不同观点。一种观点认为,应当归其他共有人。其理由是,按份共有中的应有部分具有与所有权相同的性质——弹力性,即当某一应有部分消灭时,那么,该应有部分此前对其他应有部分的限制即当然解除,其他应有部分的效力随之扩张。因此,共有人所抛弃的应有部分应当按照比例归其他共有人,而不得认为其属于无主财产而适用先占规则,也不得收归国库。《日本民法典》采取这一立场,其第255条规定,共有人之一人,抛弃其应有部分时,或无继承人而死亡时,其应有部分归属于其他共有人。第二种观点认为,不应当归其他共有人。其理由是,所有权的弹力性,是指所有权权能的分离与回归,而不包括应有部分的抛弃。就被抛弃的应有部分来说,由于其是所有权的份额,而不是所有物的构成部分,因此,难以适用先占取得。加之我国民事立法也没有规定先占制度,所以被抛弃的应有部分只能归国家所有。本书认为,被按份共有人抛弃的应有部分由其他按份共有人取得比较合理,也比较符合社会现实。这是因为,在理论上,一方面,我国民事立法并未对无主财产归国家所有作出一般规定,因此,主张被按份共有人抛弃的应有部分归国家所有,并没有法律上的依据;另一方面,按份共有财产本来就处于各共有人的共同占有之下,在某一按份共有人抛弃其应有部分时,其他按份共有人比任何非共有人都先"占有"该应有部分,因而,由其他按份共有人取得该应有部分,符合法理。在实践中,按份共有人抛弃应有部分的情形极其少见,如果某一按份共有人真的想抛弃其应有部分,他也会将其赠与其他共有人中的一人、数人或全体。所以说,被按份共有人抛弃的应有部分由其他按份共有人取得比较合理,也比较符合社会现实。

2. 按份共有财产的管理

对于共有财产的管理,《德国民法典》第 744 条规定:① 共有物由共有人共同管理。② 各共有人有权,不经其他共有人同意,为保存共有物采取必要的措施;该共有人可以要求其他共有人事先同意其采取此类措施。《日本民法典》第 252 条规定,关于共有物的管理事项,除前条情形外,按各共有人应有部分的价格,以其过半数者决定。但保存行为,各共有人均可实行。我国台湾地区"民法"第 820 条规定,共有物之管理,除契约另有约定外,应以共有人过半数及其应有部分合计过半数之同意行之。但其应有部分合计逾 2/3 者,其人数不予计算。但共有物之简易修缮及其他保存行为,得由各共有人单独为之。我国《民法典》第 300 条规定,共有人按照约定管理共有的不动产或者动产;没有约定或者约定不明确的,各共有人都有管理的权利和义务。

实践中,共有财产的管理包括共有财产的保存、改良和利用。

共有财产的保存,是指以防止共有财产毁损、灭失或其权利丧失、限制等为目的而维持其现状的行为。由于共有财产的保存对全体共有人均有利无害,且多须急速为之,故大多数大陆法系国家和地区的民法规定,在此场合,共有人可以不问其他共有人的意思而单独为之。即使为保存行为的共有人因保存的结果而获得较大的利益的,也属无妨。如共有人的管理行为构成保存行为,由此而支出的费用,可以向其他共有人求偿;否则,应由管理人自行承担。需要注意的是,下述行为也属共有财产的保存行为。一是对共有财产进行简易修缮,如共有房屋漏雨而用柏油补漏,门窗玻璃破碎予以修换等。二是共有财产如为易腐之物,如水鲜等,共有人为保全其价值而予以变卖。三是中断消灭时效的行为,如使义务人承认或就共有的不动产为保存登记等。

共有财产的改良,是指不变更共有财产的性质而增加其效用或价值的行为。如装修共有房屋以增加其价值,优化共有机器设备的效能等。与保存行为相比,改良行为不具有紧迫性与特别必要性;与处分行为相比,改良行为的影响又没有那么重大。所以,对共有财产的改良一般不需要征得全体共有人同意。但是,依据《民法典》第 301 条的规定,对共有财产作重大修缮的,应当经占份额 2/3 以上的按份共有人同意,共有人之间另有约定的除外。所谓重大修缮,是指不改变物的性质的前提下,显著增加其效用或价值的行为。例如,改建、重建共有房屋。

共有财产的利用,是指以满足共有人的共同需要为目的而决定共有财产使用、收益的方法的行为,如将共有房屋出租给他人居住等。与保存行为相比,共有财产的利用不具有防止共有财产毁损、灭失的目的和功能；与改良行为相比，共有财产的利用不增加共有财产的效用或价值，也不改变共有财产的性质和用途；与处分行为相比，共有财产的利用不涉及共有财产权利的移转，不增加共有财产的负担。因此，对共有财产的利用一般也不需要征得全体共有人同意。但是，依据《民法典》第 301 条的规定，变更共有财产的性质或者用途的，应当经占份额 2/3 以上的按份共有人同意，但是共有人之间另有约定的除外。所谓变更共有财产的性质或者用途，是指将住宅变更为非住宅、私家车辆变更为营运车辆等行为。

3. 按份共有财产的使用和收益

在按份共有中，共有人按其应有部分对共有财产的全部享有使用、收益的权利，主要体现在以下三个方面：① 无论应有部分的多少，各共有人对共有财产的全部均有使用、收益权。所谓使用，是指不毁损共有财产的形态或变更其性质，依照共有财产的本来用途加以利用以满足生产、生活的需要。所谓收益，是指收取共有财产的天然孳息或法定孳息。② 共有人对共有财产的使用、收益权要受其他共有人应有部分的限制，并不得损害其他共有人的利益。③ 共有人的共有权如被其他共有人否认或侵夺，该共有人可以提起确认之诉或回复之诉。共有人未经协议或未获其他共有人的同意而径直对共有财产的全部或一部分任意加以占有、使用、收益的，视为对其他共有人共有权的侵害，其他共有人可依情形分别行使以下请求权以资救济：一是可依物权请求权请求该共有人除去妨害或返还其占有的共有财产；二是可依侵权行为的规定请求损害赔偿；三是在该共有人受有利益时，可依不当得利的规定请求返还其所受的不当利益。

4. 按份共有财产的处分

共有财产的处分包括事实上的处分与法律上的处分。《民法典》第 301 条规定，处分共有财产，应当经占份额 2/3 以上的按份共有人同意，但是共有人之间另有约定的除外。

5. 按份共有财产的费用负担

关于共有财产的费用负担，多数大陆法系国家和地区的民法采用分担原则，即各共有人按其应有部分的大小分别负担管理费用。按份共有人既然按其应有部分就共有财产享有权利，就应当依其应有部分对共有财产负担义务。《民法典》第 302 条规定，共有人对共有物的管理费用以及其他负担，有约定的，按照其约定；没有约定或者约定不明确的，按份共有人按照其份额负担，共同共有人共同负担。

(二) 按份共有的外部效力

按份共有的外部效力又称按份共有的外部关系，是指按份共有人与第三人之间的法律关系，即按份共有人与第三人之间的权利义务关系，主要包括两项内容：

1. 按份共有人对第三人的物权请求权

按份共有人就其应有部分享有的权利被称为持分权（又称份额权），该权利是相当于所有权的权利。按份共有人基于该持分权可以对第三人单独主张各种物权请求权，包括应有部分的确认请求权以及共有财产的返还请求权、排除妨害请求权、消除危险请求权等。具体而言：① 应有部分的确认请求权。按份共有人因应有部分的归属与第三人发生争议时，可以提起应有部分的确认之诉，请求法院确认自己对应有部分的权利。② 返还财产请求权。当共有财产被他人非法侵夺时，按份共有人可以主张返还财产请求权，请求第三人返还共有财产。③ 排除妨害请求权。当第三人对共有财产实施妨害行为时，按份共有人可以请求排除第三人对共有财产的妨害。④ 消除危险请求权。当共有财产有被第三人妨害的危险时，按份共有人可以主张妨害预防请求权，请求第三人消除危险。应当注意的是，按份共有人的返还财产请求权、排除妨害请求权和消除危险请求权，是针对全部共有财产的，而不是仅仅针对其应有部分的。

2. 按份共有人对第三人的责任承担

《民法典》第 307 条规定，因共有的不动产或者动产产生的债权债务，在对外关系上，共有人享有连带债权、承担连带债务，但是法律另有规定或者第三人知道共有人不具有连带债权债务关系的除外。据此，原则上，按份共有人在对外关系上，就共有财产所产生的债权债务，享有连带债权，承担连带债务。就共有财产产生的债务而言，按份共有人对外负连带清偿责任。例如，按份共有建筑物倒塌致他人损害的，按份共有人须承担连带责任。但是，在法律另有规定或者第三人知道共有人不具有连带债权债务关系的情况下，按份共有人对第三人只承担按份责任。所谓"第三人知道共有人不具有连带债权债务关系"，是指第三人知道共有人约定就共有财产所产生的对外债务实行按份清偿的情形。"第三人知道"的举证责任由按份共有人承担。应当注意的是，所谓"第三人知道"，仅指第三人"明知"，不包括"应当知道"。当然，偿还债务超过自己应担份额的按份共有人，有权向其他共有人追偿。

三、按份共有财产的分割

（一）按份共有财产分割的原则

按份共有财产实行分割自由主义。所谓分割自由主义，是指按份共有人随时有权请求将自己的应有部分分出。按份共有人的该请求权称为"分割请求权"。基于分割自由主义，按份共有人之间不得订立共有财产永远不能分割的协议。如果订立，该协议也属无效。但是，按份共有人可以约定在一定期间内不得分割共有财产，因为该约定还可以更新。如果不更新，在约定期限届满后，按份共有人还可以随时要求分出。这里所说的一定期间，是指由法律所明文规定的期间。根据《法国民法典》《日本民法典》和我国台湾地区"民法"的规定，该期间一般为 5 年。我国《民法典》第 303 条规定，共有人约定不得分割共有的不动产或者动产，以维持共有关系的，应当按照约定，但是共有人有重大理由需要分割的，可以请求分割；没有约定或者约定不明确的，按份共有人可以随时请求分割,共同共有人在共有的基础丧失或者有重大理由需要分割时可以请求分割。因分割造成其他共有人损害的,应当给予赔偿。值得讨论的问题是,分割共有财产是否应当受到诉讼时效的限制?对此,本书认为,分割共有财产属于物权行使行为,分割请求权的本质属于终止共有关系的形成权,因此,不应当适用诉讼时效。

(二) 按份共有财产分割的方法

按份共有财产可以由按份共有人协议分割,按份共有人之间不能达成分割协议的,任一按份共有人均可诉请法院分割。前者称为协议分割,后者称为裁判分割。分割共有物之诉在性质上属于形成之诉,其判决为形成判决,可以直接引起物权的变动。按份共有财产分割的方法主要包括实物分割、变价分割以及折价补偿。

(三) 按份共有财产分割效力的发生时间

按份共有财产分割的效力是将共有关系消灭,使各按份共有人成为单独所有权人。但是,对于分割的效力自何时发生,大陆法系国家和地区则有不同的规定。一种是以法国为代表的宣示主义(又称"权利认定主义"),认为按份共有因分割而成为单独所有的效力,溯及共有关系成立之始,分割不过是将原本属于各按份共有人单独所有的事实予以宣示或就此单独所有的权利加以认定而已。另一种是以德国为代表的移转主义(又称"付与主义"),认为按份共有因分割而成为单独所有的效力,不溯及既往。各共有人因分割成为单独所有权人,是彼此相互移转、让与部分权利的结果。

(四) 按份共有人之间的担保责任

按份共有关系因共有财产的分割而终止。共有财产分割完毕时,各按份共有人变为单独所有权人。此时发生按份共有人之间的担保责任问题。

所谓按份共有人之间的担保责任,是指各按份共有人就其应有部分,对于其他按份共有人因分割而得到的财产,负与出卖人相同的担保责任,包括权利瑕疵的担保责任与物的瑕疵的担保责任。权利瑕疵担保责任,是指当某按份共有人分得的财产被第三人追夺时,其他原共有人应负的担保责任。物的瑕疵担保责任,是指当某按份共有人在分得的财产上发现分割前已经存在的质量瑕疵时,其他原共有人应负的担保责任。按份共有人担保责任的内容主要是减少价金与损害赔偿。

第三节　共同共有

一、共同共有的概念和特征

共同共有是指共有人基于共同关系,对共有财产不分份额地享有权利、承担义务的共有。

关于共同共有的性质，民法理论上主要有三种不同的观点。一种是不可分割的共同所有说。该说认为，共同共有是一种无应有部分的共同所有权，即使有应有部分，也只是潜在的存在。因此，在共同共有关系存续期间，各共有人不能请求分割共有财产，只在共有关系消灭时，共同共有人才能请求分割共有财产，以实现其潜在的所有权。二是社员权说。该说认为，在共同共有关系中，各共有人均享有应有部分，但该应有部分并不是物权法上的应有部分，而是属于人格权法上的应有部分，共有人对应有部分的权利类似于社员权。三是结合的共有权说。该说认为，在共同共有关系中，各共有人享有应有份额，只是其不得自由处分应有部分而已。本书赞同第一种观点。因为共同共有的发生以各共有人之间存在共同关系为前提，于共同关系存续期间，共同共有财产具有一体性，各共有人不得请求分割共有物以脱离共有关系。因此说，共同共有是一种不可分割的共同所有关系。

共同共有具有以下特征：

第一，共同共有是不分份额的共有。《民法典》第299条规定，共同共有人对共有的不动产或者动产共同享有所有权。可见，共同共有人对共有财产没有份额之分，不存在应有部分。在共同共有关系存续期间，共同共有人不能对共同共有财产确定份额。只有在共同共有关系终止而分割共有财产时，才能确定各自的份额。因此，在共同共有关系存续期间，部分共有人擅自划分份额，处分共有财产的，一般应认定为无效。

第二，共同共有的发生以共有人之间存在共同关系为前提。所谓共同关系，是指两个以上的民事主体因共同目的而结合，成立具有共同共有基础的法律关系，主要包括家庭关系和夫妻关系。《民法典》第308条规定，共有人对共有的不动产或者动产没有约定为按份共有或者共同共有，或者约定不明确的，除共有人具有家庭关系等外，视为按份共有。

第三，共同共有人对共有财产平等地享有权利和承担义务。在共同共有关系中，各共有人对共有财产享有平等的占有、使用、收益与处分的权利，同时，各共有人对共有财产也承担平等的义务。例如，因对共有财产进行维护、修缮保管、改良所支出的费用，应由各共有人共同承担。

二、共同共有的类型

我国目前的共同共有主要包括夫妻共同共有、家庭共同共有和遗产分割前的共同共有三种类型。

（一）夫妻共同共有

夫妻财产共同共有为我国财产共同共有的基本类型。《民法典》第1062条规定，夫妻在婚姻关系存续期间所得的下列财产，为夫妻的共同财产，归夫妻共同所有：① 工资、奖金、劳务报酬；② 生产、经营、投资的收益；③ 知识产权的收益；④ 继承或者受赠的财产，但是本法第1063条第3项规定的除外；⑤ 其他应当归共同所有的财产。夫妻对共同财产,有平等的处理权。

(二) 家庭共同共有

家庭共有财产是指家庭成员在家庭共同生活关系存续期间通过共同劳动、生产、经营、投资等所累积起来的财产。我国民事立法虽未对家庭共有财产作出明确规定,但《民法典》第308条是承认家庭共有财产的,并认为家庭共有财产为共同共有财产。需要注意的是:① 并不是所有家庭成员都是家庭共有财产的共有人,只有那些对家庭共有财产的形成作出过贡献的家庭成员才是家庭共有财产的主体。② 家庭共同收入中用作家庭成员各自消费的财产和在家庭成员间已作分配的财产,不再属于家庭共有财产,而应视为家庭成员各自所有的财产。作为家庭共有财产主体的家庭成员对于家庭共有财产享有平等的权利,承担平等的义务。除法律另有规定或家庭成员之间另有约定外,对于家庭共有财产的使用、处分或分割,均应取得全体家庭成员的同意,未经全体家庭成员的同意,任一家庭成员都不得随意使用、处分或分割家庭共有财产。

(三) 遗产分割前的共同共有

遗产分割前的共有,是指被继承人死亡后遗产分割前,各继承人对遗产的共有。遗产分割前的共有要构成共同共有,须符合以下条件:① 被继承人死亡后留有遗产。如果被继承人死亡未留下遗产,则不具备遗产共同共有的基础。② 继承人为两人以上。如果继承人只有一人,也不可能形成共同共有,而只能形成单独所有。③ 被继承人未用遗嘱对遗产继承进行处分。如果被继承人已用遗嘱对遗产继承作出处分,那么,被继承人在遗嘱中已经指定给某一继承人或受遗赠人的财产,就不属于继承人共同共有。只有遗嘱未指定给任何人的财产,才属于各继承人共同共有。这是因为我国继承法实行的是"宣告主义",而不是"转移主义"。④ 全体继承人中至少有两人未放弃继承。如果全体继承人中只有一人未放弃继承,则也不可能形成继承人共同共有。遗产分割后,继承人共同共有转变为各继承人单独所有。所谓遗产分割,对于动产而言,就是占有的转移;对于不动产而言,就是办理变更登记。

值得讨论的问题是,合伙人对合伙财产的共有究竟是按份共有,还是共同共有? 对此,我国台湾地区"民法"第668条规定,各合伙人之出资,及其他合伙财产,为合伙人全体之共同共有。第682条第1款规定,合伙人于合伙清算前,不得请求合伙财产之分析。第683条规定,合伙人非经其他合伙人同意,不得将自己之股份转让于第三人。从这些规定可以看出,我国台湾地区"民法"承认了合伙财产的某些共同共有属性。

三、共同共有的效力

共同共有的效力,是指共同共有人之间以及共同共有人与第三人之间的权利义务关系。前者为共同共有的内部效力,后者为共同共有的外部效力。

(一) 共同共有的内部效力

共同共有的内部效力又称共同共有的内部关系,是指共同共有人之间的民事权利义务关系。

1. 共同共有关系的维持

共同共有关系发生在夫妻之间、家庭成员之间或者继承人之间,他们之间均具有一定的身份关系,共同共有人既要受到产生该共同关系的法律的限制,也要受到伦理的约束。共同共有人一般不得要求确认或分出自己的应有部分,也不得请求分割共有财产,以维持共同共有关系。

2. 共同共有财产的管理

《民法典》第300条规定,共有人按照约定管理共有的不动产或者动产;没有约定或者约定不明确的,各共有人都有管理的权利和义务。第301条规定,对共有的不动产或者动产作重大修缮的,应当经全体共同共有人同意,但是共有人之间另有约定的除外。

3. 共有财产的使用和收益

由于共同共有基于共同关系而发生,因此各共有人的权利及于共有财产的全部,各共有人对于共有财产的全部享有平等的使用、收益权。在共同共有关系存续期间,不得擅自变更共有财产的性质或用途,如果需要变更共有财产的性质或用途,依据《民法典》第301条的规定,应当经全体共同共有人同意,但是共有人之间另有约定的除外。

4. 共同共有财产的处分

依据《民法典》第301条的规定,处分共同共有财产,应当经全体共同共有人同意,但是共有人之间另有约定的除外。据此,除非共有人之间另有约定,否则,在共同共有关系存续期间,部分共有人不得擅自处分共有财产,擅自处分的,一般应认定该处分行为无效。

5. 共同共有人的物上请求权

共同共有人享有如同所有权人的物上请求权,包括所有物返还请求权、妨害排除请求权、妨害预防请求权、恢复原状请求权、占有保护请求权等。

(二) 共同共有的外部效力

共同共有的外部效力又称共同共有的外部关系,是指共同共有人与第三人之间的民事权利义务关系。

1. 共同共有人对第三人的物权请求权

共同共有人可以单独对第三人主张各种物权请求权,包括应有部分的确认请求权以及共有财产的返还请求权、排除妨害请求权、消除危险请求权等。

2. 共同共有人对第三人的责任承担

依据《民法典》第307条的规定,因共有的不动产或者动产产生的债权债务,在对外关系上,共有人享有连带债权、承担连带债务,但是法律另有规定或者第三人知道共有人不具有连带债权债务关系的除外。据此,共同共有人在对外关系上,就共有财产产生的债权债务,享有连带债权,承担连带债务。应当注意的是,《民法典》第307条中"法律另有规定或者第三人知道共有人不具有连带债权债务关系的除外",是针对按份共有作出的规定,不适用于共同共有。所谓共同共有人对第三人的责任,是指基于共同共有财产所产生的责任,如共同共有的房屋倒塌致人损害的责任、家庭饲养动物致人损害的责任等,不包括共同共有人本人所造成的对他人损害的责任,如在夫妻关系中,丈夫打伤他人所应当承担的责任。该责任应由加害人丈夫自己承担,而不是由夫妻二人共同承担连带责任。当然,赔偿金有可能从夫妻共同财产中支付,但这不是连带责任。

3. 承担部分共有人擅自处分共有财产的法律后果

在共同共有关系存续期间,部分共有人擅自处分共有财产的,一般应认定无效。但是,第三人善意、有偿取得该财产的,则应维护善意第三人的利益,使善意第三人取得该财产的物权。至于其他共有人的损失,应由擅自处分共有财产的人赔偿。《民法典婚姻家庭编司法解释(一)》第28条规定,一方未经另一方同意出售夫妻共同所有的房屋,第三人善意购买、支付合理对价并已办理不动产登记,另一方主张追回该房屋的,人民法院不予支持。一方擅自处分共同所有的房屋造成另一方损失,离婚时另一方请求赔偿损失的,人民法院应予支持。

四、共同共有关系的消灭

共同共有关系会因一定的法律事实的出现而归于消灭。导致共同共有关系消灭的法律事实有:① 夫妻婚姻关系消灭,包括夫妻一方死亡或夫妻离婚。② 分家析产或家庭关系消灭,前者如子女分户,后者如家庭成员死亡,导致家庭成员只剩下一人。③ 继承人分割遗产。

五、共同共有财产的分割

《民法典》第303条规定,共有人约定不得分割共有的不动产或者动产,以维持共有关系的,应当按照约定,但是共有人有重大理由需要分割的,可以请求分割;没有约定或者约定不明确的,共同共有人在共有的基础丧失或者有重大理由需要分割时可以请求分割。因分割造成其他共有人损害的,应当给予赔偿。对于"重大理由",《民法典》第1066条针对夫妻共同财产规定,在婚姻关系存续期间,有下列情形之一的,夫妻一方可以向人民法院请求分割共同财产:① 一方有隐藏、转移、变卖、毁损、挥霍夫妻共同财产或者伪造夫妻共同债务等严重损害夫妻共同财产利益的行为;② 一方负有法定扶养义务的人患重大疾病需要医治,另一方不同意支付相关医疗费用。共同共有财产的分割原则与分割方法,与按份共有财产的分割原则与分割方法基本相同。当事人有约定的,按照约定,没有约定或约定不明的,一般应当均分。应当注意的是:① 对于夫妻共同共有财产,《民法典》第 1087 条第 1 款规定,离婚时,夫妻的共同财产由双方协议处理;协议不成的,由人民法院根据财产的具体情况,按照照顾子女、女方和无过错方权益的原则判决。② 对于家庭共同财产,在坚持均分原则的同时,还应考虑共同共有人对共有财产的贡献大小等因素确定。③ 对于共同继承的遗产的分割,应当按照《民法典》继承编的规定办理。《民法典》第 1156 条规定,遗产分割应当有利于生产和生活需要,不损害遗产的效用。不宜分割的遗产,可以采取折价、适当补偿或者共有等方法处理。《民法典继承编司法解释(一)》第 42 条规定,人民法院在分割遗产中的房屋、生产资料和特定职业所需要的财产时,应当依据有利于发挥其使用效益和继承人的实际需要,兼顾各继承人的利益进行处理。

第四节　准共有

一、准共有的概念和特征

准共有是指两个以上的权利主体共同享有同一项所有权以外的他物权,包括用益物权和担保物权,但不包括股权和知识产权等他物权以外的财产权。

准共有具有以下特征:

第一,准共有的主体是两个以上的组织或个人,没有两个以上的组织或个人,不构成准共有。

第二,准共有的客体是同一项他物权。例如,土地承包经营权、建设用地使用权、宅基地使用权、居住权、地役权、抵押权、质权、留置权等。正确把握准共有的客体,应注意以下几点:一是人身权不得成为准共有的客体,因为人身权不是财产权。二是知识产权虽然可以共有,但其并不属于他物权,因而不能成为准共有客体。三是特许物权,包括海域使用权、探矿权、采矿权、取水权、养殖权、捕捞权等,可以成为准共有客体。四是准共有的客体须是"同一项"他物权,如同一项建设用地使用权。两项以上的他物权,如一项建设用地使用权和一项宅基地使用权,不能同时成为准共有的客体。

第三,准共有的内容是准共有人之间的权利义务关系。这种权利义务关系如同所有权的共有人之间的权利义务关系。

二、准共有的法律适用

《民法典》第 310 条规定,两个以上组织、个人共同享有用益物权、担保物权的,参照适用本章的有关规定。实践中,准共有究竟是准用按份共有的规定,还是准用共同共有的规定,应视准共有是按份准共有还是共同准共有而定。一般而言,基于共同关系而生的准共有,应准用共同共有的规定,其他准共有则应准用按份共有的规定。需要注意的是,两个以上的组织或个人共同享有同一项地役权,在行使权利时,应受到地役权不可分性的制约。

思 考 题

1. 共有人如何行使权利?
2. 按份共有与共同共有的区别有哪些?

第九章

所有权取得的特别规定

> **本章重点**
> 1. 善意取得的构成要件及效力。
> 2. 拾得遗失物的归属及遗失物的善意取得。
> 3. 添附物所有权的归属及补偿和损害赔偿。
> 4. 时效取得的构成要件及效力。

第一节 善意取得

一、善意取得的概念与起源

善意取得又称即时取得,是指无处分权人将他人的动产或不动产转让给第三人,受让人在取得该财产时系出于善意且支付了合理的对价,即依法取得该财产所有权或他物权的制度。

善意取得制度起源于日耳曼法和罗马法。它是以日耳曼法"以手护手"原则为基础,吸纳罗马法取得时效制度中的善意要件而建立起来的一项法律制度。其理论基础在于公示所产生的公信力。日耳曼法中的"以手护手"原则源于日耳曼人占有与权利相统一的观念,其目的在于限制原权利人对第三人的物上请求权。所谓"以手护手"原则,是指在所有权人将标的物让与他人占有、让与人又将标的物转让给第三人的情形下,即使让与人的权利有瑕疵,受让人也能取得无瑕疵的权利的原则。根据"以手护手"原则,包括原所有权人在内的任何人都不得追夺受让人已经取得的标的物。原所有权人只能向让与人(占有人)请求返还,在让与人不能返还的情形下,只能向让与人请求损害赔偿。这种做法对受让人非常有利,但对原所有权人却有失公允,故有矫正的必要。早期罗马法强调对所有权的绝对保护,坚持严格的"传来取得"原则,也就是"无论何人,均不能以大于自己所有之权利让与他人"及"发现我物,我即取回"的原则。这种做法对让与人非常有利,但对受让人却有失公允,也有矫正的必要。正好罗马法中有取得时效制度,可以对第三人实行有条件的保护。于是,日耳曼法以"以手护手"原则为基础,吸收了罗马法取得时效制度中的善意要件而建立起善意取得制度。

善意取得制度较好地平衡了原所有权人与新所有权人之间的利益关系,有利于维护交易秩序和交易安全,为后世大陆法系国家和地区的民事立法所继承和发展。法国、德国、瑞士、日本等国的民法典,以及我国台湾地区"民法"均规定了善意取得制度。

中华人民共和国成立后,我国民事立法和司法解释对善意取得的态度,经历了一个从躲闪回避到名正言顺确立的变化过程。

1963年《最高人民法院关于贯彻执行民事政策法律几个问题的意见(修正稿)》最早涉及不动产的善意取得问题。该《意见(修正稿)》规定,凡是依法准许买卖的房屋,经过正当合法手续确定了房屋买卖关系的,应保护双方的权利,一方不能反悔废除契约。出卖人应按期交出房屋,不得追价或倒回房屋;买主应按期交付价款。在此,最高人民法院虽然没有明确说出善意买受人受让未经全体共有人同意而出让的共有房屋应予认定取得房屋所有权的内容,但在"经过正当合法手续确定了房屋买卖关系,应保护双方权利"的表述中,已隐含了不动产善意取得的意思。

1979年《最高人民法院关于贯彻执行民事政策法律的意见》第一次明确规定,依法准许买卖的房屋,经过合法手续,确定了买卖关系的,应保护双方的权利。非所有权人非法出卖他人房屋的,应宣布买卖关系无效。房屋为共有,未取得其他共有人同意,擅自出卖房屋,买方又明知故犯的,亦应宣布买卖关系无效;买方不知情的,买卖关系是否有效,应根据实际情况处理;买卖关系已成立,共有人当时明知而不反对,现在又提出异议的,应视为买卖关系有效。该《意见》以较为模糊的表述方法,表达了不动产善意取得的内容。

1984年《最高人民法院关于贯彻执行民事政策法律若干问题的意见》规定,非所有权人出卖他人房屋的,应废除其买卖关系。部分共有人未取得其他共有人同意,擅自出卖共有房屋的,应宣布买卖关系无效。买方不知情的,买卖关系是否有效,应根据实际情况处理。其他共有人当时明知而不反对,事后又提出异议的,应承认买卖关系有效。该《意见》承继了1979年《意见》后一部分的内容,表述更为准确。

1988年《民法通则意见》第89条规定,共同共有人对共有财产享有共同的权利,承担共同的义务。在共同共有关系存续期间,部分共有人擅自处分共有财产的,一般认定无效。但第三人善意、有偿取得该财产的,应当维护第三人的合法权益,对其他共有人的损失,由擅自处分共有财产的人赔偿。这是我国司法解释第一次正式、明确地确认不动产善意取得制度。其后,2007年《物权法》和现行《民法典》均明确规定了善意取得制度。

二、善意取得的构成要件

《民法典》第311条第1款规定,无处分权人将不动产或者动产转让给受让人的,所有权人有权追回;除法律另有规定外,符合下列情形的,受让人取得该不动产或者动产的所有权:① 受让人受让该不动产或者动产时是善意;② 以合理的价格转让;③ 转让的不动产或者动产依照法律规定应当登记的已经登记,不需要登记的已经交付给受让人。据此,善意取得须具备以下构成条件。

(一) 让与人对处分的财产无处分权

1. 处分的对象

处分的对象,包括动产和不动产。就动产而言,除法律禁止流通的动产、货币和无记名有价证券、盗赃物等外,其他动产均可适用善意取得。就不动产而言,主要是指登记错误的不动产。

2. 让与人

让与人必须是无处分权的动产的占有人或不动产登记的所有权人。

3. 无权处分的判断

无权处分是善意取得的适用前提。所谓无权处分,是指行为人没有处分权而处分他人财产。此处所谓"处分",仅指法律上的处分,不包括事实上的处分。

无权处分的判断标准,因处分对象系动产还是不动产而有所不同。对于动产,通说认为,动产合法占有人的处分,一般即为有权处分。非合法占有人的处分以及未得到所有权人授权的处分,即为无权处分。对于不动产无权处分的判断标准,民法学界存在较大争议:第一种观点认为,无权处分是指行为人完全没有处分权,如行为人擅自处分他人不动产。第二种观点认为,不需要行为人完全没有处分权,只要其处分权受到限制而为处分,即属于无权处分,如夫妻一方擅自处分夫妻共有财产,破产债务人擅自处分破产财产等。第三种观点认为,只有在登记簿记载错误的情形下,登记权利人的处分行为,才属于无权处分。例如,乙以欺诈手段将甲的一套房屋登记在自己名下,后乙想将该房屋转让给丙,丙查阅了不动产登记簿,发现乙确实是登记记载的所有权人,就支付价款购买了该房产并办理了登记过户手续。在本案中,有的学者认为,乙的行为构成无权处分;但也有学者认为,乙的行为属于有权处分,不属于无权处分。在以上三种观点中,第三种观点为通说。应当注意的是,所谓登记簿记载错误,仅指登记簿上的权利事项记载错误,不包括非权利事项记载错误。权利事项记载错误主要包括以下几种情形:① 将并不存在的物权在登记簿上加以记载,如将并非 A 房所有权人的甲登记为 A 房所有权人。② 对已存在的物权进行了错误的记载,如将本为甲、乙共有的 A 房登记为甲单独所有。③ 将已经登记的物权注销,如将甲针对 A 房享有的抵押权错误地注销。④ 错误地注销已经存在的不动产处分上的限制或记载了本不存在的不动产处分上的限制,如甲已经办理的针对 A 房屋的预告登记被注销。非权利事项记载错误主要包括以下两种情形:一是不动产登记簿上记载的不动产自然状况出现错误,如记载的不动产的坐落(位置)、四至、层数、用途等与实际情况不一致;二是其他与物权归属和内容纠纷无关的记载事项出现错误,如登记权利人的姓名、名称或住址等的记载错误。

(二) 受让人受让财产时系善意

1. 受让财产的含义

此所谓"受让财产",仅指受让人通过民事法律行为而取得财产,不包括"受让人"非基于民事法律行为而取得财产。《德国民法典》第892条第1款规定,为有利于根据法律行为取得一项权利或者取得该项权利上的权利的人,土地登记簿中所记载的内容应视为是正确的,对其正确性提出的异议已进行登记的或者取得人明知其为不正确的除外。我国《民法典》第311条虽未明示善意取得须基于民事法律行为而取得,但从其语义中可以得出善意取得须基于民事法律行为而取得的结论。

值得讨论的问题是,善意取得是否应当以让与人与受让人之间的民事法律行为合法有效为条件。对此,民法学界存在两种对立的观点:一种观点认为,让与人与受让人之间的民事法律行为须合法有效;另一种观点认为,不需要这样。之所以会产生这两种对立的观点,与以下两个因素有关:一是善意取得的性质究竟是原始取得还是继受取得;二是我国是否承认物权行为的独立性和无因性。我国民法学界的通说认为,善意取得是原始取得。同时,我国也不承认物权行为的独立性和无因性。因此,在善意取得的构成要件中,就不必考虑民事法律行为的合法性和有效性。正因为如此,2007年《物权法》第106条在善意取得的构成要件中去掉了《物权法(建议稿)》中的"转让合同有效"的规定。《民法典》第311条也未规定民事法律行为的有效性要件。但是,《民法典物权编司法解释(一)》第20条规定,具有下列情形之一,受让人主张依据《民法典》第311条规定取得所有权的,不予支持:① 转让合同被认定无效;② 转让合同被撤销。

2."善意"及其判断

(1)"善意"的含义。"善意"是善意取得的核心构成要件。此处所谓"善意",仅指受让人善意,不包括让与人善意。因为让与人善意与否,对善意取得的成立不生影响。

然而,"善意"是一个极其抽象的概念,要准确界定其内涵是困难的。我们可以从以下两个层面来把握其内涵。首先,"善意"是一种主观心理状态。《牛津法律大辞典》对善意作了两种定义:一是"如果一个人诚实行事,即不知道也没有理由相信其主张是没有根据的,他就是善意行事……当该人得知或应知表明其权利缺乏法律根据的事实时,则不存在善意"。二是"真诚实施的行为,即使是疏忽实施的,都属于善意行为"。前者称为认识主义的善意,后者称为意思主义的善意。善意取得制度中的"善意"应当是指前者,即善意是一种行为人的主观心理状态。在善意取得制度中,它被设定为一项构成要件事实。其次,"善意"是一种法律评价。在法律适用的逻辑三段论中,司法者总是先认定事实,然后再寻找应该适用的法律,最后将事实适用于法律,进而达成一定的法律效果。在这一过程中,存在着事实判定和法律判定两个层面的问题。就善意取得而言,"善意"既是一种构成要件事实,同时其本身也包含了法律评价。

对于"善意"是否应当包含"无过失",学者们的认识也不一致。有的学者认为,善意本身就包含了无过失,而恶意就意味着有过失。而有的学者认为,从善意的本意上来理解,它是不考虑有无过失的,但是,为了兼顾所有权人利益和交易安全的立法目的,受让人对于出让人是否有受让权利,要负担一定的注意义务。

在立法例上,日本民法要求在善意且无过失的情况下始得适用善意取得,而德国民法仅将重大过失排除在善意之外。《日本民法典》第 192 条规定,平稳而公然地开始占有动产者,如系善意且无过失,则即时取得行使于该动产上的权利。《德国民法典》第 932 条第 2 款规定,受让人明知或者因重大过失不知物不属于出让人的,视为受让人非出于善意。我国《民法典物权编司法解释(一)》第 14 条第 1 款规定,受让人受让不动产或者动产时,不知道转让人无处分权,且无重大过失的,应当认定受让人为善意。可见,在我国最高人民法院看来,善意排除重大过失,但不排除一般过失。

综上可知,受让人善意是指受让人受让财产时不知道转让人无处分权且无重大过失的情形。

(2)"善意"的判断标准。虽然《民法典物权编司法解释(一)》对"善意"的含义不区分不动产和动产而作了统一界定,但在"善意"的判断标准问题上,却区分了不动产和动产,且将重点放在不动产上。

对于不动产善意取得中"善意"的认定,《民法典物权编司法解释(一)》第 15 条规定,具有下列情形之一的,应当认定不动产受让人知道转让人无处分权:① 登记簿上存在有效的异议登记;② 预告登记有效期内,未经预告登记的权利人同意;③ 登记簿上已经记载司法机关或者行政机关依法裁定、决定查封或者以其他形式限制不动产权利的有关事项;④ 受让人知道登记簿上记载的权利主体错误;⑤ 受让人知道他人已经依法享有不动产物权。真实权利人有证据证明不动产受让人应当知道转让人无处分权的,应当认定受让人具有重大过失。

对于动产善意取得中"善意"的认定,《民法典物权编司法解释(一)》第 16 条规定,受让人受让动产时,交易的对象、场所或者时机等不符合交易习惯的,应当认定受让人具有重大过失。据此,受让人具有重大过失的,应否定其善意。

(3)判断"善意"的时间节点。判断"善意"的时间节点为受让人受让财产之时。所谓受让财产时,依据《民法典物权编司法解释(一)》第 17 条的规定,是指依法完成不动产物权转移登记或者动产交付之时。当事人以简易交付方式交付动产的,转让动产民事法律行为生效时为动产交付之时;当事人以指示交付方式交付动产的,转让人与受让人之间有关转让返还原物请求权的协议生效时为动产交付之时。当然,如果法律对不动产、动产物权的设立另有规定的,应当按照法律规定的时间认定权利人是否为善意。应当注意的是,受让人的善意以不动产登记或者动产交付时为善意即为已足。不动产登记或动产交付后,受让人是否为善意,不影响善意取得的成立。

(4)关于"善意"的举证责任。《民法典物权编司法解释(一)》第 15 条第 2 款规定,真实权利人主张受让人不构成善意的,应当承担举证证明责任。据此,对受让人"善意"的证明采取推定的方式,即在善意取得中,应首先推定取得人是善意的,受让人不负证明自己是"善意"的举证责任,而由否定受让人为善意的真实权利人负担举证责任,如果真实权利人不能举证证明受让人不构成善意,则认定受让人为善意。

(三) 受让人须支付了合理的价格

1. "合理价格"的判断标准

对于如何判断"合理的价格",民法理论上有主观标准说与客观标准说两种不同观点。前者认为应以当事人主观认可的价格为准,后者认为应以社会一般观念作为判断依据。《民法典物权编司法解释(一)》第18条规定,所谓"合理的价格",应当根据转让标的物的性质、数量以及付款方式等具体情况,参考转让时交易地市场价格以及交易习惯等因素综合认定。可见,最高人民法院对于"合理价格"的认定采取了客观标准说。

2. 受让人是否须实际支付了"合理的价格"

对于受让人是否必须实际支付了"合理的价格",有的学者认为,原则上受让人必须已实际支付了"合理的价格";有的学者认为,只要合同中约定了"合理的价格",即使尚未实际支付也可以。本书认为,前一种观点更符合实际。

(四) 已完成物权变动的公示

《民法典》第311条第1款第3项规定,转让的不动产或者动产依照法律规定应当登记的已经登记,不需要登记的已经交付给受让人。据此,对于以登记为生效要件的不动产物权变动,应以办理完毕登记手续为要件,这些不动产物权包括房屋所有权、建设用地使用权、居住权、建设用地使用权抵押权、房屋抵押权以及已经登记的地役权等;对于以交付为生效要件的动产物权变动,应以标的物已经交付受让人占有为要件。另外,对于以交付为生效要件、登记为对抗要件的特殊动产物权的变动,也应以标的物已经交付受让人占有为要件。《民法典物权编司法解释(一)》第19条规定,转让人将《民法典》第225条规定的船舶、航空器和机动车等交付给受让人的,应当认定符合《民法典》第311条第1款第3项规定的善意取得的条件。也就是说,在无权处分人转让船舶、航空器和机动车等时,转让人将其交付给受让人的,应当认定已经完成物权变动的公示。

值得讨论的问题是,对于那些不以登记为物权变动生效要件而是对抗要件的不动产物权,如土地承包经营权、地役权的善意取得究竟是以登记为要件还是以交付为要件,学者们有不同的观点。有的认为,仍应以办理完登记为要件;有的则认为,不需要以登记为要件,只需要完成交付。造成这种理解上差异的原因,是《民法典》第311条第1款第3项的表述不够清楚。本书认为,后一种观点,既符合立法本意,也符合实际需要。

三、善意取得的效力

善意取得成立后,主要发生以下两个方面的效力:

第一,善意受让人原始取得该不动产或者动产的所有权。依据《民法典》第 311 条的规定,受让人取得该不动产或者动产的所有权。《民法典》第 313 条规定,善意受让人取得动产后,该动产上的原有权利消灭。但是,善意受让人在受让时知道或者应当知道该权利的除外。

第二,原所有权人取得损害赔偿请求权。依据《民法典》第 311 条第 2 款的规定,受让人依据前款规定取得不动产或者动产的所有权的,原所有权人有权向无处分权人请求损害赔偿。

四、遗失物的善意取得

遗失物的善意取得,属于善意取得的一种特殊情形,值得关注。《民法典》第 312 条规定,所有权人或者其他权利人有权追回遗失物。该遗失物通过转让被他人占有的,权利人有权向无处分权人请求损害赔偿,或者自知道或者应当知道受让人之日起 2 年内向受让人请求返还原物;但是,受让人通过拍卖或者向具有经营资格的经营者购得该遗失物的,权利人请求返还原物时应当支付受让人所付的费用。权利人向受让人支付所付费用后,有权向无处分权人追偿。据此可知,遗失物的善意取得,除了应当具备动产善意取得的一般构成要件之外,还应当具备下列特殊构成要件:第一,遗失物善意取得的对象限于遗失物。埋藏物、漂流物可以参照适用。第二,受让人系通过拍卖或者向具有经营资格的经营者购得该遗失物,不包括让与人和受让人私下进行交易。所谓"具有经营资格的经营者"主要是指寄卖行、当铺等。第三,所有权人或者其他权利人自知道或者应当知道受让人之日起 2 年内没有请求受让人返还原物。

值得讨论的问题是,盗赃物能否适用善意取得。我国台湾地区"民法"第 950 条规定,盗赃物,如占有人由拍卖或公共市场,或由贩卖与其物同种之物之商人,以善意买得者,非偿还其支出之价金,不得回复其物。但我国《民法典》并未规定盗赃物的善意取得。立法者的考虑是,对被盗、被抢的财物,主要通过司法机关依照刑法、刑事诉讼法、治安管理处罚法等有关法律的规定,在追缴后退还给所有权人。至于在追赃过程中,如何保护善意受让人的权益,维护交易安全和社会经济秩序,可以通过进一步完善有关法律规定解决。最高人民法院和最高人民检察院《关于办理诈骗刑事案件具体应用法律问题的解释》第 10 条规定,行为人已将诈骗财物用于清偿债务或者转让给他人,他人善意取得诈骗财物的,不予追缴。可见,该司法解释肯定了被诈骗财物可以适用善意取得。

第二节 拾得遗失物

一、外国法上拾得遗失物的归属

(一) 罗马法：不取得所有权主义

罗马法注重对所有权人的保护，因此在处理遗失物拾得关系时采用不取得所有权主义，也就是说，无论经过多长时间，拾得人都不能取得遗失物的所有权。

(二) 日耳曼法：分别取得所有权主义

在日耳曼法中，遗失物的拾得人应向有关机关呈报。有关机关在收到拾得人的呈报后，应当催告遗失人呈报遗失事宜，在遗失人认领遗失物时，将遗失物交还遗失人。在有关机关催告后，一定期限内遗失人不认领遗失物的，则该遗失物由国库、寺院、拾得人按照法律规定的比例分享，这种做法被称为分别取得所有权主义。

(三) 法国：有限的拾得人取得所有权主义

法国法将遗失物明确划分为4种，即海上遗失物、湖川上遗失物、沿海遗失物以及陆地上遗失物。海上遗失物和湖川上遗失物，完全归国库所有，但对于海上遗失物，国家应当向拾得人给予一笔奖金；对于沿海遗失物，拾得人可享有1/3的所有权；对于陆地上遗失物，若遗失人在法定期间内未向拾得人请求返还，则拾得人能够全部取得遗失物所有权。可见，法国采纳的是有限的拾得人取得所有权主义，这是受日耳曼习惯法影响的结果。

(四) 德国：拾得人附条件取得所有权主义

《德国民法典》继受了日耳曼法的遗失物拾得制度，对遗失物拾得作了详细规定。其第973条规定：① 拾得人向主管行政机关报告拾得物后6个月期满，即取得对拾得物的所有权，但事前拾得人已知有受领权利人，或者受领权利人已向主管行政机关申报其权利的除外。② 拾得物的价值不超过10德国马克的，6个月期限自拾得时起开始。拾得人在接受询问时隐瞒拾得物的，不取得所有权。可见，德国实行的也是拾得人附条件取得所有权主义。

(五) 俄罗斯：拾得人附条件取得优先于地方政府取得

《苏俄民法典》规定，在拾得遗失物而可以确定遗失人身份的情况下，拾得人应该立即通知遗失人，并把遗失物归还给他；或者应该发表拾得遗失物的声明，把财产交到民警局遗失物招领处(在市镇内拾得遗失物的情况下)或村苏维埃(在乡村地区拾得遗物的情况下）；如果在机关、企业或运输部门拾到遗失物，应将遗失物交给有关组织的行政领导。如果6个月内没有发现遗失人，遗失物即无偿地收归国家所有；遗失人在6个月期限届满后出现，其无权要求返还遗失物，也无权索取赔偿费。现行《俄罗斯联邦民法典》放弃了《苏俄民法典》的做法，规定拾得人可以附条件取得拾得物的所有权。只有在拾得人取得拾得物的所有权时，该遗失物才归自治地方所有。《苏俄民法典》第228条规定：① 如果在向民警机关或地方自治机关报告拾得物之时起的6个月内有权受领该物的人还未确定，或者他自己不向民警机关或地方自治机关声明其对拾得物的权利，则物的捡拾人即取得拾得物的所有权。② 如果物的捡拾人拒绝取得拾得物归己所有权，则拾得物应收归自治地方所有。

（六）英国和美国：拾得人附条件取得所有权

英美法系国家的财产制度与大陆法系国家不同，这同样表现在拾得遗失物问题上。英国和美国都赋予了拾得人附条件取得遗失物所有权的权利。在英国，按照法律规定，发现没有现实占有人的物，且该物的主人又不能找到，发现者有必要对其发现予以公告。如其更需要安全感的话，最好向警察局报告，如果不能够发现物的原占有人或所有权人，则拾得人就成为新的所有权人。在美国，许多州都有关于丢失财物的发现者权利的法律规定，比较有代表性的法律规定要求发现者向有关政府部门报告，政府官员负责寻找真正的物主，如果在一定的时间内没有找到真正物主，发现者便成为该财物的绝对所有者。这种做法在优先保护财物所有权人利益的前提下，也确定并保护发现者的合法占有权。

二、我国法律上拾得遗失物的归属

（一）西周、秦汉：无人认领，大者归公，小者归私

据学者考证，我国有关拾得遗失物的记载，最早见之于《周礼·秋官·朝士》。《周礼·秋官·朝士》载："凡得获货贿、人民、六畜者，委于朝，告于士，旬而举之，大者公之，小者庶民私之"。意思是：凡得到遗失的财物、逃亡奴隶和跑失的牲畜，应向"朝士"报告，由"朝士"招领，10日内无人认领，奴隶、马、牛归公，小额财物则归拾者，以资酬劳。秦汉时有关遗失物归属的法律条文已经佚失，但据汉儒对《周礼·秋官·朝士》的论注可知，汉代对于遗失物归属的法律规定与西周相似。

（二）唐宋时期：无人认领，归官府所有

唐代立法强调阑遗物（即遗失物）必须交还原主，拾得人负有送官义务，而无获得其一部分为己有的权利。据唐《捕亡令》，阑遗物必须送官，公示30日后无人认领，即由官府收藏；再公告1周年后，仍无人认领，作没官处理。原物尚存在，原主前来认领的仍归还原主。认领时须检验财物标记或出示证据，并要有保人担保。对于阑遗的牲畜，唐

《厩牧令》规定,在牧场、两京地区的阑遗畜公告 1 年后,无人认领则没官,但原主仍可随时认领。地方州县在当地公告半年后无人认领则可出卖,原主仍可认领卖价。与拾得其他财物的拾得人一样,拾得阑遗畜之人也没有任何权利。宋代关于拾得遗失物归属的规定与唐代基本相同。

(三) 元代:无人认领,归官府所有

元代的遗失物大大相异于其他朝代,主要是奴婢、牲畜及王公巡游狩猎时的鹰犬,其有关拾得遗失物的规定见于《大元通制条格·杂令》"阑遗"条和《户令》的"阑遗人畜"条。大致说来,在元代阑遗物要招主识认,但定有一定期限。若限内无人识认,阑遗物便归官府所有。由于元代遗失物的相当比例是牲畜,拾得人送到官府后,官府需加以喂养,因此,在主人认领阑遗牲畜之时,应根据喂养时日,按照当时的价格,支付官府支出的草料费用。

(四) 明清时期:无人认领,由拾得人取得所有权

《明律·户律·钱债》"得遗失物"条规定:"凡得遗失之物,限 5 日内送官,官物还官;私物召人识认,于内一半给与得物人充赏,一半给还失物人。如 30 日内无人识认者全给。限外不送官者,官物坐赃论,私物减二等。其物一半入官,一半给主。"

清初完全沿袭明律规定。到清末,1911 年《大清民律草案》第 1033 条规定,拾得遗失物人依特别法令所定,取得其所有权。但该草案未及颁行,清政府即覆灭。

(五) 民国时期:无人认领,由拾得人取得所有权

1925 年的北洋政府《民国民律草案》第 820 条的规定与《大清民律草案》完全相同。至南京国民政府时期,不再采取特别法令规定拾得遗失物的归属问题,而是直接将其纳入民法典之中,至今仍在我国台湾地区适用。台湾地区"民法"第 807 条规定,遗失物自通知或最后招领之日起逾 6 个月,未有受领权之人认领者,由拾得人取得其所有权。警察或自治机关并应通知其领取遗失物或卖得之价金;其不能通知者,应公告之。

(六) 中华人民共和国:无人认领,归国家所有

1986 年《民法通则》第 79 条第 2 款规定,拾得遗失物、漂流物或者失散的饲养动物,应当归还失主,因此而支出的费用由失主偿还。2007 年《物权法》第 109 条和第 110 条规定,拾得遗失物,应当返还权利人。拾得人应当及时通知权利人领取,或者送交公安等有关部门。① 有关部门收到遗失物,知道权利人的,应当及时通知其领取;不知道的,应当及时发布招领公告。第 113 条规定,遗失物自发布招领公告之日起 6 个月内无人认领的,归国家所有。《民法典》第 314 条、第 315 条、第 318 条作出了和《物权法》基

---

① 应当注意的是,如果城镇集体企业已经改制为有限责任公司、股份有限公司、个人独资企业或者合伙企业,就不再适用本条规定,而应当适用《公司法》《个人独资企业法》或者《合伙企业法》的有关规定。

本相同的规定，只是将 6 个月改为 1 年。《民法典》第 318 条规定，遗失物自发布招领公告之日起 1 年内无人认领的，归国家所有。

三、完善我国拾得遗失物归属规定的建议

首先应当肯定的是，我国民事立法关于拾得遗失物归属的规定，其出发点是好的，目的是想弘扬拾金不昧的传统美德。但也存在一定的问题：一是，将无人认领的遗失物都收归国家所有，既无必要，也无可能。一方面，有大量的遗失物都没有必要收归国家所有，例如，玩具等小物件，手机等私人物品，身份证、工作证、驾驶证、户口本、护照等各种身份证件，以及宠物等；另一方面，国家也未建立起通畅的管道，将无人认领的遗失物都收进国库，国库也不需要这些东西。二是，不承认拾得人可以有条件取得拾得遗失物的所有权，不符合效率原则，不利于物尽其用。因此，有必要借鉴外国和我国台湾地区"民法"的规定，完善我国拾得遗失物归属的法律规定。具体建议是，将《民法典》第 318 条修改为："遗失物自发布招领公告之日起 1 年内无人认领的，归拾得人所有。但是，法律规定归国家所有的，归国家所有。"在法律没有修改以前，可以参照《民事诉讼法》第 193 条的规定执行。《民事诉讼法》第 193 条规定，判决认定财产无主后，原财产所有权人或者继承人出现，在民法通则规定的诉讼时效期间可以对财产提出请求，人民法院审查属实后，应当作出新判决，撤销原判决。在实践中，如果遗失物归国家所有后，真正的权利人出现并主张权利，可以参照《民事诉讼法》第 193 条的规定，解决公告期满后权利人出现的权利救济问题。

最后，应当注意的是，依据《民法典》第 319 条的规定，拾得漂流物、发现埋藏物或者隐藏物的，参照适用拾得遗失物的有关规定。法律另有规定的，依照其规定。在实践中，关于发现埋藏物之所有权归属的典型争议案件当属四川彭州乌木案。对此，有四种不同的意见：第一种意见认为，乌木属于自然资源，应当归国家所有；第二种意见认为，乌木属于埋藏物，因所有权人不明，故也应当归国家所有；第三种意见认为，乌木属于矿藏，也应当归国家所有；第四种意见认为，尚未与土地分离的乌木，属于土地的组成部分，应当归土地所有权人所有，但该土地上已成立用益物权的，则应当归用益物权人所有。[①] 本书赞同上述第四种意见。

第三节　添　附

一、添附的概念和形式

添附是指不同所有权人的动产或不动产被结合、混合在一起，成为一个新物，或者

---

① 最高人民法院民法典贯彻实施工作领导小组主编：《中华人民共和国民法典物权编理解与适用》（上、下），法律出版社 2020 年版，第 571—574 页。

利用他人之物加工成新物的事实状态。1988年《民法通则意见》第86条规定,非产权人在使用他人的财产上增添附属物,财产所有权人同意增添,并就财产返还时附属物如何处理有约定的,按约定办理;没有约定又协商不成,能够拆除的,可以责令拆除;不能拆除的,也可以折价归财产所有权人;造成财产所有权人损失的,应当负赔偿责任。这是新中国民事司法解释关于添附的最早规定。

依据《民法典》第322条的规定,添附的形式有加工、附合、混合三种。加工是指行为人使用他人之物,将其加工、改造为具有更高价值的物,原物因为加工人的劳动而成为新物。附合是指不同所有权人的动产或不动产密切结合在一起而成为一种新物,包括动产与不动产附合、动产与动产附合。在附合的情况下,各原所有权人的物虽可识别,但非经拆毁不能恢复原来的状态。例如,砖与木附合构成房屋,宝石镶入戒指构成宝石戒指等。混合是指不同所有权人的动产混杂在一起而形成一种新物。在混合的情况下,混合物已经无法从外观上识别混合前的各项动产,不能识别何者属于何人。例如,同一品种的大米与大米的混合,同一型号的汽油与汽油的混合等。

二、添附物所有权的归属

《民法典》第322条规定,因加工、附合、混合而产生的物的归属,有约定的,按照约定;没有约定或者约定不明确的,依照法律规定;法律没有规定的,按照充分发挥物的效用以及保护无过错当事人的原则确定。据此,对添付物所有权的归属,应当按照下列顺序确定:① 当事人有约定的,按照约定办理;② 当事人没有约定或者约定不明确的,依照法律规定办理;③ 法律没有规定的,按照充分发挥物的效用以及保护无过错当事人的原则确定。下面适当展开讨论在当事人没有约定或者约定不明、法律也没有规定之情形下,添付物所有权的归属问题。

(一) 加工物所有权的归属

对于加工物所有权的归属,理论上有所谓材料主义与加工主义两种不同观点:前者认为,有材料才能加工,加工后材料虽发生形式变化,但其本质并未发生变化,因此加工物的所有权应当归属于材料所有权人;后者认为,加工物是加工人劳动的成果,因此加工物的所有权应当归属于加工人。本书认为,原则上,加工物的所有权应归原材料的所有权人,以抑制任意利用他人之物进行加工的行为发生。但是,如果加工人系属善意且加工物的价值明显大于原材料的价值,则加工物的所有权可以归属于加工人;如果加工人系属恶意,例如,甲盗窃乙的木料而将其加工为饭桌,依照《民法典》第322条保护无过错当事人的规定,则应将饭桌的所有权判给乙,方符合立法本意。

(二) 附合物所有权的归属

对此,应当分别情形予以处理:① 当动产附合于不动产之上时,由不动产所有权人取得所有权,原动产所有权人可取得与其原财产价值相当的补偿。② 当动产与动产附合时,如果附合的动产有主、从之别的,则由主物的所有权人取得附合物的所有权,同时给对方以价值上的补偿;如无主、从之别的,则由原物价值较大的一方取得所有权而给另一方以相当的补偿。补偿的性质属于返还不当得利。应当注意的是,如果动产所有权人恶意进行附合的,则其不但不能取得附合物的所有权,而且还应当对被附合物的所有权人进行赔偿,因为他的行为已构成侵权。

(三) 混合物所有权的归属

对此,应当分别情形予以处理:在行为人为善意的情形下,可以由原物价值较大的一方取得所有权而给另一方以相当的补偿;而在行为人为恶意的情形下,则其不能取得混合物的所有权,给对方造成损失的,还应当进行赔偿。

三、因添附产生的损害赔偿或补偿

《民法典》第322条规定,因一方当事人的过错或者确定物的归属造成另一方当事人损害的,应当给予赔偿或者补偿。该条包括两种情形:一是因一方当事人的过错造成另一方当事人损害的,应当给予赔偿。例如,甲盗窃乙的木料而将其加工为饭桌,造成乙损害,则甲应当对乙进行赔偿。二是因确定物的归属造成另一方当事人损害的,应当给予补偿。例如,甲误用乙的木料而将其加工为饭桌,如果饭桌的所有权被确定给甲,则甲应当对乙进行补偿。

第四节 时效取得

一、时效取得的概念

时效取得又称取得时效,是指非权利人以所有的意思,公开、和平、持续占有他人的财产,达到法律规定的期间,即可依法取得该财产所有权的法律制度。时效取得制度发端于罗马法,并为后世大陆法系国家和地区的民法所广泛继受。

二、时效取得的构成要件

根据大陆法系国家和地区关于时效取得的立法和司法,时效取得的一般构成要件包括以下几个方面。

(一) 无权占有

占有是指对标的物的管领、控制。时效取得中的占有仅指无权占有,且须满足以下要求:

第一,须为自主占有。这是时效取得的首要条件。自主占有是指占有人以所有的意思占有标的物。对自主占有的认定,应从体素和心素两方面着手。体素(corpus)是占有的客观条件,指管领、控制标的物的事实。心素(animus)是占有的主观条件,指占有人的内心意思。由于占有人的内心意思难以直接认定,因此大陆法系国家和地区多采用推定的方式。如《法国民法典》第 2256 条规定,如不能证明占有人一开始是为他人占有,始终推定其是以所有权人之名义为其自己占有。《日本民法典》第 163 条则规定,其他财产权的时效取得,须具备"以为自己的意思"之主观要件。

第二,须为公然占有。公然占有是指不带隐秘瑕疵的占有。认定占有为公然占有还是隐秘占有的标准是:是否对权利人和利害关系人公开,而不要求对社会大众公开。只要对权利人和利害关系人而言是公开的,就是公然占有,反之,就是隐秘占有。

第三,须为和平占有。和平占有是指不以暴力或胁迫手段取得占有或维持占有。这一要件限制了不法行为人以强力占有而取得所有权。判断和平占有还是暴力占有的时点为占有取得之时。若本来为和平占有,但后来却以暴力或胁迫维持其占有的,则变为暴力占有,不能成立时效取得。反之,原来的强暴占有亦可因占有人的变更而转换为和平占有。《法国民法典》第 2263 条第 2 款规定,有效的占有,仅始于胁迫停止之时。

在占有要件问题上,有两点值得注意:

(1) 占有人的占有能力。时效取得系法律事实,而非民事法律行为,故对占有人并无民事行为能力的要求。我国台湾地区 1988 年颁布的"时效取得地上权登记审查要点"之第四点规定,占有人占有之始,须有行为能力,显然与取得时效之性质不相符合。

(2) 占有是否须出于善意。对此,大陆法系国家和地区存在着两种不同的立法例。一是以法国、德国、瑞士为代表的肯定主义立法例,要求占有人在占有时必须为善意,否则,占有人不能因时效而取得所有权。但是,德国和瑞士对未登记不动产的时效取得,不以善意为构成要件。二是以意大利、日本和我国台湾地区为代表的否定主义立法例,不以善意为时效取得的构成要件。但是,在我国台湾地区,占有人善意与否却影响时效期间的长短。我国台湾地区"民法"第 769 条规定,以所有之意思,20 年间和平、公然、继续占有他人未登记之不动产者,得请求登记为所有权人。第 770 条规定,以所有之意思,10 年间和平、公然、继续占有他人未登记之不动产,而其占有之始为善意并无过失者,得请求登记为所有权人。

(二) 他人之物

大陆法系国家和地区的民法规定,无权占有人占有的对象须为他人之物,即他人的动产或不动产。据此,对自己之物的占有不发生时效取得问题;对无主物的占有,也不发生时效取得问题,而发生先占取得问题。

值得讨论的问题有:

(1) 共有物能否成为时效取得的客体。这又包含两个问题:一是共有物能否成为第三人时效取得的客体。对此,学说上没有分歧,均认为可以。二是某共有人的应有部分能否成为其他共有人时效取得的客体。对此,学说与实务也持肯定观点。例如,我国民国时期1943年上字第110号判例称,取得时效系于他人物上取得所有权之方法,在自己物上固无取得时效之可言。惟公同共有物之所有权,属于公同共有人之全体,非各公同共有人对于公同共有物均有一个单独所有权,如公同共有人之一人以单独所有之意思占有公同共有之不动产,即系第769条所谓占有他人之不动产。不过,有的学者认为,共有人以单独所有权人或其他财产权人的意思占有共有物,该意思须向其他共有人表示,方产生时效取得之效力。该观点揭示了依时效取得共有物所有权时,对占有意思的特别要求。

(2) 国有财产能否成为时效取得的客体。对此,世界各国和地区的民法规定不一。在罗马法上,有利用最长取得时效取得国家或者寺院财产的规定。现代各国民法对此也不是绝对禁止的。例如,英国时效法规定了慈善团体的财产以及皇室财产可依时效取得,期间为30年。我国台湾地区判例也认可私人占有国有财产时可发生时效取得。我国不承认国有财产可以成为时效取得的客体,这正是我国民事立法未规定时效取得的重要原因之一。

(三) 法定期间

无权占有人占有他人之物须达到法定期间,方可取得他人之物的所有权。各国或地区民事立法关于时效取得期间的规定,主要涉及期间的长短、起算、中止、中断等问题。

1. 期间长短

大陆法系国家和地区民法规定的法定期间,长短不一,甚至差别很大。《法国民法典》第2272条规定,为取得不动产所有权,要求的时效期间为30年。但是,善意并依据正当的证书取得不动产的人,得经10年时效期间取得该不动产的所有权。《德国民法典》第937条第(1)项规定,自主占有动产经过10年的人,取得其所有权(取得时效)。第927条第(1)项规定,土地由他人自主占有30年以上的,可以通过公示催告程序排除土地所有权人的权利。我国台湾地区"民法"第768条之一的规定,动产所有权的取得时效期间为5年,根据其第769条规定和第770条的规定,不动产所有权的取得时效期间区分善意与否分别为:非善意,为20年;善意且无过失,为10年。

2. 期间起算

时效取得期间的起算点是占有人开始以自己所有的意思,公然、和平占有他人财产之时。

3. 时效中止

时效中止是指在时效期间进行过程中,因发生一定的法定事由使时效暂时停止计算,待阻碍时效进行的法定事由消除后,再继续计算时效期间。对此,大陆法系国家和地区的民事立法通常不另作专门规定,而是准用消灭时效中止的规定。导致时效中止的事由主要有：① 在时效期间的最后 6 个月发生不可抗力；② 无行为能力或者限制行为能力人欠缺法定代理人；③ 所有权人与占有人之间存在法定代理关系或者夫妻关系；④ 作为自然人的所有权人或者占有人死亡，尚未确定继承人，作为法人的所有权人或者占有人解散，尚未确定管理人；等等。

4. 时效中断

时效中断是指在时效进行过程中，因发生一定的法定事由，致使已经过的时效期间统归无效，待时效中断的事由消除后，时效期间重新起算。导致时效中断的事由主要包括：① 占有人自行中止占有或者变为不以所有的意思而占有。② 占有性质变更，如由公然占有变为隐秘占有，由和平占有变为强暴占有。③ 占有被他人侵夺。如《意大利民法典》第 1167 条第 1 款规定，在被侵夺占有超过 1 年的情况下，占有时效中断。④ 占有人承认权利人的权利。如《法国民法典》第 2240 条规定，债务人承认时效之进行于其不利之人的权利，中断时效期间。⑤ 所有权人依诉讼程序请求法院保护其物权。但是，并非所有的诉讼都可以引起取得时效中断。例如，《德国民法典》第 941 条规定，对自主占有人在法院主张所有权请求权，或者在间接占有的情况下，对从自主占有人处受让占有权的占有人主张同样请求权时，取得时效中断；但此种中断仅在对使中断发生的人有利时始生效力。

三、时效取得的效力

时效取得的效力，是指取得时效完成后所产生的法律后果。主要有三：① 占有人取得占有物所有权或者有权请求登记为所有权人。具体而言，对于动产，占有人取得其所有权；对于不动产，占有人仅取得请求登记为所有权人的权利。未经登记，占有人仍然为无权占有；一经登记，则从登记之日起占有人取得所有权。② 原所有权人丧失所有权。丧失的所有权转变为损害赔偿请求权或者不当得利返还请求权。③ 占有物上的负担消灭。对占有人而言，占有物上的负担全部消灭，无人可以对占有物主张物权。

最后，应当指出的是，时效取得不仅适用于所有权，也可以适用于他物权，甚至可以适用于一般的财产权和知识产权。对此，我们应当加强学习和研究。

思 考 题

1. 善意取得情形下买卖合同的效力问题。
2. 善意取得与时效取得的关系。

第十章

用益物权概论

> **本章重点**
> 1. 用益物权的概念和特征。
> 2. 用益物权的功能和作用。
> 3. 传统民法上用益物权的种类。
> 4. 用益物权的一般规则。

第一节 用益物权的基本理论

用益物权是物权法的三大支柱之一,它与所有权、担保物权一起,共同构成现代物权制度。

一、用益物权的概念和特征

依据《民法典》第323条的规定,用益物权是指用益物权人对他人所有的不动产或者动产,依法享有占有、使用和收益的权利。

用益物权具有以下特征:

第一,用益物权属于他物权、定限物权。用益物权是在他人之物而非自己之物上设立的物权,属于他物权。作为他物权,用益物权人不能像所有权人那样,可以对标的物进行全面支配,而只能在一定范围或一定限度内对标的物进行占有、使用和收益,而不能对标的物进行处分,故用益物权为定限物权。

第二,用益物权的客体以不动产为主。用益物权的客体主要是不动产,尤其是土地。这是因为,不动产具有稀缺性、不可替代性、价值大以及保值增值等功能,一般而言,所有权人不肯轻易让与所有权,而他人又须利用之,故只得设立用益物权。

第三,用益物权通常以对物的实际占有为前提。用益物权的内容是利用物的使用价值,而利用物的使用价值的前提是对标的物加以占有,因此,用益物权人须实际占有标的物,对标的物进行有形支配,才能实现使用、收益的目的。

第四,用益物权以对物的使用、收益为内容。用益物权是一种支配权,这种支配权的内容仅限于利用物的使用价值,因此,用益物权是以使用、收益为目的而设立的物权。

第五,用益物权属于有期物权。一般而言,用益物权只能在一定期限内存在。即便是传统民法上的永佃权也并非是永久存在的权利。

二、用益物权的功能和作用

第一,有利于充分发挥财产的使用价值,促进社会繁荣。人在社会上生活,都需要利用和消耗财产。但财产尤其是土地和房屋等不动产,具有稀缺性,不可能人人拥有。需要利用财产的人便会通过租赁、借用等方式利用他人的财产。但是,租赁、借用等方式属于债法方法,期限较短,效力较弱,不能完全满足利用者的需求。于是,人们便通过设立用益物权来延长期限,增强效力,从而更好地发挥财产效用,满足需求者的生产生活需要。尤其是在现代社会,从某种意义上来说,对财产的利用甚至比对财产的所有更加重要,出现了财产以"所有"为中心向以"利用"为中心的转变,这不仅是经济社会发展的需要,也体现了物权法的效率原则。在我国实行土地公有制的条件下,通过设定土地承包经营权、建设用地使用权等,可以更加充分地发挥土地的效用和价值,促进经济发展和社会繁荣。

第二,有利于更好地实现所有权的价值,促进社会公平。我们知道,财产在社会成员之间的分配是不均衡的,有些人拥有大量财产甚至海量财产,而有些人只拥有少量财产甚至没有财产。拥有大量财产或者海量财产的人,他们的财产也需要增值。他们会将自己的财产租赁给他人,或者为他人设定用益物权,让渡出财产的使用权和部分收益权,自己则获得收益,使财产增值。同时,在土地上为他人设定永佃权、土地承包经营权等用益物权,自己不用亲自耕种土地,也不用雇佣他人耕种土地,省去了耕种和管理的麻烦。而在房屋上为他人设定居住权,则可以解除他人无安身之处的窘境,有利于促进社会公平。简而言之,用益物权是所有权实现的重要方式,可以更好地实现所有权的价值,同时也有利于促进社会公平。

第三,有利于调剂财产所有与利用的矛盾,促进社会稳定。将财产交由他人利用,或者说利用他人财产,当事人之间既可以采用租借等债法方法,也可以采用设定用益物权的物权法方法。比较而言,设定用益物权的物权法方法比租借等债法方法,可以使当事人之间的财产利用关系更加稳定,更加有利于调节所有权人与使用权人之间的关系,减少矛盾冲突,稳定财产秩序,促进社会稳定。

三、用益物权与所有权的关系

用益物权产生于所有权,因而它与所有权之间存在着紧密的联系。但用益物权产生以后,即成为一类独立的物权类型,又与所有权之间存在着明显的区别。

用益物权与所有权的联系表现在:第一,用益物权以所有权的存在为基础。所有权是用益物权的母权,用益物权是从所有权中派生出来的。没有所有权,便没有用益物权。第二,用益物权是所有权实现的方式之一。作为所有权客体的所有物,具有使用价值和价值双重属性。所有权人将所有物的使用价值交于他人利用,便产生用益物权或者租赁等用益债权;将所有物的价值为他人设定担保,便产生担保物权。可见,用益物权是所有权的重要实现方式之一。第三,用益物权是对所有权的限制。所有权人为他人设定用益物权后,所有权的占有、使用和部分收益权能便被交于用益物权人,所有权人便不得再行使这些权能。因此,用益物权是对所有权的限制,具有对抗所有权的效力。

用益物权与所有权的区别表现在:① 体现的财产关系不同。所有权体现的是财产的归属关系,属于静态的财产关系;用益物权体现的是财产的利用关系,属于动态的财产关系。② 对标的物的支配范围不同。所有权是对标的物的全面支配,而用益物权只是对标的物的部分权能的支配。③ 有无存续期限不同。所有权具有永久性,与标的物共存亡。而用益物权不管期限长短,均有存续的期限。即便是未定存续期限的用益物权,如永佃权,也不是永久存在,而只是其可以续期且可以继承而已。

第二节 用益物权的历史发展

一、用益物权的起源与发展

一般认为,用益物权起源于罗马法。在罗马法中,用益物权主要是指役权,包括地役权和人役权。地役权是指以供役地供需役地便利之用的物权;人役权是指专门为特定人而非特定土地的利益而设定的物权。人役权可归纳为四种,即用益权、使用权、居住权以及对奴隶和他人牲畜的劳作权。其中,用益权、使用权、居住权对后世民法的影响最大,而对奴隶和牲畜的劳作权因明显带有奴隶社会的痕迹,在后世民法中几乎不见踪影。自东罗马帝国时期,又逐渐形成了永佃权和地上权。

日耳曼法没有关于用益物权的明确规定。但日耳曼法承认多重所有权,并认为所有权的权能可分为占有权、使用权、受益权、处分权和管理权,且部分权能还可以与所有权分离。这对以德国为代表的后世民法也产生了重要影响。

1804 年《法国民法典》继受了罗马法的役权制度,并将人役权分为用益权、使用权和居住权,同时废除了一些与平等、自由观念不相符合的规则,并抛弃了其中的奴畜使用权制度。而地役权一般均有命名,如通行地役权、放牧地役权、取水地役权、废水排放地役权等。1896 年《德国民法典》受到了罗马法和日耳曼法的双重影响,在物权编中规定了地上权、役权、土地负担等用益物权。役权又分为地役权、用益权和限制的人役权。1898 年《日本民法典》借鉴了罗马法和德国法,规定了地上权、永佃权、地役权、入会权等用益物权。

在我国,唐代中期形成了典权制度,宋代出现了永佃权,但均未形成系统的用益物权制度。直到清朝末年,《大清民律草案》才仿效德国和日本民法,规定了地上权、永佃权和地役权等用益物权。但《大清民律草案》未及颁布,清朝即灭亡了。1925年北洋政府起草的《民国民律草案》在地上权、永佃权、地役权之外,又增加了典权。1929年—1931年南京国民政府颁布的《中华民国民法》在物权编明确规定了地上权、永佃权、地役权、典权四种用益物权。至此,我国法制史上出现了建构完整的用益物权体系。1949年,国民党政权溃退台湾以后,民国民法典在我国台湾地区继续施行,并有所发展。

中华人民共和国成立后,由于种种原因,在改革开放之前,我国没有规定用益物权制度。改革开放以后,《民法通则》以及《土地管理法》《城市房地产管理法》《农村土地承包法》等法律先后规定了国有土地使用权、农村土地承包经营权、宅基地使用权等用益物权。《草原法》《渔业法》《野生动物保护法》《水法》等法律则规定了放牧权、养殖权、捕捞权、狩猎权、取水权等特许用益物权。2007年《物权法》在总结我国已有立法的基础上,确立了土地承包经营权、建设用地使用权、宅基地使用权和地役权四种用益物权。同时规定了海域使用权、探矿权、采矿权、取水权、养殖权、捕捞权等特许用益物权。《民法典》在《物权法》的基础上增加了居住权。至此,我国民法建构起了完整的用益物权体系。

二、传统民法上用益物权的类型

(一) 地上权

1. 地上权的概念和特征

地上权是指在他人所有的土地上营造建筑物、工作物以及种植竹木的权利。

地上权具有以下特征:

第一,地上权的性质为用益物权。这是它与土地租赁债权的主要区别。

第二,地上权的目的是利用他人的土地营造建筑物、工作物及种植竹木。这是它与永佃权的主要区别。这里的建筑物主要指房屋,工作物主要指沟渠、堤防、地窖等。

第三,地上权具有长期性、稳定性。大多数国家的民法对地上权的期间规定较长,具体期间则由当事人自行约定。

2. 地上权的设立

地上权由需要利用他人土地的人与土地所有权人通过订立协议(地上权合同)设定,既可以有偿,也可以无偿。地上权的设定实行登记生效主义,非经登记,不产生物权效力。相应地,地上权的变更和丧失也实行登记生效主义。

3. 地上权的效力

地上权的效力,即地上权人的权利和义务。

地上权人享有如下权利:一是利用所有权人的土地营造建筑物、工作物及种植竹木。在地上权存续期间内,该权利不因建筑物、工作物及种植竹木的灭失而消灭。二是取得建筑物、工作物及竹木的所有权。三是有权处分地上权。地上权人可以转让、抵押、出租地上权。四是有权在地上权终止时收回建筑物、工作物和竹木。如果土地所有权人欲取得建筑物、工作物和竹木的所有权，则地上权人有权要求土地所有权人补偿。此外，地上权还可以继承。

地上权人负有如下义务：一是按照合同的约定或者法律的规定使用土地，不得超越合同约定的范围和用途或者违背法律的规定使用土地所有权人的土地。二是在地上权有偿设定的情形下，支付土地使用费。该土地使用费一般不得请求减免，即使发生不可抗力亦然。三是支付其他税费。四是在地上权终止后，恢复土地原状。

(二) 永佃权

1. 永佃权的概念和特征

永佃权又称永租权，是指永佃权人支付地租而在他人土地上永久进行耕作或畜牧的权利。

永佃权具有以下特征：

第一，永佃权的性质为用益物权。永佃权人在不破坏所有权人土地的前提下，可以按照自己的意愿直接经营土地，土地所有权人无权干预，更不得随意撤佃。

第二，永佃权的目的是在他人土地上进行耕作或畜牧。这是永佃权与地上权的显著不同。

第三，永佃权具有永久性。永佃权人可以无限期耕作土地，并世代相承。当然，有的国家规定，永佃权也可以设定期限，一般为20年以上50年以下。如果当事人将期限设定在20年以下，则视为土地租赁。此时，适用合同法关于土地租赁的规定，不再适用物权法关于永佃权的规定。

2. 永佃权的设立

永佃权通常基于需要利用他人土地的人和土地所有权人所订立的永佃权设立合同而取得。永佃权设立合同一般需要以书面形式订立。永佃权须经主管机关登记，方可发生物权效力。

3. 永佃权的效力

永佃权的效力，即永佃权人的权利和义务。

永佃权人的权利主要有：一是以耕作或畜牧为目的使用他人土地并获得收益。即便土地所有权转移或继承，也不影响永佃权人的土地使用权。二是自由处分权。永佃权人可以转让、继承或抛弃永佃权，也可以为他人设立地役权，还可以在其上为他人设立抵押权，进行融资。但永佃权人不得出租土地。三是永佃权人可以自由退佃。四是当土地所有权人转让土地所有权时，永佃权人享有优先购买权。

永佃权人的义务主要有：一是按照约定用途使用土地，不得将土地用作耕作或畜牧以外的用途。二是支付地租。三是在土地所有权人依法收回土地时，交回土地。土地所有权人可以依法收回土地的情形主要包括：约定期限的永佃权，期限届满未续期；因永佃权人积欠地租达到法定额,土地所有权人撤销永佃权;永佃权人受破产宣告;等等。

(三) 用益权

1. 用益权的概念和特征

用益权是指对他人所有之物所享有的使用和收益的权利。《法国民法典》第578条规定,用益权是对他人所有之物,如同本人是所有权人,享有使用、收益的权利。

用益权具有下列特征:

第一,用益权的目的具有双重性。一方面,用益权是为了实现所有权人的意志。罗马法最初创立用益权的目的就是实现遗嘱人的意志。罗马市民常常以遗嘱移转某项财产的使用权、收益权于一人,而又保留该项财产的本体归其他继承人继承。另一方面,用益权是为了用益权人的利益而设定的,其目的是满足用益权人的某种利益需求。

第二,用益权的客体具有广泛性。用益权的客体不限于土地,建筑物、林场、农场、矿山等不动产和各种动产,乃至于供役使的动物等,都可以成为用益权的客体。但用益权的客体限于非消耗物。消耗物不宜成为用益权的客体。

第三,用益权的权能接近于所有权。用益权人对用益权的客体不仅享有占有、使用和收益的权能,而且也享有部分的处分权能。

2. 用益权的取得

用益权既可以依当事人的意思而设立,也可以依法律的规定而取得。《法国民法典》第579条规定,用益权依法律设立,或者依人的意思设立。依当事人的意志设立通常指以合同或遗嘱设立用益权。依法律的规定而取得,如《法国民法典》第382条规定,父母,按照以下所作区分,管理、使用其子女的财产并取得收益。其第757条规定,如先逝的配偶有子女或直系血亲,在所有子女都是夫妻双方所生时,有继承权的健在配偶,可以选择:或者受领现存全部财产的用益权,或者受领1/4的财产所有权;如其中有一子女或数子女不是夫妻双方所生时,有继承权的配偶受领1/4的财产所有权。

3. 用益权的效力

用益权的效力,即用益权人的权利和义务。

用益权人的权利主要有:一是在维持标的物本来用途的前提下,有权按照通常方式或与所有权人商定的方式使用标的物并获得收益。二是对标的物拥有部分的处分权。三是在用益权终止时,有权要求所有权人返还标的物实际价值高出当初设定时估价的差额。

用益权人的义务主要有:一是不得对标的物造成实质损害。二是在用益权终止时,向所有权人支付标的物实际价值低于当初设定时估价的差额。

(四) 典权

1. 典权的概念和特征

典权是指典权人支付典价,占有、使用、收益出典人不动产的权利。

典权是中国特有的一项物权，具有以下法律特征：

第一，典权的标的物（即典物）为不动产，包括房屋和土地。

第二，典权的性质具有双重性。关于典权的性质，民法理论上有用益物权说、担保物权说和折中说（用益物权兼担保物权说）三种不同观点，以用益物权说为通说。本书认为，典权的性质为用益物权，但也具有担保物权的特点。

第三，典权的期限由当事人约定。典权的期限简称典期，是指典权人阻止出典人回赎典物的期限。典期由当事人约定，约定方式有两种：一种是约定典期为若干年；另一种是约定出典后一定期限内不得回赎。为了平衡当事人的利益，我国台湾地区"民法"对典期设有一定的限制。一是规定典期最长不得超过法定期限。其第912条规定，典权约定期限不得逾30年，逾30年者，缩短为30年。二是对典期不满法律规定的最短期限的，附加一定的限制。我国台湾地区"民法"第913条第1款规定，典权之约定期限不满15年者，不得附有到期不赎即作绝卖之条款。当然，当事人也可能未约定典期。我国台湾地区"民法"第924条规定，典权未定期限者，出典人得随时以原典价回赎典物。但自出典后经过30年不回赎者，典权人即取得典物所有权。此外，在典期届满之前，当事人还可以约定延长典期，此即续典。

2. 典权的设立

当事人设立典权须签订书面形式的典权合同（典契），合同中应载明标的物、典价、当事人的权利和义务、典期、回赎期等内容，并由双方签字、盖章。典权经登记而设立。此外，典权也可因受让或继承而取得。

3. 典权的效力

典权的效力，即典权人与出典人的权利和义务。

典权人的权利主要有：一是典物的占有、使用、收益权。典权的用益方法广泛，除当事人另有约定外，凡依典物的性质可实现有益目的的方法，典权人均可为之，出典人无权干涉。二是转典权、出租权。在典权存续期间，典权人无须征得出典人同意即可将典物出典、出租于他人，当事人约定禁止转典、出租的除外。出租权是典权人用益权的延伸。但典物因出租而受到损害的，典权人应负赔偿责任。三是典权转让权。典权人无须征得出典人同意，即可将典权转让于他人。典权转让的形式有买卖、赠与等。典权转让后，原典权人退出典权关系，由受让人取得典权人地位。四是抵押设定权。典权人有权就其取得的典权为他人设定抵押权，以担保债的履行。当债务人到期不履行债务时，抵押权人可以将典权出卖或自己取得典权，以满足自己的债权。但抵押权人不能变卖典物或取得典物所有权，因为典物不是抵押权的标的物，典权才是抵押权的标的。五是优先购买权。在典期内，出典人出卖典物的，典权人在同等条件下有优先购买的权利。至于价格，按出卖时的价格与典价找贴差价即可。找贴后，典权人取得典物所有权，典权关系因混同而消灭。此外，典权人还享有典物留置权、典物重建修缮权以及必要费用求偿权等权利。

典权人的义务主要有：一是支付典价。典价通常在典物卖价的50%—80%之间，一般以金钱计算,也可以用实物计算。用实物计算的,应当折算为金钱。典价包括原典价和找价。原典价是指典权设定时所支付的价格;找价是指典权设定后所增加的费用。典价应一次性支付。在典期内,当事人可以约定增、减典价。二是按照典物的性能和用途使用典物,不得给典物造成损害。

出典人的权利主要有:一是典物处分权。典物出典后,出典人仍享有典物所有权,因此,他有权通过出卖、赠与等形式处分典物。出典人处分典物的,典权人的典权不受影响。二是抵押设定权。对于典物之上能否再行设定抵押权,民法理论上存在否定说与肯定说两种对立主张。本书赞同肯定说。理由是:一方面,既然出典人有权处分典物,那么,他当然可以在典物之上再行设定抵押权,因为设定抵押权也是一种处分行为;另一方面,抵押权不以占有标的物为要件,因此,它与典权并不冲突。同时,它与典权人将典权设定抵押,也不相冲突。因为,它们一个属于权利抵押,一个属于不动产抵押,二者的标的不同。三是回赎权。在典期届满后的回赎期限内,出典人有权向典权人提交原典价,赎回典物,以消灭典权。回赎权在性质上属于形成权,专属于出典人。但典权人无权要求出典人回赎。回赎期限属于除斥期间。我国台湾地区"民法"第923条将其规定为2年。回赎期限届满,出典人不回赎的,回赎权消灭,由典权人取得典物所有权。未定期限的典权,出典人可以随时回赎,但应提前一定时间通知典权人。我国台湾地区"民法"第925条规定,出典人应提前6个月通知典权人。

出典人的义务主要有:将典物交付典权人占有、使用、收益,并不得妨碍出典人行使权利。

第三节 用益物权的一般规则

一、自然资源的使用和收益

在我国,自然资源归国家所有或者集体所有。国家和集体之外的组织或个人均不能享有自然资源的所有权。但是,国家通常并不直接占有和使用自然资源,而是交由集体、组织或个人占有、使用和收益。集体所有的自然资源则既可以由集体直接占有、使用和收益,也可以由集体之外的组织或个人占有、使用和收益。为此,《民法典》第324条规定,国家所有或者国家所有由集体使用以及法律规定属于集体所有的自然资源,组织、个人依法可以占有、使用和收益。

为了实现自然资源的节约利用以及对自然资源利用的有效监管,《民法典》第325条规定,国家实行自然资源有偿使用制度,但是法律另有规定的除外。《土地管理法》第2条第5款规定,国家依法实行国有土地有偿使用制度。但是,国家在法律规定的范围内划拨国有土地使用权的除外。《海岛保护法》第4条规定,无居民海岛属于国家所有,国务院代表国家行使无居民海岛所有权。其第28条至第35条对无居民海岛的保护开发进行了规范,明确无居民海岛经过批准可以开发利用,但应当依法缴纳使用金,即有偿使用。《矿产资源法》第5条规定,国家实行探矿权、采矿权有偿取得的制度;但是,国家对探矿权、采矿权有偿取得的费用,可以根据不同情况规定予以减缴、免缴。具体办法和实施步骤由国务院规定。开采矿产资源,必须按照国家有关规定缴纳资源税和资源补偿费。《水法》第7条规定,国家对水资源依法实行取水许可制度和有偿使用制度。但是,农村集体经济组织及其成员使用本集体经济组织的水塘、水库中的水的除外。国务院水行政主管部门负责全国取水许可制度和水资源有偿使用制度的组织实施。

二、用益物权的行使

资源对人类的生存和发展极为重要。由于自然资源以及其他资源均具有稀缺性,有些资源还具有不可再生性,因此《民法典》第326条规定,用益物权人行使权利,应当遵守法律有关保护和合理开发利用资源的规定。据此,用益物权人在行使用益物权的时候,无论对于何种资源,都负有保护和合理开发利用的义务,不得滥采、滥伐、滥用,以实现绿色发展和可持续发展。

三、用益物权的保护

与其他物权一样,用益物权也适用《民法典》关于物权保护的规定。此处所讲的用益物权的保护,是《民法典》针对用益物权专门作出的规定。

(1)所有权人不得干涉用益物权人行使权利。由于用益物权系由所有权派生出来的,因此,用益物权人在行使权利时容易受到所有权人的不当干涉。为了预防和克服这一现象,《民法典》第326条规定,用益物权人行使权利,应当遵守法律有关保护和合理开发利用资源、保护生态环境的规定。所有权人不得干涉用益物权人行使权利。

(2)用益物权因征收、征用被消灭或被影响的,用益物权人有权获得相应补偿。在现实中,因公共利益需要或者应急需要,不动产或者动产的征收、征用时有发生。不动产或者动产的征收、征用会导致用益物权消灭或者影响用益物权的行使,使用益物权人遭受损害。为此,《民法典》第327条规定,因不动产或者动产被征收、征用致使用益物权消灭或者影响用益物权行使的,用益物权人有权依据《民法典》第243条、第245条的规定获得相应补偿。应当注意的是,在法律适用中,不能仅仅依据《民法典》第243条、第245条的规定处理,还应当考虑《民法典》中有关土地承包经营权、建设用地使用权等用益物权的具体规定,以及《土地管理法》《城市房地产管理法》《农村土地承包法》《土地管理法实施条例》等法律、行政法规的相关规定。①

(3)关于特许物权的保护。《民法典》规定的特许物权主要包括海域使用权以及探矿权、采矿权、取水权、养殖权、捕捞权等。这些特许物权在本质上也属于用益物权,也

---

① 最高人民法院民法典贯彻实施工作领导小组主编:《中华人民共和国民法典物权编理解与适用》(下),法律出版社2020年版,第625页。

容易受到来自所有权人、有关行政管理机关以及其他人的侵害。为了保护特许物权人的利益,《民法典》第328条规定,依法取得的海域使用权受法律保护;第329条规定,依法取得的探矿权、采矿权、取水权和使用水域、滩涂从事养殖、捕捞的权利受法律保护。应当注意的是,《民法典》第328条、第329条并未创设新的物权类型,只是对《海域使用管理法》《矿产资源法》《水法》《渔业法》等法律中已有权利类型的重申,其立法本意是确认海域使用权、探矿权、采矿权、取水权、养殖权、捕捞权的用益物权属性。[1]

思 考 题

1. 传统民法上的用益物权与我国《民法典》规定的用益物权有哪些相同和不同之处?
2. 典权的性质以及我国是否应当确立典权制度。

---

[1] 最高人民法院民法典贯彻实施工作领导小组主编:《中华人民共和国民法典物权编理解与适用》(下),法律出版社2020年版,第634、641页。

第十一章

土地承包经营权

> **本章重点**
> 1. 土地承包经营权的产生和发展。
> 2. 土地承包经营权的效力。
> 3. 土地经营权流转的方式。
> 4. 土地经营权受让方的权利和义务。

第一节 土地承包经营权概述

一、土地承包经营权的产生和发展

(一) 土地承包经营权的产生

土地承包经营权是在 20 世纪 80 年代随着家庭联产承包责任制而产生的。1986 年《民法通则》首次规定了土地承包经营权。其第 80 条第 2 款规定,公民、集体依法对集体所有的或者国家所有由集体使用的土地的承包经营权,受法律保护。承包双方的权利和义务,依照法律由承包合同规定。2002 年《农村土地承包法》第 1 条规定,为稳定和完善以家庭承包经营为基础、统分结合的双层经营体制,赋予农民长期而有保障的土地使用权,维护农村土地承包当事人的合法权益,促进农业、农村经济发展和农村社会稳定,根据《宪法》,制定本法。第 3 条规定,国家实行农村土地承包经营制度;第 4 条规定,国家依法保护农村土地承包关系的长期稳定;第 9 条规定,国家保护集体土地所有者的合法权益,保护承包方的土地承包经营权,任何组织和个人不得侵犯。土地承包经营权从土地所有权中分离出来以后,实现了土地所有权与承包经营权"两权分离"。但是,此时的土地承包经营权仍然属于依照承包合同所产生的债权,很难对抗来自发包人或有关部门的不当干预,甚至侵害。因此,土地承包经营权亟待实行物权化改造。

（二）土地承包经营权的物权化

家庭联产承包责任制实行以后，农民的生产积极性空前高涨，农村生产力获得了极大解放，土地承包人的收益也获得了快速增加。但是，出于利益方面的原因，在很多地方出现了发包方任意撕毁承包合同，严重侵害承包人权益的事件。从法律的角度看，这种现象的发生与当时的法律尚未明确土地承包经营权的物权性质有关。为了解决这一问题，学者们提出了土地承包经营权物权化的主张，并得到了立法机关的积极回应。2007年《物权法》明确了土地承包经营权的物权性质，从而使土地承包经营权的法律地位得以提高，效力得以增强。

（三）从"两权分离"到"三权分置"

随着农业科技的进步以及城镇化进程的加快，农村进城务工的人数越来越多，土地适度规模经营和土地流转的需求日益增加，迫切需要对土地经营权流转加以规范，提出了农村土地（农用地）的所有权、承包权和经营权三权分置的要求。在此背景下，2014年11月20日，中共中央办公厅、国务院办公厅发布了《关于引导农村土地经营权有序流转发展农业适度规模经营的意见》。《意见》指出，要坚持农村土地集体所有，实现所有权、承包权、经营权三权分置，坚持农村土地集体所有权，稳定农户承包权，放活土地经营权，以家庭承包经营为基础，推进家庭经营、集体经营、合作经营、企业经营等多种经营方式共同发展。2016年10月30日，中共中央办公厅、国务院办公厅印发了《关于完善农村土地所有权承包权经营权分置办法的意见》。《意见》指出，要顺应农民保留土地承包权、流转土地经营权的意愿，将土地承包经营权分为承包权和经营权，实行所有权、承包权、经营权分置（简称"三权分置"）并行，着力推进农业现代化，并要求各地各有关部门要充分认识"三权分置"的重要意义，妥善处理"三权"的相互关系，正确运用"三权分置"理论指导改革实践，不断探索和丰富"三权分置"的具体实现形式。此后，各地对"三权分置"的具体实现形式进行了积极探索，有关部门则出台了相关文件，助力"三权分置"落地落实。在各地探索取得经验和理论研究取得成果的基础上，《民法典》确立了农用地"三权分置"制度，丰富和完善了土地承包经营权制度。其第330条规定，农村集体经济组织实行家庭承包经营为基础、统分结合的双层经营体制。农民集体所有和国家所有由农民集体使用的耕地、林地、草地以及其他用于农业的土地，依法实行土地承包经营制度。

二、土地承包经营权的概念和特征

依据《民法典》第331条的规定，土地承包经营权是指土地承包经营权人依法对其承包经营的耕地、林地、草地等享有占有、使用和收益，以及有权从事种植业、林业、畜牧业等农业生产的权利。

土地承包经营权具有以下特征：

第一,土地承包经营权的主体是农业生产者。1986年《民法通则》将土地承包经营权的主体限定为公民和集体。《农村土地承包法》规定的土地承包经营权的主体为农村家庭、本集体经济组织以外的单位或者个人。《物权法》和《民法典》沿用了《农村土地承包法》的规定。依据《农村土地承包法》和《民法典》的规定,土地承包经营权的主体只能是从事农业生产的家庭、单位和个人,其他非从事农业生产的单位或个人不能成为土地承包经营权的主体。同时,土地承包经营权的主体一般为本集体经济组织的成员,但通过招标、拍卖、公开协商等方式承包农村土地的主体,不限于本集体经济组织的成员。

第二,土地承包经营权的客体是农村土地。依据《农村土地承包法》第2条的规定,所谓农村土地,是指农民集体所有和国家所有依法由农民集体使用的耕地、林地、草地,以及其他依法用于农业的土地。据此,农村土地并不是指所有位于农村的土地,而是仅指用于农业的土地,即农用地。农用地不仅包括耕地、林地、草地,还包括其他依法用于农业的土地,如荒山、荒沟、荒丘、荒滩等荒地。

第三,土地承包经营权的目的具有特殊性。土地承包经营权的目的是权利人从事种植业、林业、畜牧业等农业生产,而非营造建筑物。《民法典》明确规定,未经依法批准,不得将承包地用于非农建设。

第四,土地承包经营权的存续期限较长。《民法典》第332条规定,耕地的承包期为30年,草地的承包期为30年—50年,林地的承包期为30年—70年。《农村土地承包纠纷司法解释》第7条规定,承包合同约定或者土地承包经营权证等证书记载的承包期限短于农村土地承包法规定的期限,承包方请求延长的,应予支持。由此可知,耕地的承包期不允许当事人约定,而草地和林地的承包期允许当事人在规定期限范围内进行约定。土地承包经营权的存续期限均长于租赁的最长期限(租赁的最长期限为20年),其目的是稳定土地承包关系,维护承包人利益,鼓励承包人放心经营和进行土地投入,促进农村经济发展。

三、土地承包经营权的取得与消灭

(一)土地承包经营权的取得

依据《农村土地承包法》和《民法典》的规定,土地承包经营权的取得方式有两种:一是家庭承包;二是通过招标、拍卖、公开协商等方式承包。

1. 通过家庭承包设立

对于家庭承包,《农村土地承包法》第22条规定,发包方应当与承包方签订书面承包合同。承包合同一般包括以下条款:① 发包方、承包方的名称,发包方负责人和承包方代表的姓名、住所;② 承包土地的名称、坐落、面积、质量等级;③ 承包期限和起止日期;④ 承包土地的用途;⑤ 发包方和承包方的权利和义务;⑥ 违约责任。第23条规定,承包合同自成立之日起生效。承包方自承包合同生效时取得土地承包经营权。《民法典》第333条第1款规定,土地承包经营权自土地承包经营权合同生效时设立。可见,土地承包经营权的设立不以登记为生效要件。但是,为了确认承包人的土地承包经营权。《农村土地承包法》第24条规定,国家对耕地、林地和草地等实行统一登记,登记机构应当向承包方颁发土地承包经营权证或者林权证等证书,并登记造册,确认土地承包经营权。土地承包经营权证或者林权证等证书应当将具有土地承包经营权的全部家庭成员列入。登记机构除按规定收取证书工本费外,不得收取其他费用。《民法典》第333条第2款规定,登记机构应当向土地承包经营权人发放土地承包经营权证、林权证等证书,并登记造册,确认土地承包经营权。

应当注意的是,对于"一地二包"问题,《农村土地承包纠纷司法解释》第20条规定,发包方就同一土地签订两个以上承包合同,承包方均主张取得土地承包经营权的,按照下列情形,分别处理:① 已经依法登记的承包方,取得土地承包经营权;② 均未依法登记的,生效在先合同的承包方取得土地承包经营权;③ 依前两项规定无法确定的,已经根据承包合同合法占有使用承包地的人取得土地承包经营权,但争议发生后一方强行先占承包地的行为和事实,不得作为确定土地承包经营权的依据。

2. 通过招标、拍卖、公开协商等方式设立

依据《民法典》第342条的规定,土地承包经营权也可以通过招标、拍卖、公开协商等方式设立。依据《农村土地承包法》第48条的规定,不宜采取家庭承包方式的荒山、荒沟、荒丘、荒滩等农村土地,可以通过招标、拍卖、公开协商等方式承包。第49条规定,以其他方式承包农村土地的,应当签订承包合同,承包方取得土地经营权。当事人的权利和义务、承包期限等,由双方协商确定。以招标、拍卖方式承包的,承包费通过公开竞标、竞价确定;以公开协商等方式承包的,承包费由双方议定。第50条规定,荒山、荒沟、荒丘、荒滩等可以直接通过招标、拍卖、公开协商等方式实行承包经营,也可以将土地经营权折股分给本集体经济组织成员后,再实行承包经营或者股份合作经营。第51条规定,以其他方式承包农村土地,在同等条件下,本集体经济组织成员有权优先承包。

(二) 土地承包经营权的消灭

土地承包经营权的消灭,是指土地承包经营权不复存在。导致土地承包经营权消灭的事由主要有以下几种。

第一,土地承包经营权提前交回。《农村土地承包法》第30条规定,承包期内,承包方可以自愿将承包地交回发包方。承包方自愿交回承包地的,可以获得合理补偿,但是应当提前半年以书面形式通知发包方。承包方在承包期内交回承包地的,在承包期内不得再要求承包土地。另外,该法第27条规定,承包期内,承包农户进城落户的,发包方可以引导其将承包地交回。需要注意的是,《农村土地承包法》已将原来的强制交回修改为"引导交回"。

第二,土地承包经营权被提前收回。为了保护权利人的土地承包经营权,《民法典》

第337条规定,承包期内发包人不得收回承包地。法律另有规定的,依照其规定。为了保护妇女的土地承包经营权,《农村土地承包法》第30条规定,承包期内,妇女结婚,在新居住地未取得承包地的,发包方不得收回其原承包地;妇女离婚或者丧偶,仍在原居住地生活或者不在原居住地生活但在新居住地未取得承包地的,发包方不得收回其原承包地。对此作反面解释可知,在承包期内,如果妇女结婚,在新居住地取得承包地的,发包方即可收回其原承包地;如果妇女离婚或者丧偶,不在原居住地生活且在新居住地取得承包地的,发包方也可以收回其原承包地。

第三,承包期限届满而承包人不再继续承包。《民法典》第332条第2款规定,承包期限届满,由土地承包经营权人依照农村土地承包的法律规定继续承包。据此,承包期届满,土地承包经营权人不愿继续承包的,土地承包经营权即归于消灭。

第四,土地承包经营权被征收。国家基于社会公共利益的需要而征收集体所有的农村土地时,在该土地上设立的土地承包经营权归于消灭。

第五,承包地灭失或丧失使用价值。土地承包经营权人承包土地就是为了使用、收益承包地,因此,因自然原因导致承包地灭失或者丧失使用价值的,则存在于该承包地上的土地承包经营权消灭。

土地承包经营权消灭后,发生以下主要法律后果:

第一,承包人返还承包土地的义务。在土地承包经营权消灭时,土地承包经营权人应当将承包土地返还给发包人。如果当事人约定,在返还承包土地时,承包人应当恢复原状的,承包人还应当恢复土地的原状。

第二,承包人的取回权与发包人的购买权。土地承包经营权消灭后,承包人有权取回其在土地上的青苗、竹木以及附属设施。如果不能取回这些附着物或者取回有损其使用价值,而继续留存对土地利用有利的,承包人可不予取回,而要求发包人按价补偿。如果发包人希望获得这些附着物,则应当以市场价格购买。发包人提出购买要求时,承包人不得拒绝。

第三,特别改良费用或有益费用的补偿。承包人在其权利存续期间,为土地使用上的便利或为增加土地的生产力,需要投入资金对土地进行改良,如深耕土地、建造排灌设施等,这不仅有利于承包人使用、收益土地,而且会提升土地的利用价值,对经济发展有利。因此,承包方对于其提高承包地生产能力的投入,有权获得相应的补偿。《农村土地承包法》第27条第4项规定,承包期内,承包方交回承包地或者发包方依法收回承包地时,承包方对其在承包地上投入而提高土地生产能力的,有权获得相应的补偿。

第二节 土地承包经营权的效力

土地承包经营权的效力,即土地承包经营权人的权利和义务。

一、土地承包经营权人的权利

土地承包经营权设立后,土地承包经营权人享有以下主要权利:

(一) 对承包土地的占有、使用、收益权

土地承包经营权人取得土地承包经营权的目的,是在承包土地上从事农业生产活动。因此,土地承包经营权人有权占有、使用承包土地,并获得收益。《农村土地承包法》第17条第1项规定,承包方依法享有承包地使用、收益的权利。为了保障土地承包经营权人对承包地的占有、使用、收益权,《民法典》第336条规定,承包期内发包人不得调整承包地。因自然灾害严重毁损承包地等特殊情形,需要适当调整承包的耕地和草地的,应当依照农村土地承包的法律规定办理。

(二) 自主生产经营权

土地承包经营权人有权自主组织农业生产经营活动,不受其他组织和个人的干涉。《农村土地承包法》第17条第1项规定,承包方有权自主组织生产经营和处置产品。

(三) 依法互换土地承包经营权

土地承包经营权互换[①],是指本集体经济组织的成员为了方便耕种或者各自需要,相互交换土地承包经营权的行为。《民法典》第334条规定,土地承包经营权人依照法律规定,有权将土地承包经营权互换。《农村土地承包法》第17条第2项规定,承包方有权依法互换土地承包经营权。第33条规定,承包方之间为方便耕种或者各自需要,可以对属于同一集体经济组织的土地的土地承包经营权进行互换,并向发包方备案。2014年,《中共中央办公厅、国务院办公厅关于引导农村土地经营权有序流转发展农业适度规模经营的意见》指出,鼓励农民在自愿前提下采取互换并地方式解决承包地细碎化问题。

对于未经备案的土地承包经营权互换合同的效力问题,《农村土地承包纠纷司法解释》第14条规定,承包方依法采取转包、出租、互换或者其他方式流转土地承包经营权,发包方仅以该土地承包经营权流转合同未报其备案为由,请求确认合同无效的,不予支持。可见,备案不是土地承包经营权流转合同的生效要件,这是因为,土地承包经营权互换只是土地承包经营权人的改变,而不是土地用途和承包义务的改变。

对于土地承包经营权互换登记及其效力,《农村土地承包法》第35条和《民法典》第335条均规定,土地承包经营权互换的,当事人可以向登记机构申请登记;未经登记,不得对抗善意第三人。应当注意的是,向登记机构申请登记并不是土地承包经营权互换

[①] 《农村土地承包经营权流转管理办法》第35条规定,互换是指承包方之间为方便耕作或者各自需要,对属于同一集体经济组织的承包地块进行交换,同时交换相应的土地承包经营权。

的生效要件。

(四) 依法转让土地承包经营权

土地承包经营权转让[①],是指承包方经发包方同意,将全部或者部分的土地承包经营权转让给本集体经济组织的其他农户的行为。《民法典》第 334 条规定,土地承包经营权人依照法律规定,有权将土地承包经营权转让。《农村土地承包法》第 34 条规定,经发包方同意,承包方可以将全部或者部分的土地承包经营权转让给本集体经济组织的其他农户,由该农户同发包方确立新的承包关系,原承包方与发包方在该土地上的承包关系即行终止。据此,土地承包经营权转让应当符合两个条件:第一,须经发包方同意。《农村土地承包纠纷司法解释》第 13 条规定,承包方未经发包方同意,采取转让方式流转其土地承包经营权的,转让合同无效。但发包方无法定理由不同意或者拖延表态的除外。第二,受让方须为本集体经济组织的其他农户。土地承包经营权转让的后果,是受让方与发包方确立新的承包关系,原承包方与发包方在该土地上的承包关系终止。应当注意的是,土地承包经营权转让可以是全部转让,也可以是部分转让。不论是全部转让还是部分转让,受让方都应当与发包方确立新的承包关系。在部分转让的情形下,对于未转让的部分,原承包方应当与发包方变更承包合同,重新确立承包关系。

对于土地承包经营权转让登记及其效力,《农村土地承包法》第 35 条和《民法典》第 335 条均规定,土地承包经营权转让的,当事人可以向登记机构申请登记;未经登记,不得对抗善意第三人。

(五) 依法流转土地经营权

对此,本章第三节将作详细介绍,此处从略。

(六) 承包地被征收、征用、占用的补偿请求权

《农村土地承包法》第 17 条第 4 项规定,承包地被依法征收、征用、占用的,承包方有权依法获得相应的补偿。《民法典》第 338 条规定,承包地被征收的,土地承包经营权人有权依据本法第 243 条的规定获得相应补偿。

(七) 法律、行政法规规定的其他权利

除上述权利外,土地承包经营权人还享有法律、行政法规规定的其他权利。例如,土地承包经营权人有权拒绝土地所有权人或者其他组织、个人针对承包地收取法律规定以外的费用,或者违法进行的集资、摊派、罚款等。

[①] 《农村土地承包经营权流转管理办法》第 35 条规定,转让是指承包方有稳定的非农职业或者有稳定的收入来源,经承包方申请和发包方同意,将部分或全部土地承包经营权让渡给其他从事农业生产经营的农户,由其履行相应土地承包合同的权利和义务。转让后原土地承包关系自行终止,原承包方承包期内的土地承包经营权部分或全部灭失。

二、土地承包经营权人的义务

(一) 维持土地的农业用途

土地承包经营权是为了农业生产而设定的权利。土地承包经营权人应当维持土地的农业用途,不得私自将承包地用于非农建设。《农村土地承包法》第18条第1项规定,承包方应当维持土地的农业用途,未经依法批准不得用于非农建设。《民法典》第334条作出了与《农村土地承包法》相同的规定。《农村土地承包纠纷司法解释》第8条规定,承包方违反《农村土地承包法》第17条规定,将承包地用于非农建设或者对承包地造成永久性损害,发包方请求承包方停止侵害、恢复原状或者赔偿损失的,应予支持。

(二) 依法保护和合理利用土地

《农村土地承包法》第18条第2项规定,承包方应当依法保护和合理利用土地,不得给土地造成永久性损害。据此,土地承包人在利用土地、提高土地生产能力的同时,应采取相应措施,保护土地的农业综合生产能力和农业生态环境,防止水土流失和土地盐碱化,等等。

(三) 法律、行政法规规定的其他义务

例如,在土地承包经营中,如果需要支付相关费用的,土地承包经营权人负有支付相关费用的义务。

第三节 土地经营权流转

依据《农村土地经营权流转管理办法》第34条第2款的规定,土地经营权流转,是指在承包方与发包方承包关系保持不变的前提下,承包方依法在一定期限内将土地经营权部分或者全部交由他人自主开展农业生产经营的行为。《农村土地承包法》第9条规定,承包方承包土地后,享有土地承包经营权,可以自己经营,也可以保留土地承包权,流转其承包地的土地经营权,由他人经营。《民法典》对土地经营权流转也作出了专门规定。《农村土地经营权流转管理办法》对土地经营权流转的管理作出了具体规定。

一、土地经营权流转的原则和要求

(一) 土地经营权流转的原则

依据《农村土地承包法》第38条和第60条以及《农村土地经营权流转管理办法》第

2条的规定,土地经营权流转应当遵循以下原则:

1. 依法、自愿、有偿的原则

任何组织和个人不得强迫或者阻碍土地经营权流转;强迫进行土地经营权流转的,该流转无效。《农村土地承包纠纷司法解释》第12条规定,发包方强迫承包方将土地承包经营权流转给第三人,承包方请求确认其与第三人签订的流转合同无效的,应予支持。发包方阻碍承包方依法流转土地承包经营权,承包方请求排除妨碍、赔偿损失的,应予支持。

2. 因地制宜、循序渐进的原则

《农村土地承包法》第27条第3款规定,承包期内,承包农户进城落户的,可以鼓励其流转土地经营权。《农村土地经营权流转管理办法》第4条规定,土地经营权流转应当因地制宜、循序渐进,把握好流转、集中、规模经营的度,流转规模应当与城镇化进程和农村劳动力转移规模相适应,与农业科技进步和生产手段改进程度相适应,与农业社会化服务水平提高相适应,鼓励各地建立多种形式的土地经营权流转风险防范和保障机制。

(二) 土地经营权流转的要求

依据《农村土地承包法》第38条的规定,土地经营权流转应当遵守以下要求:① 不得改变土地所有权的性质和土地的农业用途,不得破坏农业综合生产能力和农业生态环境;② 流转期限不得超过承包期的剩余期限;③ 受让方须有农业经营能力或者资质;④ 在同等条件下,本集体经济组织成员享有优先权。《农村土地经营权流转管理办法》第3条规定,土地经营权流转不得损害农村集体经济组织和利害关系人的合法权益,不得破坏农业综合生产能力和农业生态环境,不得改变承包土地的所有权性质及其农业用途,确保农地农用,优先用于粮食生产,制止耕地"非农化"、防止耕地"非粮化"。《农村土地承包纠纷司法解释》第11条规定,土地承包经营权流转中,本集体经济组织成员在流转价款、流转期限等主要内容相同的条件下主张优先权的,应予支持。但下列情形除外:① 在书面公示的合理期限内未提出优先权主张的;② 未经书面公示,在本集体经济组织以外的人开始使用承包地两个月内未提出优先权主张的。

二、土地经营权流转的当事人

(一) 承包方

《农村土地经营权流转管理办法》第6条规定,承包方在承包期限内有权依法自主决定土地经营权是否流转,以及流转对象、方式、期限等。第7条规定,土地经营权流转收益归承包方所有,任何组织和个人不得擅自截留、扣缴。第8条规定,承包方自愿委托发包方、中介组织或者他人流转其土地经营权的,应当由承包方出具流转委托书。委托书应当载明委托的事项、权限和期限等,并由委托人和受托人签字或者盖章。没有承包方的书面委托,任何组织和个人无权以任何方式决定流转承包方的土地经营权。

(二) 受让方

《农村土地经营权流转管理办法》第 9 条规定,土地经营权流转的受让方应当为具有农业经营能力或者资质的组织和个人。在同等条件下,本集体经济组织成员享有优先权。第 10 条规定,土地经营权流转的方式、期限、价款和具体条件,由流转双方平等协商确定。流转期限届满后,受让方享有以同等条件优先续约的权利。第 11 条规定,受让方应当依照有关法律法规保护土地,禁止改变土地的农业用途。禁止闲置、荒芜耕地,禁止占用耕地建窑、建坟或者擅自在耕地上建房、挖砂、采石、采矿、取土等。禁止占用永久基本农田发展林果业和挖塘养鱼。第 12 条规定,受让方将流转取得的土地经营权再流转以及向金融机构融资担保的,应当事先取得承包方书面同意,并向发包方备案。第 13 条规定,经承包方同意,受让方依法投资改良土壤,建设农业生产附属、配套设施,及农业生产中直接用于作物种植和畜禽水产养殖设施的,土地经营权流转合同到期或者未到期由承包方依法提前收回承包土地时,受让方有权获得合理补偿。具体补偿办法可在土地经营权流转合同中约定或者由双方协商确定。

三、土地经营权流转的方式

(一) 家庭承包的土地经营权的流转

依据《民法典》第 339 条、《农村土地承包法》第 36 条和《农村土地经营权流转管理办法》第 14 条的规定,土地承包经营权人可以自主决定依法采取出租(转包)、入股或者其他方式流转土地经营权。

1. 土地经营权出租(转包)

土地经营权出租(转包),是指承包方将部分或者全部土地经营权,租赁给他人从事农业生产经营[①]的行为。在此情形下,承租人取得的土地经营权为合同债权,而非物权。

2. 土地经营权入股

土地经营权入股,是指承包方将部分或者全部土地经营权作价出资,成为公司、合作经济组织等股东或者成员,并用于农业生产经营[②]的行为。《农村土地经营权流转管理办法》第 16 条规定,承包方自愿将土地经营权入股公司发展农业产业化经营的,可以采取优先股等方式降低承包方风险。公司解散时入股土地应当退回原承包方。

---

① 见《农村土地经营权流转管理办法》第 14 条第 2 款。
② 见《农村土地经营权流转管理办法》第 14 条第 3 款。

3. 其他流转方式

以其他方式流转,是指以出租(转包)、入股以外的其他符合有关法律和国家政策规定的方式流转土地经营权。如《农村土地承包法》第 47 条规定,承包方可以用承包地的土地经营权向金融机构融资担保。

应当注意的是,《农村土地经营权流转管理办法》第 15 条规定,承包方依法采取出租(转包)、入股或者其他方式将土地经营权部分或者全部流转的,承包方与发包方的承包关系不变,双方享有的权利和承担的义务不变。

(二) 通过招标、拍卖、公开协商等方式承包的土地经营权的流转

依据《民法典》第 342 条和《农村土地承包法》第 53 条的规定,通过招标、拍卖、公开协商等方式承包农村土地,经依法登记取得权属证书的,可以依法采取出租、入股、抵押①或者其他方式流转土地经营权。《农村土地经营权流转管理办法》第 35 条规定,通过招标、拍卖和公开协商等方式承包荒山、荒沟、荒丘、荒滩等农村土地,经依法登记取得权属证书的,可以流转土地经营权,其流转管理参照本办法执行。

(三) 土地经营权再流转

依据《农村土地承包法》第 46 条的规定,经承包方书面同意,并向本集体经济组织备案,受让方可以再流转土地经营权。再流转应当受到以下几方面的限制:第一,须征得承包方书面同意,并向本集体经济组织备案;第二,再流转合同受让人的权利须与承包人所签订的流转合同保持一致,不能超出原合同约定的权利范围;第三,再流转合同的期限不能超出原合同的剩余期限。

四、土地经营权流转合同与土地经营权登记

(一) 土地经营权流转合同

1. 土地经营权流转合同的订立

《农村土地承包法》第 40 条规定,土地经营权流转,当事人双方应当签订书面流转合同。土地经营权流转合同一般包括以下条款:① 双方当事人的姓名、住所;② 流转土地的名称、坐落、面积、质量等级;③ 流转期限和起止日期;④ 流转土地的用途;⑤ 双方当事人的权利和义务;⑥ 流转价款及支付方式;⑦ 土地被依法征收、征用、占用时有关补偿费的归属;⑧ 违约责任。但承包方将土地交由他人代耕不超过一年的,可以不签订书面合同。

---

① 土地经营权抵押,是指将通过招标、拍卖、公开协商等方式取得的土地经营权作为抵押标的,供作债权的担保。

《农村土地经营权流转管理办法》第17条规定,承包方流转土地经营权,应当与受让方在协商一致的基础上签订书面流转合同,并向发包方备案。承包方将土地交由他人代耕不超过一年的,可以不签订书面合同。第18条规定,承包方委托发包方、中介组织或者他人流转土地经营权的,流转合同应当由承包方或者其书面委托的受托人签订。第19条规定,土地经营权流转合同一般包括以下内容:① 双方当事人的姓名或者名称、住所、联系方式等;② 流转土地的名称、四至、面积、质量等级、土地类型、地块代码等;③ 流转的期限和起止日期;④ 流转方式;⑤ 流转土地的用途;⑥ 双方当事人的权利和义务;⑦ 流转价款或者股份分红,以及支付方式和支付时间;⑧ 合同到期后地上附着物及相关设施的处理;⑨ 土地被依法征收、征用、占用时有关补偿费的归属;⑩ 违约责任。土地经营权流转合同示范文本由农业农村部制定。

2. 土地经营权流转合同的解除

《农村土地经营权流转管理办法》第20条规定,承包方不得单方解除土地经营权流转合同,但受让方有下列情形之一的除外:① 擅自改变土地的农业用途;② 弃耕抛荒连续两年以上;③ 给土地造成严重损害或者严重破坏土地生态环境;④ 其他严重违约行为。有以上情形,承包方在合理期限内不解除土地经营权流转合同的,发包方有权要求终止土地经营权流转合同。受让方对土地和土地生态环境造成的损害应当依法予以赔偿。

(二) 土地经营权登记及其效力

《民法典》第341条规定,流转期限为5年以上的土地经营权,自流转合同生效时设立。当事人可以向登记机构申请土地经营权登记;未经登记,不得对抗善意第三人。可见,在此情形下的土地经营权已经被赋予了物权属性,具有物权效力。

五、土地经营权受让方的权利和义务

(一) 土地经营权受让方的权利

1. 自主开展农业生产经营并取得收益

《民法典》第340条和《农村土地承包法》第37条规定,土地经营权人有权在合同约定的期限内占有农村土地,自主开展农业生产经营并取得收益。

2. 改良土壤,建设农业生产附属、配套设施

《农村土地承包法》第43条规定,经承包方同意,受让方可以依法投资改良土壤,建设农业生产附属、配套设施,并按照合同约定对其投资部分获得合理补偿。

3. 用土地经营权向金融机构融资担保

《农村土地承包法》第47条规定,承包方可以用承包地的土地经营权向金融机构融

资担保,并向发包方备案。受让方通过流转取得的土地经营权,经承包方书面同意并向发包方备案,可以向金融机构融资担保。担保物权自融资担保合同生效时设立。当事人可以向登记机构申请登记;未经登记,不得对抗善意第三人。

(二) 土地经营权受让方的义务

依据《农村土地承包法》第 42 条的规定,土地经营权受让方的义务主要有:① 不得擅自改变土地的农业用途;② 不得弃耕抛荒土地;③ 不得给土地造成严重损害或者严重破坏土地生态环境;④ 不得实施其他严重违约行为。土地经营权受让方有违反上述义务的情形之一的,土地承包方可以单方解除土地经营权流转合同。应当注意的是,土地经营权受让方弃耕抛荒土地须达到连续两年以上,承包方才可以单方解除土地经营权流转合同。依据《农村土地承包法》第 64 条的规定,承包方在合理期限内不解除土地经营权流转合同的,发包方有权终止土地经营权流转合同。土地经营权受让方对土地和土地生态环境造成的损害应当予以赔偿。

六、土地经营权流转的管理

《农村土地承包法》第 45 条规定,县级以上地方人民政府应当建立工商企业等社会资本通过流转取得土地经营权的资格审查、项目审核和风险防范制度。工商企业等社会资本通过流转取得土地经营权的,本集体经济组织可以收取适量管理费用。具体办法由国务院农业农村、林业和草原主管部门规定。

《农村土地经营权流转管理办法》对土地经营权流转管理作出了详细规定,主要内容包括:

(1) 办理备案。《办法》第 21 条规定,发包方对承包方流转土地经营权、受让方再流转土地经营权以及承包方、受让方利用土地经营权融资担保的,应当办理备案,并报告乡(镇)人民政府农村土地承包管理部门。

(2) 指导合同签订。《办法》第 22 条规定,乡(镇)人民政府农村土地承包管理部门应当向达成流转意向的双方提供统一文本格式的流转合同,并指导签订。流转合同中有违反法律法规的,应当及时予以纠正。

(3) 建立台账。《办法》第 23 条规定,乡(镇)人民政府农村土地承包管理部门应当建立土地经营权流转台账,及时准确记载流转情况。

(4) 资料归档。《办法》第 24 条规定,乡(镇)人民政府农村土地承包管理部门应当对土地经营权流转有关文件、资料及流转合同等进行归档并妥善保管。

(5) 建立市场并提供指导和服务。《办法》第 25 条规定,鼓励各地建立土地经营权流转市场或者农村产权交易市场。县级以上地方人民政府农业农村主管(农村经营管理)部门应当加强业务指导,督促其建立健全运行规则,规范开展土地经营权流转政策咨询、信息发布、合同签订、交易鉴证、权益评估、融资担保、档案管理等服务。

(6) 建立信息平台。《办法》第 26 条规定,县级以上地方人民政府农业农村主管

(农村经营管理)部门应当按照统一标准和技术规范建立国家、省、市、县等互联互通的农村土地承包信息应用平台,健全土地经营权流转合同网签制度,提升土地经营权流转规范化、信息化管理水平。

(7) 进行工作指导。《办法》第 27 条规定,县级以上地方人民政府农业农村主管(农村经营管理)部门应当加强对乡(镇)人民政府农村土地承包管理部门工作的指导。乡(镇)人民政府农村土地承包管理部门应当依法开展土地经营权流转的指导和管理工作。

(8) 加强服务和引导。《办法》第 28 条规定,县级以上地方人民政府农业农村主管(农村经营管理)部门应当加强服务,鼓励受让方发展粮食生产;鼓励和引导工商企业等社会资本(包括法人、非法人组织或者自然人等)发展适合企业化经营的现代种养业。县级以上地方人民政府农业农村主管(农村经营管理)部门应当根据自然经济条件、农村劳动力转移情况、农业机械化水平等因素,引导受让方发展适度规模经营,防止垒大户。

(9) 资格审查和项目审核。《办法》第 29 条规定,县级以上地方人民政府对工商企业等社会资本流转土地经营权,依法建立分级资格审查和项目审核制度。审查审核的一般程序如下:① 受让主体与承包方就流转面积、期限、价款等进行协商并签订流转意向协议书。涉及未承包到户集体土地等集体资源的,应当按照法定程序经本集体经济组织成员的村民会议 2/3 以上成员或者 2/3 以上村民代表的同意,并与集体经济组织签订流转意向协议书。② 受让主体按照分级审查审核规定,分别向乡(镇)人民政府农村土地承包管理部门或者县级以上地方人民政府农业农村主管(农村经营管理)部门提出申请,并提交流转意向协议书、农业经营能力或者资质证明、流转项目规划等相关材料。③ 县级以上地方人民政府或者乡(镇)人民政府应当依法组织相关职能部门、农村集体经济组织代表、农民代表、专家等就土地用途、受让主体农业经营能力,以及经营项目是否符合粮食生产等产业规划等进行审查审核,并于受理之日起 20 个工作日内作出审查审核意见。④ 审查审核通过的,受让主体与承包方签订土地经营权流转合同。未按规定提交审查审核申请或者审查审核未通过的,不得开展土地经营权流转活动。

(10) 风险防控。《办法》第 30 条规定,县级以上地方人民政府依法建立工商企业等社会资本通过流转取得土地经营权的风险防范制度,加强事中事后监管,及时查处纠正违法违规行为。鼓励承包方和受让方在土地经营权流转市场或者农村产权交易市场公开交易。对整村(组)土地经营权流转面积较大、涉及农户较多、经营风险较高的项目,流转双方可以协商设立风险保障金。鼓励保险机构为土地经营权流转提供流转履约保证保险等多种形式保险服务。

(11) 服务收费。《办法》第 31 条规定,农村集体经济组织为工商企业等社会资本流转土地经营权提供服务的,可以收取适量管理费用。收取管理费用的金额和方式应当由农村集体经济组织、承包方和工商企业等社会资本三方协商确定。管理费用应当纳入农村集体经济组织会计核算和财务管理,主要用于农田基本建设或者其他公益性支出。

(12) 纠纷解决。《办法》第 33 条规定,土地经营权流转发生争议或者纠纷的,当事人可以协商解决,也可以请求村民委员会、乡(镇)人民政府等进行调解。当事人不愿意协商、调解或者协商、调解不成的,可以向农村土地承包仲裁机构申请仲裁,也可以直接向人民法院提起诉讼。

第四节　土地承包经营权的保护

为了充分保护承包方的土地承包经营权,《民法典》和《农村土地承包法》作出了诸多具体规定,主要有以下几个方面。

(1) 明确宣示国家保护土地承包经营权。《农村土地承包法》第 8 条规定,国家保护承包方的土地承包经营权,任何组织和个人不得侵犯。第 6 条规定,国家保护妇女的合法权益,任何组织和个人不得剥夺、侵害妇女应当享有的土地承包经营权。

(2) 明确规定发包方不得侵害土地承包经营权。《民法典》第 336 条规定,承包期内发包人不得调整承包地。因自然灾害严重毁损承包地等特殊情形,需要适当调整承包的耕地和草地的,应当依照农村土地承包的法律规定办理。第 337 条规定,承包期内发包人不得收回承包地。法律另有规定的,依照其规定。《农村土地承包法》第 27 条规定,国家保护进城农户的土地承包经营权。不得以退出土地承包经营权作为农户进城落户的条件。第 57 条规定,发包方有下列行为之一的,应当承担停止侵害、排除妨碍、消除危险、返还财产、恢复原状、赔偿损失等民事责任:① 干涉承包方依法享有的生产经营自主权;② 违反本法规定收回、调整承包地;③ 强迫或者阻碍承包方进行土地承包经营权的互换、转让或者土地经营权流转;④ 假借少数服从多数强迫承包方放弃或者变更土地承包经营权;⑤ 以划分"口粮田"和"责任田"等为由收回承包地搞招标承包;⑥ 将承包地收回抵顶欠款;⑦ 剥夺、侵害妇女依法享有的土地承包经营权;⑧ 其他侵害土地承包经营权的行为。第 60 条规定,任何组织和个人不得强迫进行土地承包经营权互换、转让或者土地经营权流转,强迫进行土地承包经营权互换、转让或者土地经营权流转的,该互换、转让或者流转无效。《农村土地承包纠纷司法解释》第 5 条规定,承包合同中有关收回、调整承包地的约定违反《农村土地承包法》第 26 条、第 27 条、第 30 条、第 35 条规定的,应当认定该约定无效。第 6 条规定,因发包方违法收回、调整承包地,或者因发包方收回承包方弃耕、撂荒的承包地产生的纠纷,按照下列情形,分别处理:① 发包方未将承包地另行发包,承包方请求返还承包地的,应予支持;② 发包方已将承包地另行发包给第三人,承包方以发包方和第三人为共同被告,请求确认其所签订的承包合同无效、返还承包地并赔偿损失的,应予支持。但属于承包方弃耕、撂荒情形的,对其赔偿损失的诉讼请求,不予支持。但上述第二种情形下的第三人请求受益方补偿其在承包地上的合理投入的,应予支持。

(3) 明确规定其他组织和个人侵害土地承包经营权的责任。《农村土地承包法》第

61条规定,任何组织和个人不得擅自截留、扣缴土地承包经营权互换、转让或者土地经营权流转的收益,擅自截留、扣缴的,应当退还。第65条规定,国家机关及其工作人员有利用职权干涉农村土地承包经营,变更、解除承包经营合同,干涉承包经营当事人依法享有的生产经营自主权,强迫、阻碍承包经营当事人进行土地承包经营权互换、转让或者土地经营权流转等侵害土地承包经营权、土地经营权的行为,给承包经营当事人造成损失的,应当承担损害赔偿等责任;情节严重的,由上级机关或者所在单位给予直接责任人员处分;构成犯罪的,依法追究刑事责任。

(4) 明确规定土地承包经营权人有权获得征收补偿。《民法典》第338条规定,承包地被征收的,土地承包经营权人有权依据本法第243条的规定获得相应补偿。

应当注意的是,《民法典》第343条规定,国家所有的农用地实行承包经营的,参照适用本编的有关规定。此所谓"国家所有的农用地",主要是指国有农场的土地以及国有的"四荒"土地。它与"国家所有由农民集体使用的耕地、林地、草地以及其他用于农业的土地"存在一定的差别,但也可以承包经营,因此,可以参照适用"农民集体所有和国家所有由农民集体使用的"农用地承包经营的有关规定。《最高人民法院关于国有土地开荒后用于农耕的土地使用权转让合同纠纷案件如何适用法律问题的批复》指出,开荒后用于农耕而未交由农民集体使用的国有土地,不属于《农村土地承包法》第2条规定的农村土地。此类土地使用权的转让,不适用《农村土地承包法》的规定,应适用《合同法》和《土地管理法》等相关法律规定加以规范。对于国有土地开荒后用于农耕的土地使用权转让合同,不违反法律、行政法规的强制性规定的,当事人仅以转让方未取得土地使用权证书为由请求确认合同无效的,人民法院依法不予支持;当事人根据合同约定主张对方当事人履行办理土地使用权证书义务的,人民法院依法应予支持。

思 考 题

1. 土地承包权与土地经营权的关系。
2. 土地经营权的性质及民法保护。
3. 土地经营权流转在实践中存在的问题。

第十二章

建设用地使用权

本章重点
1. 建设用地使用权的取得方式和效力。
2. 空间权的性质和主要内容。
3. 集体经营性建设用地的法律问题。

第一节 建设用地使用权概述

一、建设用地使用权的概念和特征

在我国,建设用地使用权是随着20世纪90年代房地产业的发展而出现的概念。1986年制定的《土地管理法》使用了"建设用地"和"土地使用权"的概念,但尚未使用"建设用地使用权"的概念。1998年修订的《土地管理法》首次使用了"建设用地使用权"的概念。2007年《物权法》确立了"建设用地使用权"的概念。

依据《民法典》第344条的规定,建设用地使用权是指建设用地使用权人依法利用国家所有的土地建造建筑物、构筑物及其附属设施的权利。

建设用地使用权具有以下特征:

第一,设立目的的特定性。建设用地使用权以开发利用、生产经营和社会公益事业为目的。建设用地使用权的设立目的,因土地取得方式不同而有差别。通过出让方式取得的建设用地使用权,建设用地使用权人有权以开发利用、生产经营为目的使用该土地;通过划拨方式取得的建设用地使用权,建设用地使用权人应当从事社会公益事业,不得以营利为目的使用该土地。

第二,权利客体的特定性。建设用地使用权的客体原则上为城镇国有土地,不包括集体所有的农村土地。但是,按照2015年1月中共中央办公厅和国务院办公厅联合发布的《关于农村土地征收、集体经营性建设用地入市、宅基地制度改革试点工作的意见》,集体经营性建设用地也可以设立建设用地使用权,且农村土地与国有土地实行同等入市、同权同价。

第三，使用范围的限定性。建设用地使用权的使用范围限于建造建筑物、构筑物及其附属设施。

第四，权利存在的期限性。建设用地使用权为有期限的用益物权。《城镇国有土地使用权出让和转让暂行条例》第12条按照用途规定了出让土地使用权的最高年限：居住用地70年，工业用地50年，教育、科技、文化、卫生、体育用地50年，商业、旅游、娱乐用地40年，综合或者其他用地50年。

二、建设用地使用权的取得

建设用地使用权主要依设立行为而取得。此外，也可以因受让或继承等方式而取得。此处主要介绍建设用地使用权的设立。

（一）建设用地使用权的设立要求

《民法典》第345条规定，建设用地使用权可以在土地的地表、地上或者地下分别设立。这说明，建设用地使用权可以在土地的地表、地上或者地下分别设立，并且彼此独立，因此不能认为，取得一块土地之地表的使用权，就当然认为可以同时取得该土地之地上和地下的使用权。《民法典》第346条规定，设立建设用地使用权，应当符合节约资源、保护生态环境的要求，遵守法律、行政法规关于土地用途的规定，不得损害已经设立的用益物权。此处关于"遵守法律、行政法规关于土地用途的规定"，主要指相关政府部门不得擅自将《土地管理法》中规定的农用地作为建设用地进行出让或划拨。它不同于《民法典》第350条规定的"不得改变土地用途"。对于在相邻空间设立的数个建设用地使用权，应当按照"设立在先、效力在先"的规则，确定其权利行使的先后顺序，后设立的建设用地使用权在行使过程中损害设立在先的用益物权的，在先权利人可依据《民法典》第233条至第239条的规定，请求停止侵害、排除妨碍、消除危险、恢复原状或损害赔偿。

（二）建设用地使用权的设立方式

依据《民法典》第347条的规定，建设用地使用权的设立方式主要有出让和划拨两种，并严格限制以划拨方式设立建设用地使用权。

1. 建设用地使用权的出让

（1）建设用地使用权出让的概念。

建设用地使用权出让，是指国家以土地所有者的身份将建设用地使用权在一定年限内让与建设用地使用权人，并由建设用地使用权人向国家支付土地出让金的行为。通过出让方式取得的建设用地使用权具有交易性、有偿性、有期限性等特点。

（2）建设用地使用权出让的方式。

《民法典》第347条第2款规定，工业、商业、旅游、娱乐和商品住宅等经营性用地以及同一土地有两个以上意向用地者的,应当采取招标、拍卖等公开竞价的方式出让;第348条第1款规定,通过招标、拍卖、协议等出让方式设立建设用地使用权的,当事人应当采用书面形式订立建设用地使用权出让合同。

实践中,建设用地使用权出让的方式主要有招标、拍卖、挂牌、协议四种。其中,前三种属于公开竞价方式。

招标出让是指由市、县人民政府国土资源主管部门发布招标公告,邀请特定或者不特定的自然人、法人和非法人组织参加建设用地使用权投标,根据投标结果确定国有建设用地使用权人的行为。

拍卖出让是指由市、县人民政府国土资源主管部门发布拍卖公告,由竞买人在指定时间、地点进行公开竞价,根据出价结果确定国有建设用地使用权人的行为。

挂牌出让是指由市、县人民政府国土资源主管部门发布挂牌公告,按公告规定的期限将拟出让土地的交易条件在规定的土地交易场所挂牌公布,接受竞买人的报价申请并更新挂牌价格,根据挂牌期限截止时的出价结果确定国有建设用地使用权人的行为。

协议出让是指国家以协议方式将国有建设用地使用权在一定年限内出让给土地使用者,由土地使用者向国家支付土地使用权出让金的行为。应当注意的是,协议方式的适用受到严格控制。依据国土资源部《协议出让国有土地使用权规定》的规定,出让国有建设用地使用权,除依照法律、法规和规章的规定应当采用招标、拍卖或者挂牌方式之外的,方可采取协议方式(第3条)。以协议方式出让国有土地使用权的出让金不得低于按国家规定所确定的最低价(第4条第2款)。协议出让最低价不得低于新增建设用地的土地有偿使用费、征地(拆迁)补偿费用以及按照国家规定应当缴纳的有关税费之和;有基准地价的地区,协议出让最低价不得低于出让地块所在级别基准地价的70%。低于最低价时国有土地使用权不得出让(第5条)。

(3) 建设用地使用权出让合同。

依据《民法典》第348条第2款的规定,建设用地使用权出让合同一般包括下列条款:① 当事人的名称和住所;② 土地界址、面积等;③ 建筑物、构筑物及其附属设施占用的空间;④ 土地用途、规划条件;⑤ 建设用地使用权期限;⑥ 出让金等费用及其支付方式;⑦ 解决争议的方法。

2. 建设用地使用权的划拨

(1) 建设用地使用权划拨的概念。

建设用地使用权划拨,是指县级以上人民政府依法批准,在建设用地使用权人缴纳补偿、安置等费用后将土地交付其使用,或者将建设用地使用权无偿交付给建设用地使用权人使用的行为。划拨的建设用地使用权具有公益目的性、无偿性、无期限性以及转让的受限制性等特点。

(2) 建设用地使用权划拨的方式。

建设用地使用权划拨的方式有两种:一是县级以上人民政府依法批准,在土地使用者缴纳补偿、安置等费用后,将国有土地交付给建设用地使用权人使用;二是县级以上人民政府依法批准,将建设用地使用权无偿交付给建设用地使用权人使用。《土地管理法》第 54 条规定,下列建设用地,经县级以上人民政府依法批准,可以以划拨方式取得:① 国家机关用地和军事用地;② 城市基础设施用地和公益事业用地;③ 国家重点扶持的能源、交通、水利等基础设施用地;④ 法律、行政法规规定的其他用地。

(三) 建设用地使用权设立的登记

《民法典》第 349 条规定,设立建设用地使用权的,应当向登记机构申请建设用地使用权登记。建设用地使用权自登记时设立。登记机构应当向建设用地使用权人发放权属证书。

三、建设用地使用权的消灭

(一) 建设用地使用权消灭的原因

建设用地使用权消灭的原因主要有:

1. 建设用地使用权被提前收回

《城镇国有土地使用权出让和转让暂行条例》第 42 条规定,国家对土地使用者依法取得的土地使用权不提前收回。在特殊情况下,根据社会公共利益的需要,国家可以依照法律程序提前收回,并根据土地使用者已使用的年限和开发、利用土地的实际情况给予相应的补偿。其第 17 条规定,土地使用者应当按照土地使用权出让合同的规定和城市规划的要求,开发、利用、经营土地。未按合同规定的期限和条件开发、利用土地的,市、县人民政府土地管理部门应当予以纠正,并根据情节可以给予警告、罚款直至无偿收回土地使用权的处罚。其第 47 条规定,无偿取得划拨土地使用权的土地使用者,因迁移、解散、撤销、破产或者其他原因而停止使用土地的,市、县人民政府应当无偿收回其划拨土地使用权,并可依照本条例的规定予以出让。对划拨土地使用权,市、县人民政府根据城市建设发展需要和城市规划的要求,可以无偿收回,并可依照本条例的规定予以出让。无偿收回划拨土地使用权时,对其地上建筑物、其他附着物,市、县人民政府应当根据实际情况给予适当补偿。依据《民法典》第 358 条的规定,建设用地使用权期限届满前,因公共利益需要,可以提前收回。建设用地使用权被提前收回的,建设用地使用权归于消灭。据此,建设用地使用权被提前收回主要有四种情况:一是因公共利益需要被国家依照法定程序提前收回;二是土地使用者未按土地使用权出让合同规定的期限和条件开发、利用土地,被市、县人民政府土地管理部门无偿收回;三是划拨土地的使用者因迁移、解散、撤销、破产或者其他原因而停止使用土地的,市、县人民政府应当无偿收回;四是对划拨土地使用权,市、县人民政府可以根据城市建设发展需要和城市规划的要求无偿收回。

2. 期间届满

期间届满是以出让方式取得的建设用地使用权消灭的原因,因为以划拨方式取得的建设用地使用权并无期限的限制。同时,在以出让方式取得的建设用地使用权中,因住宅建设用地使用权期间届满后,自动续期,所以,住宅建设用地使用权也不会因期间届满而消灭。除此之外,建设用地使用权约定的期间届满的,建设用地使用权消灭。

3. 建设用地使用权的抛弃

建设用地使用权因抛弃而消灭,但抛弃不得损害土地所有权人及第三人的利益。

4. 土地灭失

在土地全部灭失的情况下,建设用地使用权完全消灭;在土地部分灭失的情况下,建设用地使用权就剩余部分继续存在。

(二) 建设用地使用权消灭的后果

建设用地使用权消灭后,发生以下主要法律后果:

第一,《民法典》第358条规定,建设用地使用权期限届满前,因公共利益需要提前收回该土地的,应当依据本法第243条的规定对该土地上的房屋以及其他不动产给予补偿,并退还相应的出让金。

第二,《民法典》第359条规定,住宅建设用地使用权期限届满的,自动续期。续期费用的缴纳或者减免,依照法律、行政法规的规定办理。非住宅建设用地使用权期限届满后的续期,依照法律规定办理。该土地上的房屋以及其他不动产的归属,有约定的,按照约定;没有约定或者约定不明确的,依照法律、行政法规的规定办理。《城镇国有土地使用权出让和转让暂行条例》第40条规定,土地使用权期满,土地使用权及其地上建筑物、其他附着物所有权由国家无偿取得。土地使用者应当交还土地使用证,并依照规定办理注销登记。其第41条规定,土地使用权期满,土地使用者可以申请续期。需要续期的,应当依照本条例第二章的规定重新签订合同,支付土地使用权出让金,并办理登记。

第三,《民法典》第360条规定,建设用地使用权消灭的,出让人应当及时办理注销登记。登记机构应当收回权属证书。

第四,在建设用地使用权消灭时,建设用地使用权人不再享有继续占用土地的权利,因此,应将土地返还于土地所有权人。建设用地使用权人在返还土地时,应对土地恢复原状。

第二节 建设用地使用权的效力

一、建设用地使用权人的权利

建设用地使用权设立后,建设用地使用权人享有以下主要权利:

(一) 土地利用权

建设用地使用权人的土地利用权,主要表现为利用土地从事建造建筑物、构筑物及其附属设施的权利。此外,还包括有权在占用的土地范围内,从事必要的,非以建造建筑物、构筑物及其附属设施为目的的附属行为,如开辟道路、修筑围墙、种植花木等。

(二) 权利处分权

1. 处分的方式

《民法典》第353条规定,建设用地使用权人有权将建设用地使用权转让、互换、出资、赠与或者抵押,但是法律另有规定的除外。据此,建设用地使用权人处分建设用地使用权的方式主要有以下几种:

(1) 转让。转让有广义和狭义之分。广义的转让包括买卖、互换和赠与。《城市房地产管理法》第37条规定,房地产转让是指房地产权利人通过买卖、赠与或者其他合法方式①将其房地产转移给他人的行为。狭义的转让仅指买卖。《民法典》第353条的"转让"是在狭义上使用的,是指建设用地使用权人通过订立建设用地使用权转让合同,将建设用地使用权再行转移给他人的行为。在此情形下,建设用地使用权转让本质上就是建设用地使用权买卖,它是建设用地使用权流转的最主要的方式。

(2) 互换。指建设用地使用权人将自己的建设用地使用权与他人的建设用地使用权相互交换。互换在本质上也是买卖,只不过是"以权利交换权利"。

(3) 出资。指建设用地使用权人将建设用地使用权投入公司以牟利的行为。依据《公司法》第27条和第28条的规定,以建设用地使用权出资的,应当对建设用地使用权进行评估作价,核实财产,一般不得高估或者低估作价,并应当依法办理其建设用地使用权的转移手续。

(4) 赠与。指建设用地使用权人将建设用地使用权赠与他人的行为。赠与行为属于无偿行为,受赠人无须支付对价。

(5) 抵押。指建设用地使用权人以建设用地使用权向抵押权人提供债务履行担保的行为。

(6) 出租。指建设用地使用权人将建设用地使用权出租给他人使用并收取租金的行为。《民法典》未明确规定建设用地使用权可以出租,但依据《城市房地产管理法》第37条的规定,建设用地使用权是可以出租的。

应当注意的是,依据《城市房地产管理法》第38条规定,下列建设用地使用权不得

---

① 如以股权转让形式实现建设用地使用权转让。对于此种情形下股权转让合同的效力问题,有的人认为,这属于以合法形式掩盖非法目的,或者是为了逃避税费,或者是为了规避法律对建设用地使用权转让的效力,因此,此种情形下股权转让合同应为无效。实际上,在此种情形下,建设用地使用权人并未发生变更,我国法律也并未禁止此种形式的建设用地使用权转让,因此,如果股权转让合同不存在其他违反法律和行政法规关于效力型强制性规定的情形,则其应为有效。

转让:一是以出让方式取得的建设用地使用权,在转让时未按照出让合同约定已经支付全部土地使用权出让金并取得土地使用权证书的,或者未按照出让合同约定进行成片开发土地、形成工业用地或者其他建设用地条件的;二是建设用地使用权被司法机关、行政机关依法裁定、决定查封或者以其他形式限制权利的[①];三是建设用地使用权被依法收回的;四是共有建设用地使用权,未经其他共有人书面同意的;五是建设用地使用权权属有争议的;六是未依法登记领取建设用地使用权权属证书的;七是法律、行政法规规定禁止转让的其他情形。

2. 订立合同

《民法典》第354条规定,建设用地使用权转让、互换、出资、赠与或者抵押的,当事人应当采用书面形式订立相应的合同。使用期限由当事人约定,但是不得超过建设用地使用权的剩余期限。《国有土地使用权合同纠纷司法解释》第8条至第13条根据不同情况,对建设用地使用权合同的效力作出了不同的规定:① 土地使用权人作为转让方与受让方订立土地使用权转让合同后,当事人一方以双方之间未办理土地使用权变更登记手续为由,请求确认合同无效的,不予支持。② 转让方未取得出让土地使用权证书与受让方订立合同转让土地使用权,起诉前转让方已经取得出让土地使用权证书或者有批准权的人民政府同意转让的,应当认定合同有效。③ 土地使用权人作为转让方就同一出让土地使用权订立数个转让合同,在转让合同有效的情况下,受让方均要求履行合同的,按照以下情形分别处理:已经办理土地使用权变更登记手续的受让方,请求转让方履行交付土地等合同义务的,应予支持;均未办理土地使用权变更登记手续,已先行合法占有投资开发土地的受让方请求转让方履行土地使用权变更登记等合同义务的,应予支持;均未办理土地使用权变更登记手续,又未合法占有投资开发土地,先行支付土地转让款的受让方请求转让方履行交付土地和办理土地使用权变更登记等合同义务的,应予支持;合同均未履行,依法成立在先的合同受让方请求履行合同的,应予支持。未能取得土地使用权的受让方请求解除合同、赔偿损失的,按照《合同法》的有关规定处理。④ 土地使用权人未经有批准权的人民政府批准,与受让方订立合同转让划拨土地使用权的,应当认定合同无效。但起诉前经有批准权的人民政府批准办理土地使用权出让手续的,应当认定合同有效。⑤ 土地使用权人与受让方订立合同转让划拨土地使用权,起诉前经有批准权的人民政府同意转让,并由受让方办理土地使用权出让手续的,土地使用权人与受让方订立的合同可以按照补偿性质的合同处理。⑥ 土地使用权人与受让方订立合同转让划拨土地使用权,起诉前经有批准权的人民政府决定不办理土地使用权出让手续,并将该划拨土地使用权直接划拨给受让方使用的,土地使用权

---

① 对于此种情形下建设用地使用权转让合同的效力问题,《最高人民法院关于人民法院民事执行中查封、扣押、冻结财产的规定》第26条第1款规定,被执行人就已经查封、扣押、冻结的财产所作的移转、设定权利负担或者其他有碍执行的行为,不得对抗申请执行人。据此,被执行人转让被查封的建设用地使用权的行为并非绝对无效,而只是相对无效,只是不得对抗申请执行人,在被执行人与处分行为的相对人之间仍属有效。参见赵晋山:《论查封、扣押的效力》,载《执行工作指导》2004年第1辑。

人与受让方订立的合同可以按照补偿性质的合同处理。

3. 申请变更登记

《民法典》第355条规定,建设用地使用权转让、互换、出资或者赠与的,应当向登记机构申请变更登记。实践中,在建设用地使用权转让条件尚未完全成就的情形下,例如,土地出让金尚未缴清、尚未办理建设用地使用权设立登记,或者投资未达到法定比例等,则不能进行建设用地使用权变更登记,当然也不发生建设用地使用权变动的效力。但是,基于合同效力与物权变动的区分原则,建设用地使用权转让合同仍属有效,受让人既可以要求转让人完善转让条件,继续履行交付土地的义务,也可以以转让人不能履行变更登记义务为由解除合同,并请求其承担违约责任。

4. "房—地"一并处分

"房—地"一并处分分为两种情形:一种是"房随地走"。《民法典》第356条规定,建设用地使用权转让、互换、出资或者赠与的,附着于该土地上的建筑物、构筑物及其附属设施一并处分。另一种是"地随房走"。《民法典》第357条规定,建筑物、构筑物及其附属设施转让、互换、出资或者赠与的,该建筑物、构筑物及其附属设施占用范围内的建设用地使用权一并处分。应当注意的是,最高人民法院2004年出台的《关于人民法院民事执行中查封、扣押、冻结财产的规定》第23条第1款规定,查封地上建筑物的效力及于该地上建筑物使用范围内的土地使用权,查封土地使用权的效力及于地上建筑物,但土地使用权与地上建筑物的所有权分属被执行人与他人的除外。

(三) 建(构)筑物及附属设施所有权的取得权

《民法典》第352条规定,建设用地使用权人建造的建筑物、构筑物及其附属设施的所有权属于建设用地使用权人,但是有相反证据证明的除外。

(四) 请求补偿的权利

《民法典》第358条规定,建设用地使用权期限届满前,因公共利益需要提前收回该土地的,出让人应当依法对该土地上的房屋及其他不动产给予补偿。《城镇国有土地使用权出让和转让暂行条例》第42条规定,国家根据社会公共利益需要提前收回土地使用权的,应当根据土地使用者已使用的年限和开发、利用土地的实际情况给予相应的补偿。第47条规定,市、县人民政府根据城市建设发展需要和城市规划的要求无偿收回土地使用权的,应当根据实际情况对其地上建筑物、其他附着物给予适当补偿。

二、建设用地使用权人的义务

建设用地使用权设立后,建设用地使用权人负有以下主要义务:

(一) 合理利用土地的义务

《民法典》第350条规定,建设用地使用权人应当合理利用土地,不得改变土地用途;需要改变土地用途的,应当依法经有关行政主管部门批准。据此,建设用地使用权人不但应当合理利用土地,而且应当按照建设用地使用权设立时所登记的用途利用土地,不得自行改变土地用途;确需改变土地用途的,应当在当事人协商一致的基础上,依法经有关行政主管部门审批后,方可变更登记用途。《国有土地使用权合同纠纷司法解释》第6条规定,受让方擅自改变土地使用权出让合同约定的土地用途,出让方请求解除合同的,应予支持。

(二) 支付出让金等费用的义务

《民法典》第351条规定,建设用地使用权人应当依照法律规定以及合同约定支付出让金等费用。

第三节 土地空间权

土地空间权简称空间权。《民法典》第345条规定,建设用地使用权可以在土地的地表、地上或者地下分别设立。建设用地使用权可以在地上、地下设立,即包含了空间权。因此,本节对空间权作一简要介绍。

一、空间权的产生与发展

罗马法没有空间权概念和空间权制度。因为罗马人认为,"谁拥有土地,谁就拥有土地上下的无限空间"。罗马法之后,一直到工业革命以前,也无空间权概念和空间权制度。这是因为,实行土地私有制的国家秉承罗马法的所有权绝对主义观念,认为土地所有权"上及天宇,下及地心",土地所有权人对土地的支配力理所当然地及于地表、地上及地下。因此,此时的空间并不是独立的权利客体。

空间权是在19世纪工业革命完成,工业化和城市化发展到一定阶段后,为解决日益突出的人地矛盾,在土地由平面的所有和利用转向立体的所有和利用的历史过程中,而产生的一种新型的不动产权利。19世纪工业革命完成后,随着科技的发展,特别是建筑技术的进步,人们利用和改造土地的能力获得了极大提高。地下铁道、空中走廊、高架桥、高压电线等陆续出现。人类对土地的利用扩及空中和地下,这就是土地的立体利用。在此情形下,空间不再仅仅是土地的附属,而是具有特定价值形态的"物",此时,以独立空间为客体的空间权应运而生。

率先确立空间权制度的国家是美国。美国先是以判例的形式确立了空间权制度。1857年,艾奥瓦州法院的判决认定,空中权可以和土地分离所有。1898年,伊利诺伊州法院的判决认定,地表可以被别除,而仅以空中为所有的对象。1927年,伊利诺伊州制定了《关于铁道上空空间让与租赁的法律》,这是美国关于空间权的第一部成文法。1958年,随着美国联邦议会承认州际高速道路的上部空间与下部空间可以作为停车使用空间而单独加以利用,空间权概念开始被美国社会所普遍接受。1962年,美国联邦住宅局制定的国家住宅法规定,空间权可成为抵押权的标的。1973年,俄克拉何马州制定了《俄克拉何马州空间法》,该法被认为是"对此前判例与学说关于空间权法律问题基本立场之总结",因而备受关注。

在大陆法系国家和地区,德国于1919年颁布《地上权条例》,取代民法典中的地上权一章。《地上权条例》规定的地上权,是指在他人土地的表面、上空及地下拥有工作物为目的而使用他人土地及空间的权利。德国由此确认了空间地上权。日本于1966年修改民法典,在第269条之后追加一条,作为第269条之二。该条第1项规定,地下或空间,因定上下范围及有工作物,可以以之作为地上权的标的。于此情形,为行使地上权,可以设定行为对土地的使用加以限制。可见,日本将空间权界定为一种地上权,其范围为地下或上空的某一特定断层空间。我国台湾地区于2010年修订"民法"时,在地上权一章中设第2节"区分地上权",确立了空间地上权制度。

二、空间权的概念和特征

空间权是指以土地地表之空中或地表之下的地中的一定范围的空间为客体而成立的不动产物权。

空间权具有以下特征:

第一,权利客体的特殊性。空间权的客体为特定的"空间"。在物权法上,"空间"可分为两部分:一部分是作为土地所有权当然附属部分的空间,这部分空间当然归所有权人所有;另一部分是除土地所有权当然附属空间以外的空间,一般是指横切于空中或者地中的断层空间。这部分空间即为空间权的客体。

第二,权利性质的复杂性。对于空间权的性质,有的学者认为是所有权,即空间所有权;有的学者认为是利用权,即空间利用权。其实,这只是观察的角度不同而已。在比较法上,各国和地区大多数是从利用权(地上权、地役权)的角度来规定空间权的,我国亦然。

第三,权利类型的多样性。从利用权的角度观察,空间权可分为物权性质的空间利用权和债权性质的空间利用权。物权性质的空间利用权包括空间地上权和空间役权,债权性质的空间利用权包括空间租赁权和空间借贷权。债权性质的空间利用权不属于用益物权。对于空间权是否为一种单独的用益物权类型,我国学者有不同的观点,有的认为是,有的认为不是。我国《民法典》未将空间权规定为一种单独的用益物权类型,而是规定为建设用地使用权的一种类型。

三、空间权的主要内容

(一) 空间权人的权利

1. 独立支配特定空间并排斥他人干涉的权利

空间权属于物权,因此它经过登记即可产生对抗第三人的效力。如果第三人以不当方式妨碍或者侵害空间权,空间权人有权行使物权请求权或损害赔偿请求权。

2. 占有、使用特定空间并获取收益的权利

空间权人有权占有、使用依法取得的特定空间,并优先于土地(空间)所有权人取得空间所产生的收益。

3. 处分空间权的权利

空间权人可以通过转让、互换等方式处分空间权,也可以出租空间权。

(二) 空间权人的义务

1. 支付出让金以及其他费用

如同建设用地使用权人一样,空间权人也应当支付空间出让金以及其他费用。

2. 按规定用途和目的使用空间

空间权人应当按照规定用途和目的使用空间,不得损害土地(空间)所有权人的利益。如果空间权人不按照约定的内容使用空间,空间所有权人可以无偿地收回空间。

3. 合理利用特定空间

空间权人应当合理利用特定空间,不得滥用权利,损害他人利益或者社会公共利益。

四、空间权与其他土地物权的关系

(一) 空间权与土地所有权的关系

对于空间权与土地所有权的关系,学者之间尚无一致的见解。有的认为,空间权包含于土地所有权之中;有的认为,空间权是一种独立的所有权。因此,这一问题还值得进一步研究。

(二) 空间权与建设用地使用权的关系

对于空间权与建设用地使用权的关系,学者之间也有不同观点。有的认为,空间权包含于建设用地使用权之中,是建设用地使用权的一种特殊形式;有的认为,空间权应该是一种独立的物权类型,以区别于普通的建设用地使用权。

(三) 空间权与建筑物区分所有权的关系

有的学者认为,建筑物区分所有权实质上就是空间权的一种形态。但实际上,建筑物区分所有权与空间权还是存在明显的不同的,表现在:① 权利性质不同。建筑物区分所有权属于所有权的范畴,而空间权属于他物权的范畴。② 权利客体不同。建筑物区分所有权的客体虽然也包含一定的空间,但是该空间是房屋的组成部分,并不能单独

成为所有权的客体；而空间权中的空间，是指地表建设用地使用权范围之外的纵向延伸空间，并不包括因建筑材料的间隔所形成的空间。③ 与土地地表的关系不同。建筑物区分所有权是建立在土地地表之上的，而空间权则是在土地地表之上、之下一定范围内的空间上设定的。

第四节 集体经营性建设用地的法律问题

一、集体经营性建设用地的概念

我国现有法律并未使用"集体经营性建设用地"的概念，当然也就没有界定其含义。国家的有关政策文件使用了"集体经营性建设用地"的概念，但也没有界定其含义。因此，学者们对于"集体经营性建设用地"的含义界定，也就有不同的观点，可以概括为广义说、中义说和狭义说三种不同观点。

广义说认为，集体经营性建设用地等同于集体建设用地。该观点存在一定的不合理之处，因为它混淆了集体经营性建设用地与非经营性建设用地的区别，将宅基地、村庄和集镇建设用地以及公益性建设用地均纳入了经营性建设用地。

中义说认为，集体经营性建设用地是指乡村集体经济组织和农民个人能投资进行各种非农业建设所使用的土地，不包括宅基地。

狭义说认为，集体经营性建设用地主要指乡村（镇）企业等具有生产经营性质的用地，或者以乡镇企业用地为代表的村集体组织独立根据土地利用规划确定兴办企业或者与其他单位、个人以土地使用权入股、联营等形式共同创办企业所使用的农村集体建设用地。

可见，集体经营性建设用地的含义还有待于国家立法作出权威界定。但是，《民法典》第 361 条规定，集体所有的土地作为建设用地的，应当依照土地管理的法律规定办理。

二、集体经营性建设用地的性质

集体经营性建设用地的性质可以从所有权和使用权两个不同的角度去认识。从所有权的角度看，集体经营性建设用地所有权属于集体所有，属于物权，应该毫无争议。从使用权的角度看，问题就比较复杂，可以分类思考。一类是乡（镇）村企业的建设用地使用权。这类集体经营性建设用地的性质应当属于用益物权，不会有太大争议。另一类是"小产权房"的建设用地使用权。这类所谓"经营性建设用地"，由于没有合法地位，应当不属于民法上的"用益物权"。"小产权房"建设用地使用权的合法化问题还是一个有待于进一步研究的问题。

三、集体经营性建设用地的类型

目前,国家有关政策文件将农村集体土地从用途上分为农用地和建设用地。建设用地又分为公益性用地(集体公益事业建设用地)与经营性建设用地,或者经营性建设用地与非经营性建设用地。非经营性建设用地包括宅基地、村庄和集镇建设用地、公益性用地。经营性建设用地包括:① 乡镇企业用地;② 土地利用总体规划和城乡规划确定为工矿仓储、商服等经营性用途的存量农村集体建设用地。

四、集体经营性建设用地的入市

(一) 集体经营性建设用地入市的政策脉络

1. 禁止和限制阶段

2005年之前,国家政策对于集体经营性建设用地入市持禁止和限制态度。1992年国务院《关于发展房地产业若干问题的通知》规定,集体所有土地必须先行征用转为国有土地后才能出让。农村集体经济组织以集体所有的土地资产作价入股,兴办外商投资企业和内联乡镇企业,须经县级人民政府批准,但集体土地股份不得转让。1999年国务院办公厅《关于加强土地转让管理严禁炒卖土地的通知》规定,要加强对农民集体土地的转让管理,严禁非法占用农民集体土地进行房地产开发;农民集体土地使用权不得出让、转让或出租用于非农业建设;农民的住宅不得向城市居民出售,也不得批准城市居民占用农民集体土地建住宅,有关部门不得为违法建造和购买的住宅发放土地使用证和房产证。2004年国务院《关于深化改革严格土地管理的决定》(国发〔2004〕28号)规定,要从严从紧控制农用地转为建设用地的总量和速度,禁止农村集体经济组织非法出让、出租集体土地用于非农业建设。

2. 适当放开阶段

2005年之后,国家政策对于集体经营性建设用地入市的态度有所松动。当年,国土资源部《关于规范城镇建设用地增加与农村建设用地减少相挂钩试点工作的意见》(国土资发〔2005〕207号)规定,挂钩试点涉及的农用地和建设用地的调整、互换、使用,必须统一纳入项目区,按项目区整体审批。对未纳入项目区、无挂钩周转指标的地块,不得改变土地用途。2008年《中共中央关于推进农村改革发展若干重大问题的决定》提出要逐步建立城乡统一的建设用地市场,对依法取得的农村集体经营性建设用地,必须通过统一有形的土地市场、以公开规范的方式转让土地使用权,在符合规划的前提下与国有土地享有平等权益。2009年国土资源部《关于促进农业稳定发展农民持续增收推动城乡统筹发展的若干意见》(国土资发〔2009〕27号)规定,对需要流转的集体建设用地,要重点开展集体所有权和使用权确权登记,特别要开展集体经营性用地的认定和确权,为集体建设用地流转提供条件;要规范集体建设用地使用权流转,逐步建立城乡统一的建设用地市场,明确土地市场准入条件;除宅基地、集体公益事业建设用地外,凡符合土地利用总体规划、依法取得,并已经确权为经营性的集体建设用地,可采用出让、转让等多种方式有偿使用和流转。2013年《中共中央关于全面深化改革若干重大问题的决定》提出,要建立城乡统一的建设用地市场,在符合规划和用途管制前提下,允许农村集体经营性建设用地出让、租赁、入股,实行与国有土地同等入市、同权同价。2014年"中央一号文件"提出,要加快建立农村集体经营性建设用地产权流转和增值收益分配制度。2015年"中央一号文件"提出,要建立健全市场交易规则和服务监管机制。2016年"中央一号文件"提出,要总结农村集体经营性建设用地入市改革试点经验,适当提高农民集体和个人分享的增值收益,抓紧出台土地增值收益调节金征管办法。2017年"中央一号文件"提出,要统筹协调推进农村土地征收、集体经营性建设用地入市、宅基地制度改革试点。2018年"中央一号文件"提出,要系统总结农村土地征收、集体经营性建设用地入市、宅基地制度改革试点经验,逐步扩大试点,加快土地管理法修改,完善农村土地利用管理政策体系。

3. 全面推行阶段

2019年"中央一号文件"提出,要在修改相关法律的基础上,完善配套制度,全面推开农村土地征收制度改革和农村集体经营性建设用地入市改革,加快建立城乡统一的建设用地市场。2020年"中央一号文件"提出,要总结农村集体经营性建设用地入市改革试点经验,适当提高农民集体和个人分享的增值收益,抓紧出台土地增值收益调节金征管办法。

(二) 集体经营性建设用地入市的法律问题

1. 集体经营性建设用地使用权的法律地位

对于集体经营性建设用地使用权的法律地位,有的学者提出应当承认集体经营性建设用地与国有经营性建设用地具有平等地位;有的学者提出应当将集体经营性建设用地使用权纳入建设用地使用权之中,并赋予其用益物权的法律地位。

2. 集体经营性建设用地入市的条件

依照《土地管理法》第63条的规定,集体经营性建设用地入市的条件是:① 经土地利用总体规划、城乡规划确定为工业、商业等经营性用途;② 经依法登记为集体经营性建设用地;③ 集体经营性建设用地出让、出租等,应当经本集体经济组织成员的村民会议2/3以上成员或者2/3以上村民代表的同意。

3. 集体经营性建设用地入市的方式

依照《土地管理法》第63条的规定,集体经营性建设用地入市主要有出让、出租等方式。当事人双方应当签订书面合同,载明土地界址、面积、动工期限、使用期限、土地用途、规划条件和双方其他权利义务。通过出让等方式取得的集体经营性建设用地使用权可以转让、互换、出资、赠与或者抵押,但法律、行政法规另有规定或者土地所有权人、土地使用权人签订的书面合同另有约定的除外。集体经营性建设用地的出租,集体建设用地使用权的出让及其最高年限、转让、互换、出资、赠与、抵押等,参照同类用途的国有建设用地执行。具体办法由国务院制定。

4. 集体建设用地使用者的义务

依照《土地管理法》第65条和第66条的规定,集体建设用地的使用者应当严格按照土地利用总体规划、城乡规划确定的用途使用土地。在土地利用总体规划制定前已建的不符合土地利用总体规划确定的用途的建筑物、构筑物,不得重建、扩建。有下列情形之一的,农村集体经济组织报经原批准用地的人民政府批准,可以收回土地使用权:① 为乡(镇)村公共设施和公益事业建设,需要使用土地的;② 不按照批准的用途使用土地的;③ 因撤销、迁移等原因而停止使用土地的。为乡(镇)村公共设施和公益事业建设需要收回农民集体所有的土地的,对土地使用权人应当给予适当补偿。收回集体经营性建设用地使用权,依照双方签订的书面合同办理,法律、行政法规另有规定的除外。

5. 集体经营性建设用地入市的收益分配

2009年国土资源部《关于促进农业稳定发展农民持续增收推动城乡统筹发展的若干意见》(国土资发〔2009〕27号)提出,要制定集体土地收益分配办法,增加农民财产性收入。各地在集体建设用地出让转让等流转活动中,要按照"初次分配基于产权,二次分配政府参与"的原则,总结集体建设用地流转试点经验,出台和试行集体建设用地有偿使用收益的分配办法。国土资源部将积极与相关部门沟通,研究建立集体建设用地有偿使用有关税费征缴和分配办法,保障集体土地所有权人和使用权人在集体建设用地有偿使用和流转等活动中的土地权益,切实增加财产性收入,促进农村致富、农民增收。2015年中共中央办公厅、国务院办公厅《深化农村改革综合性实施方案》规定,要允许土地利用总体规划和城乡规划确定为工矿仓储、商服等经营性用途的存量农村集体建设用地,与国有建设用地享有同等权利,在符合规划、用途管制和依法取得的前提下,可以出让、租赁、入股,完善入市交易规则、服务监管制度和土地增值收益的合理分配机制。但2016年以后的"中央一号文件",对于集体经营性建设用地入市的收益分配均未作出规定。这是一个值得进一步研究和实践的问题。

思 考 题

1. 空间权的性质。
2. 集体经营性建设用地入市的条件及方式。

第十三章

宅基地使用权

> **本章重点**
> 1. 宅基地使用权的取得和消灭。
> 2. 宅基地使用权的效力。
> 3. 宅基地"三权分置"。

第一节 宅基地使用权概述

一、宅基地使用权的概念和特征

(一) 宅基地使用权的概念

依据《民法典》第362条的规定,宅基地使用权是指宅基地使用权人依法对集体所有的土地所享有的占有和使用,以及依法利用该土地建造住宅及其附属设施的权利。

(二) 宅基地使用权的特征

宅基地使用权是我国特有的一种用益物权,具有以下特征:

(1) 主体的限定性。宅基地使用权是与农村集体经济组织的成员权紧密联系在一起的,因而宅基地使用权的权利主体仅限于农村村民,且限于本集体经济组织的成员。城镇居民一般不能成为宅基地的使用权人。当然,在有些情形下,某些城镇居民也可以成为宅基地的使用权人。一是农村村民进城落户,仍可保留在农村的住房和宅基地。2015年"中央一号文件"规定,现阶段,不得将农民进城落户与退出宅基地使用权相挂钩。二是城镇居民因继承农村的住房而在事实上取得宅基地使用权。

(2) 客体的特定性。宅基地使用权的客体仅限于集体土地,在国有土地上只存在建设用地使用权而不存在宅基地使用权。

(3) 目的的限定性。宅基地只能用于村民建造住宅及其附属设施,不能用于其他用途。住宅指村民的生活居住用房;附属设施指辅助住宅发挥效能的与村民生活密切相关的设施,如厕所、沼气池、猪圈、牛棚、车库等。

（4）取得的无偿性。宅基地使用权具有一定的福利和社会保障性质,其取得采取审批的方式,无须支付任何费用。

（5）无期限性。宅基地使用权虽然在性质上属于用益物权,但是,我国现行法律并未规定宅基地使用权的存续期限,因而宅基地使用权是一种无期限的用益物权,不会像建设用地使用权那样,发生因期限届满而消灭的问题。

二、宅基地使用权的取得

《民法典》第 363 条规定,宅基地使用权的取得、行使和转让,适用土地管理的法律和国家有关规定。《土地管理法》第 62 条规定,农村村民一户只能拥有一处宅基地,其宅基地的面积不得超过省、自治区、直辖市规定的标准。农村村民建住宅,应当符合乡（镇）土地利用总体规划,并尽量使用原有的宅基地和村内空闲地。农村村民住宅用地,经乡（镇）人民政府审核,由县级人民政府批准;其中,涉及占用农用地的,依照本法第 44 条的规定办理审批手续。农村村民出卖、出租住房后,再申请宅基地的,不予批准。据此,宅基地使用权的取得条件有:一是申请主体为农户,而非个人;二是面积须符合规定标准,不得超过省、自治区、直辖市规定的标准;三是建设须符合乡（镇）土地利用总体规划,涉及占用农用地的,须依照《土地管理法》第 44 条的规定办理审批手续;四是不得存在禁止性情形,即在出卖、出租住房后再申请宅基地的情形。

一般来说,宅基地使用权的审批程序包括三个步骤:① 申请人申请;② 土地所有权人同意;③ 土地管理部门审批。村民经审批取得宅基地使用权的,应当在土地管理部门登记,并明确宅基地的使用范围。

三、宅基地使用权的消灭

（一）宅基地使用权消灭的原因

一般来说,宅基地使用权可因以下原因而消灭:

（1）宅基地的收回和调整。土地所有权人根据城镇或者乡村发展规划,在必要时可以收回宅基地或者对宅基地进行调整。宅基地收回或调整后,宅基地使用权归于消灭。

（2）宅基地被征收。国家为了社会公共利益的需要,可以征收集体所有的土地,包括征收农村居民的宅基地。宅基地被征收的,宅基地使用权消灭。

（3）宅基地使用权的抛弃。宅基地使用权人抛弃宅基地使用权的,该权利即消灭。但宅基地使用权被抛弃后,权利人不得再申请新的宅基地。

（4）宅基地的灭失。宅基地发生灭失的,宅基地使用权归于消灭。应当注意的是,如果只是宅基地上的住宅或其他附属设施灭失的,不影响宅基地使用权的效力,宅基地使用权人有权在宅基地上重新建造住宅或其他附属设施。

(二) 宅基地使用权消灭的后果

宅基地使用权消灭后,发生以下主要法律后果:

(1) 重新分配宅基地。《民法典》第364条规定,宅基地因自然灾害等原因灭失的,宅基地使用权消灭。对失去宅基地的村民,应当依法重新分配宅基地。

(2) 宅基地使用权人取得补偿权。在土地所有权人收回宅基地使用权的情形下,如非出于宅基地使用权人的原因,土地所有权人应当对宅基地使用权人的地上附着物给予适当的补偿。

(3) 办理注销登记。《民法典》第365条规定,已经登记的宅基地使用权转让或者消灭的,应当及时办理变更登记或者注销登记。

第二节 宅基地使用权的效力

宅基地使用权的效力即宅基地使用权人的权利和义务。

一、宅基地使用权人的权利

宅基地使用权审批后,宅基地使用权人享有以下主要权利:

1. 宅基地的占有、使用权

宅基地使用权人取得宅基地使用权的目的在于建造住宅及其附属设施,因此,宅基地使用权人有权占有和使用被批准的集体所有土地,用以建造住宅及其附属设施,并取得住宅及其附属设施的所有权。

2. 从事必要附属行为的权利

宅基地使用权人为行使宅基地使用权,可以在依法占有、使用的土地范围内,进行非以建造住宅及其附属设施为目的的行为,如修筑围墙、种植花木等。

二、宅基地使用权人的义务

宅基地使用权审批后,宅基地使用权人负有以下主要义务:

1. 接受统一规划的义务

宅基地使用权的取得应当服从国家、集体的统一规划,其行使也应服从国家、集体的统一规划。因国家、集体的统一规划而需要变更宅基地时,宅基地使用权人应当配合,不得阻挠。

2. 正当使用宅基地的义务

宅基地只能用于建造住宅及其附属设施,不能用于其他用途,如不得在宅基地上投资建厂或者将宅基地改为鱼塘、藕塘等。

3. 按照批准的面积建造住宅及其附属设施的义务

我国对宅基地不仅实行"一户一宅"原则,而且对宅基地的面积有严格的限制,因此,宅基地使用权人必须按照批准的宅基地面积建造住宅及其附属设施。

4. 不得非法转让宅基地使用权

宅基地使用权人可以将宅基地使用权依法转让给本集体经济组织符合申请宅基地条件的村民,在宅基地制度改革试点地区,也可以将房屋出售给本集体经济组织以外的个人。除此之外,宅基地使用权人不得非法转让宅基地使用权。例如,不得将宅基地使用权转让给城镇居民。农村村民将原有住房出卖、出租或赠与他人后,再申请宅基地的,不得批准。村民迁居并拆除房屋以后,腾出宅基地的,应当由集体组织收回,并统一安排使用。《八民会议纪要》第19条规定,在非试点地区,农民将其宅基地上的房屋出售给本集体经济组织以外的个人,该房屋买卖合同认定为无效。合同无效后,买受人请求返还购房款及其利息,以及请求赔偿翻建或者改建成本的,应当综合考虑当事人过错等因素予以确定。

第三节 宅基地"三权分置"

一、加强农村宅基地管理

我国现行农村宅基地制度是中华人民共和国成立以后逐步形成的,其主要特征是"集体所有、成员使用,一户一宅、限定面积,无偿分配、长期占有"。这一制度在公平分配农民住宅用地、推进节约集约用地、保障农民住有所居、促进社会和谐稳定中发挥了重要作用。但是在实践中,各地在宅基地审批和管理等方面还存在不少问题。为此,2004年《国务院关于深化改革严格土地管理的决定》(国发〔2004〕28号)提出,要改革和完善宅基地审批制度,加强农村宅基地管理,禁止城镇居民在农村购置宅基地。同年,国土资源部出台《关于加强农村宅基地管理的意见》(〔2004〕234号),提出要加强农村宅基地用地计划管理。具体要求是:① 农村宅基地占用农用地应纳入年度计划。农村宅基地占用农用地的计划指标应和农村建设用地整理新增加的耕地面积挂钩。县(市)国土资源管理部门对新增耕地面积检查、核定后,应在总的年度计划指标中优先分配等量的农用地转用指标用于农民住宅建设。② 改革和完善农村宅基地审批管理办法。各省、自治区、直辖市要适应农民住宅建设的特点,按照严格管理、提高效率、便民利民的原则,改革农村村民建住宅占用农用地的审批办法。各县(市)可根据省、自治区、直辖市下达的农村宅基地占用农用地的计划指标和农村村民住宅建设的实际需要,于每年年初一次性向省、自治区、直辖市或者设区的市、自治州申请办理农用地转用审批手续,经依法批准后由县(市)按户逐宗批准供应宅基地。对农村村民住宅建设利用村内空闲地、老宅基地和未利用土地的,由村、乡(镇)逐级审核,批量报县(市)批准后,由乡(镇)逐宗落实到户。③ 严格宅基地申请条件。坚决贯彻"一户一宅"的法律规定。农村村民一户只能拥有一处宅基地,面积不得超过省、自治区、直辖市规定的标准。各地应结合本地实际,制定统一的农村宅基地面积标准和宅基地申请条件。不符合申请条件的不得批准宅基地。农村村民将原有住房出卖、出租或赠与他人后,再申请宅基地的,不得批准。④ 规范农村宅基地申请报批程序。农村村民建住宅需要使用宅基地的,应向本集体经济组织提出申请,并在本集体经济组织或村民小组张榜公布。公布期满无异议的,报经乡(镇)审核后,报县(市)审批。经依法批准的宅基地,农村集体经济组织或村民小组应及时将审批结果张榜公布。⑤ 健全宅基地管理制度。在宅基地审批过程中,乡(镇)国土资源管理所要做到"三到场":第一,受理宅基地申请后,要到实地审查申请人是否符合条件、拟用地是否符合规划等;第二,宅基地经依法批准后,要到实地丈量批放宅基地;第三,村民住宅建成后,要到实地检查是否按照批准的面积和要求使用土地。⑥ 加强农村宅基地登记发证工作。市、县国土资源管理部门要加快农村宅基地登记发证工作,做到宅基地登记发证到户。同时要加强农村宅基地的变更登记工作,变更一宗,登记一宗。⑦ 严格日常监管制度。重点加强城乡接合部地区农村宅基地的监督管理,严禁城镇居民在农村购置宅基地,严禁为城镇居民在农村购买和违法建造的住宅发放土地使用证。

二、推进农村宅基地改革试点

在强化宅基地管理的同时,2014 年"中央一号文件"提出,要改革农村宅基地制度,完善农村宅基地分配政策。2015 年"中央一号文件"规定,要在确保土地公有制性质不改变、耕地红线不突破、农民利益不受损的前提下,按照中央统一部署,依法保障农民宅基地权益,分类实施农村宅基地制度改革试点,改革农民住宅用地取得方式。2016 年"中央一号文件"规定,要完善宅基地权益保障和取得方式,加快推进宅基地使用权确权登记颁证;要维护进城落户农民宅基地使用权,支持、引导其依法、自愿、有偿转让宅基地使用权。2017 年"中央一号文件"提出,要统筹协调推进农村宅基地制度改革试点,全面加快"房地一体"的农村宅基地确权登记颁证工作;认真总结农村宅基地制度改革试点经验,在充分保障农户宅基地用益物权、防止外部资本侵占控制的前提下,落实宅基地集体所有权,维护农户依法取得的宅基地占有和使用权,探索农村集体组织以出租、合作等方式盘活、利用空闲农房及宅基地,允许地方多渠道筹集资金,按规定用于村集体对进城落户农民自愿退出宅基地的补偿。

三、探索农村宅基地"三权分置"

在前几年改革试点的基础上,2018 年"中央一号文件"提出,要系统总结农村宅基地制度改革试点经验,逐步扩大试点,扎实推进房地一体的农村宅基地使用权确权登记颁证;完善农民闲置宅基地和闲置农房政策,探索宅基地所有权、资格权、使用权"三权分置",落实宅基地集体所有权,保障宅基地农户资格权和农民房屋财产权,适度放活宅基地和农民房屋使用权;要维护进城落户农民的宅基地使用权,引导进城落户农民依法、自愿、有偿转让宅基地使用权。2019年"中央一号文件"提出,要稳慎推进农村宅基地制度改革,拓展改革试点,丰富试点内容,完善制度设计,抓紧制定加强农村宅基地管理指导意见,研究起草农村宅基地使用条例。2020年"中央一号文件"提出,要推进农村宅基地制度改革试点,完善宅基地权益保障和取得方式。

思 考 题

1. 宅基地"三权分置"的立法构造。
2. 宅基地资格权和使用权的关系。

第十四章

居住权

> **本章重点**
> 1. 居住权的成立条件。
> 2. 居住权的效力。

第一节 居住权概述

一、居住权的产生与发展

居住权起源于罗马法,属于人役权的一种。居住权最初产生于罗马婚姻家庭关系之中,与财产继承制度紧密相关,是作为一种生活保障制度而存在的。在罗马共和国扩张以前到扩张后的相当长时间里,罗马家庭在社会生活中居于主要地位。家庭的基础是家长权。与家长权相适应,在财产继承方面实行概括继承制度。在当时的罗马社会,死者往往以遗嘱指定某一家子为其财产的概括继承人,其他子女不能继承遗产。为了保障他们的生活,家长往往通过遗赠方式将部分遗产的使用权赠与其他子女。到了共和国末期,随着罗马向外扩张,外省人不断增加,一种新的婚姻形式——无夫权婚姻日益增多,同时被解放的奴隶的数量也在不断增加。每遇家长亡故,那些没有继承权而又缺乏或丧失劳动能力的人的生活就成了问题。为了解决这一问题,丈夫和家主就把一部分家产的使用权、收益权、居住权等遗赠给妻子或者被解放的奴隶,使他们生有所靠、老有所养。这些权利,在优帝一世时被统称为人役权。可见,居住权脱胎于罗马的婚姻家庭制度,并作为人役权的一部分,发挥着扶养和救助的功能。

欧陆各国承袭了罗马法的居住权制度。《法国民法典》几乎完整移植了罗马法的人役权制度,并在第二卷"财产以及所有权的各种限制"之第三编第二章专门规定了居住权制度。《法国民法典》规定:① 居住权依法律或者人的意思设立;② 居所限于居住权人及其家庭成员所用,且以家庭住所为限;③ 居住权不得让与,也不得出租;④ 居住权人对居住的房屋应尽善良管理人的注意义务。《德国民法典》第三编物权法之第五章役权将人役权划分为用益权和限制的人役权,其第 1093 条规定的"排除所有权人将建筑物或者建筑物的一部分作为住房使用的权利"就是居住权。《意大利民法典》在第三编所有权之第五章规定了居住权,其主要内容包括:① 对房屋享有居住权的人可以在自己和家庭需要的限度内享用房屋。② 居住权不得转让和出租。③ 对房屋享有居住权并且占有全部房屋的人,承担正常修缮费和其他房屋的税费;如果仅占用一部分房屋,则按照享用的比例承担支付上述费用的义务。

东方国家没有像西方国家那样的居住权制度。究其原因,一方面是因为东方国家解决住房保障问题的习惯做法与西方国家不同;另一方面,也是更为深层次的原因,东方国家与西方国家对用益权等人役权功能的认识不同。

二、居住权的概念和特征

(一) 居住权的概念

依据《民法典》第 366 条的规定,居住权是指居住权人按照合同约定,对他人的住宅所享有的占有和使用,以满足生活居住需要的用益物权。居住权的性质属于用益物权中的人役权。

(二) 居住权的特征

(1) 居住权的主体是特定的自然人,不包括法人和非法人组织。居住权人以外的人一般不享有居住权,但有的国家(如法国、意大利等)规定允许居住权人的家庭成员居住,有的(如意大利)还详细规定了家庭成员的范围。

(2) 居住权的客体是他人所有的住宅。居住权是为特定的自然人的生活居住需要而设定的他物权,因此,居住权的客体是他人所有的住宅,不包括他人的经营用房。

(3) 居住权的取得具有无偿性。《民法典》第 368 条规定,居住权无偿设立,但是当事人另有约定的除外。

(4) 居住权具有长期性。居住权一般具有长期性、终身性。

(5) 居住权不可转让、不可继承。这是由居住权的人役权性质所决定的。居住权的目的是满足特定自然人的生活居住需要,因此,居住权不可转让,也不可继承。

三、居住权的取得与消灭

(一) 居住权的取得

由于居住权不可转让,也不可继承,因此其取得主要为设立行为。

1. 设立方式

依据《民法典》的规定,居住权的设立方式有两种:一是合同,二是遗嘱。《民法典》第 367 条规定,设立居住权,当事人应当采用书面形式订立居住权合同。居住权合同一般包括下列条款:① 当事人的姓名或者名称和住所;② 住宅的位置;③ 居住的条件和要求;④ 居住权期限;⑤ 解决争议的方法。第 371 条规定,以遗嘱方式设立居住权的,参照适用本章的有关规定。应当注意的是,在以遗嘱方式设立居住权时,遗嘱是居住权设立的基础,因此,居住权是否有效取决于遗嘱是否有效。如果遗嘱无效,那么居住权也就不能设立。

2. 设立登记

我国《民法典》对居住权的设立,采取登记生效主义。其第 368 条规定,设立居住权的,应当向登记机构申请居住权登记。居住权自登记时设立。

(二) 居住权的消灭

1. 消灭原因

依据《民法典》第 370 条的规定,居住权的消灭原因主要有二:一是居住权期限届满;二是居住权人死亡。此外,居住权人放弃居住权,居住权与所有权混同,所有权人依照合同约定或者法律规定解除居住权合同,设立居住权的住宅灭失,以及设立居住权的住宅被依法征收等,也是居住权消灭的原因。值得讨论的问题是:设立居住权的住宅灭失后重建的,原居住权人可否取得居住权? 对此,有两种截然对立的观点:一种观点认为,原居住权人可以取得居住权,有权直接取得居住权,或者取得设立居住权的请求权[1];另一种观点认为,原居住权人不能取得居住权[2]。本书赞同后一种观点,理由是:居住权属于用益物权而非担保物权,它只能存在于特定的标的物上,而不具有物上代位性,特定的标的物灭失,居住权即归于消灭。

2. 消灭后果

居住权消灭后,发生以下主要法律后果:

第一,返还房屋。居住权人在居住权期间届满后应当返还房屋给所有权人。

第二,恢复房屋原状。居住权人在居住期间对房屋进行添附的,应当恢复原状。但是,房屋所有权人不要求恢复原状,可以不恢复原状。房屋所有权人留用添附物的,应当折价补偿。

最后,《民法典》第 370 条规定,居住权消灭的,应当及时办理注销登记。

---

[1] 吕杰、朱呈义:《论居住权在我国民法典中的具体设计》,载《河南政法管理干部学院学报》2004 年第 6 期。
[2] 最高人民法院民法典贯彻实施工作领导小组主编:《中华人民共和国民法典物权编理解与适用》(上、下),法律出版社 2020 年版,第 895 页。

第二节　居住权的效力

一、居住权人的权利

1. 对房屋的占有、使用权

居住权人有权按照合同的约定，占有和使用他人的住宅，以满足自己的生活居住需要。这是居住权人最重要、最基本的权利。

2. 有权阻止住宅所有权人出租房屋

《民法典》第369条规定，设立居住权的住宅不得出租，但是当事人另有约定的除外。据此，在当事人没有约定已经设立居住权的住宅可以出租，而住宅所有权人出租房屋的情形下，居住权人有权阻止住宅所有权人出租房屋。

3. 有权对房屋进行必要的改良和修缮

居住权人有权对房屋进行必要的改良和修缮，但不得对房屋作重大的结构性的改变。

值得讨论的问题是：在设立居住权的住宅因灭失或者被征收而导致居住权消灭的情形下，原居住权人是否有权要求原所有权人向自己返还对价，是否有权要求原所有权人进行赔偿或补偿？对此，应当区分居住权系有偿设立，还是无偿设立。在居住权系有偿设立的情形下，居住权可以不再支付剩余期限的对价，已经支付的，可以要求原所有权人返还，但不得要求原所有权人向自己进行赔偿或补偿。在居住权无偿设立的情形下，不发生剩余对价的返还问题，也不得要求原所有权人向自己进行赔偿或补偿。

二、居住权人的义务

1. 合理使用住宅并承担日常维护费用

《意大利民法典》第1025条规定，对房屋享有居住权并且占用全部房屋的人，与用益权人一样，承担正常修缮费和其他房屋的税费。

2. 支付居住权的对价

在居住权有偿设立的情形下，应当支付居住权的对价，即"房租"。

3. 不得转让居住权，不得让他人继承居住权

《民法典》第369条规定，居住权不得转让、继承。值得注意的问题是：① 居住权不得转让，那么居住权可否抵押呢？从理论上讲，转让和抵押均属于处分行为，既然居住权不得转让，那么居住权也不得抵押。② 居住权不得继承，居住权可否遗赠呢？居住

权是为特定人设立的人役权,既然不得转让,同理,也就不得遗赠。

4. 原则上不得出租住宅

对于居住权人可否将设立居住权的房屋出租,罗马法允许出租,近现代各国民法则规定不一,葡萄牙、意大利允许出租,而法国则禁止出租。我国《民法典》第369条规定,设立居住权的住宅不得出租,但是当事人另有约定的除外。

5. 不得从事任何有损于住宅的行为

居住权人在居住期间应当妥善保管住宅,不得从事任何有损于住宅的行为。《法国民法典》第627条规定,居住权人应以善良管理人的态度享用其权利。

第三节　居住权与相关权利的比较

一、居住权与租赁权的比较

租赁权是指承租人基于租赁合同对出租人的财产所享有的占有、使用和收益的权利。居住权与租赁权十分相似,但二者还是有显著的不同和本质的区别,体现在:

第一,标的物不同。居住权的标的物仅限于住宅,而租赁权的标的物不限于住宅,动产、不动产,乃至于动物,只要不是消耗物或者法律禁止流通的物,都可以租赁。

第二,性质不同。居住权属于物权,是一种独立的用益物权,而租赁权属于合同债权,是一种基于租赁合同而产生的债权。

第三,生效要件不同。居住权作为一种物权,自登记时设立,未经登记的,不发生物权效力;而租赁权则自租赁合同生效时产生。

第四,是否有偿不同。居住权的取得一般是无偿的,而租赁权的取得是有偿的。

第五,期限不同。居住权的期限一般是永久的、终身性的,而租赁权的期限一般不得超过20年。

二、居住权与借用权的比较

借用权是指借用人基于借用合同对出借人的财产所享有的占有、使用和收益的权利。居住权与借用权十分相似,尤其是二者都是无偿的,容易混淆。其实,二者也具有显著的不同和本质的区别,体现在:

(1) 标的物不同。居住权的标的物仅限于住宅,而借用权的标的物不限于住宅,动产、不动产,乃至于动物,只要不是消耗物或者禁止流通物,都可以借用。

(2) 性质不同。居住权是一种物权,具有对抗第三人的效力,而借用权则是一种合同债权,一般只在相对人之间发生效力。

(3) 生效要件不同。居住权作为一种物权,自登记时设立,未经登记的,不发生物权效力;而借用权则自借用合同生效时产生。

(4) 期限不同。居住权的期限一般是永久的、终身性的,而房屋借用权的期限一般较短,因为它往往只用来解决借用人的一时之需,并不能使借用人长期享有稳定的居住权利。

思 考 题

1. 居住权的性质及现代价值。
2. 居住权与租赁权、借用权的区别。

第十五章

地役权

本章重点
1. 地役权的概念、特征和种类。
2. 地役权的取得和消灭。
3. 地役权的效力。
4. 地役权与相邻关系的关系。

第一节 地役权概述

一、地役权的产生与发展

地役权是伴随着土地私有而产生和发展起来的土地利用制度。罗马法将对他人土地的利用都归入地役权名下。后来,又由地役权衍生出用益权、人役权、永佃权、地上权等用益物权。

到了近代,《法国民法典》比较完整地继承了罗马法有关地役权的规定,并把地役权分为因场所的自然位置产生的地役权、由法律规定产生的地役权和由人的行为设定的地役权。《德国民法典》中的地役权,仅指约定地役权;法定地役权被作为相邻关系,规定在所有权的章节之中。欧洲大陆的多数国家以及日本和我国"民国"时期的民法,都借鉴了德国的做法。

英美法的地役权制度与大陆法有所不同。英国在圈地运动之前,土地是公有的,不存在互相利用的情况。圈地运动以后,土地变为私有,产生了为了自己土地的便利而利用他人土地的地役权。美国继承了英国的地役权制度。英美普通法上的地役权,是指权利人为某一特定目的对他人土地及土地上的物质进行使用或利用的权利。其权利性质、权利内容与大陆法上的地役权基本一致。应当注意的是,由于英美法没有物权法与债法的分类,因而其地役权制度存在于财产法中的不动产法之中。

二、地役权的概念和特征

依据《民法典》第 372 条的规定,地役权又称为不动产役权,是指为自己不动产的便利而利用他人不动产,使其承受一定负担的用益物权。在地役权法律关系中,享受便利的不动产称为需役不动产,提供便利的不动产称为供役不动产。相应地,享有地役权的人称为地役权人,供役不动产权利人称为供役地权利人。

地役权具有以下特征:

(1) 地役权是为需役不动产的便利而设立的物权。当事人设立地役权的目的在于为需役不动产的利用提供便利,以增加需役不动产的效用,提高其利用价值。因此,只有为需役不动产的便利而利用供役不动产,才能设立地役权。换言之,地役权是为需役不动产而存在的。所谓"便利",包括但不限于经济上的方便和利益,舒适、快乐、美观等利益也包括在内。例如,为了需役不动产的美观、舒适而设定的眺望地役权即是。至于方便和利益的具体内容,法律一般不设明文规定或限制,而交由当事人自由约定,常见的有:① 以供役不动产供地役权人使用,如通行、引水、排水等;② 以供役不动产供地役权人收益,如在供役地上伐木或取得其他材料;③ 禁止或限制供役不动产为某种使用,如禁止供役地建筑高楼,以免妨碍需役不动产的采光或眺望;④ 排除相邻关系规定的适用,如设定需役地的竹木根枝可逾越相邻供役地的地役权,设定需役不动产屋檐上的雨水可直注入相邻供役地的地役权等。在我国,地役权主要是为土地承包经营权、建设用地使用权、宅基地使用权等用益物权服务的。《民法典》对土地所有权人设立地役权作出了一定的限制,其第 379 条规定,土地上已经设立土地承包经营权、建设用地使用权、宅基地使用权等用益物权的,未经用益物权人同意,土地所有权人不得设立地役权。

(2) 地役权具有从属性。地役权从属于需役不动产所有权或使用权而存在,与需役不动产不可分离。地役权的从属性主要体现在以下两个方面:一是地役权不得单独转让。《民法典》第 380 条规定,地役权不得单独转让。土地承包经营权、建设用地使用权等转让的,地役权一并转让,但是合同另有约定的除外。二是地役权不得单独抵押。《民法典》第 381 条规定,地役权不得单独抵押。土地经营权、建设用地使用权等抵押的,在实现抵押权时,地役权一并转让。

(3) 地役权具有不可分性。地役权的不可分性,是指地役权存在于需役不动产与供役不动产的全部,不得分割为各个部分或仅为一部分而存在。地役权的不可分性主要表现在以下三个方面:

其一,发生上的不可分性。一方面,需役不动产为共有时,各共有人不得仅就自己的应有部分取得地役权;另一方面,供役不动产为共有时,各共有人不能仅就自己的应有部分为他人设立地役权;供役不动产已经设立了地役权的,各共有人就供役不动产的全部承受地役权之负担。

其二,享有或负担上的不可分性。《民法典》第 378 条规定,土地所有权人享有地役权或者负担地役权的,设立土地承包经营权、宅基地使用权等用益物权时,该用益物权人继续享有或者负担已经设立的地役权。具体而言,地役权享有或负担上的不可分性表现在:一方面,依据《民法典》第382条的规定,需役地以及需役地上的土地承包经营权、建设用地使用权等部分转让时,转让部分涉及地役权的,受让人同时享有地役权;另一方面,依据《民法典》第383条的规定,供役地以及供役地上的土地承包经营权、建设用地使用权等部分转让时,转让部分涉及地役权的,地役权对受让人具有法律约束力。应当指出的是,在需役不动产或供役不动产被分割时,如果地役权的行使,依其性质只涉及需役不动产或供役不动产的一部分,则地役权仅就该部分存续。

其三,消灭上的不可分性。一方面,地役权设立后,需役不动产为共有的,各共有人不能按其应有部分,使已经存在的地役权一部分消灭;另一方面,地役权设立后,供役不动产为共有的,各共有人不能仅就其应有部分消灭地役权。

地役权之所以具有不可分性,主要系出于下列原因:第一,地役权系为需役不动产的全部的便利而存在的,而不是仅为需役不动产某一部分的便利而存在的;第二,地役权属于用益物权,地役权人须直接利用他人的不动产,因而地役权不可能存在于供役不动产的抽象的应有部分之上;若允许把一个地役权分割为数个部分,则为需役不动产全部的便利而设定的地役权,将无法达其目的。

三、地役权的种类

地役权可以从不同的角度进行分类。

(一) 意定地役权与法定地役权

这是根据地役权的发生原因不同所作的分类。意定地役权是指根据当事人的合意而发生的地役权。我国《民法典》所规定的地役权,均为意定地役权。法定地役权又称公共地役权,是指为了公共利益的需要而依法律的直接规定而发生的地役权。

(二) 积极地役权与消极地役权

这是根据地役权的内容不同所作的分类。积极地役权又称作为地役权,是指地役权人为需役地的便利,可以在供役地上从事一定积极行为的地役权,如通行地役权、汲水地役权等。消极地役权又称不作为地役权,是指以供役地权利人不得在供役地上从事一定行为的地役权,如要求供役地权利人在其供役地上不得建造一定高度房屋的眺望地役权等。

(三) 继续地役权与不继续地役权

这是根据地役权的行使状态是否持续为标准所作的分类。继续地役权是指在供役地适于地役权行使后,不需地役权人的行为即能持续不断地行使的地役权,如已开设通道的通行地役权、装设水管的汲水地役权等。不继续地役权是指地役权的每次行使都须有地役权人的行为才能实现的地役权,如未开设通道的通行地役权、未装设水管的汲水地役权等。

(四) 表见地役权与不表见地役权

这是根据地役权是否具备外部表征为标准所作的分类。表见地役权是指权利的行使具备一定的外部表征,可从外部加以识别的地役权,如通行地役权、地面汲水及排水地役权等。不表见地役权是指无外部表征可资识别的地役权,如在地下埋设管道的排水地役权以及采光、眺望等消极地役权。

第二节 地役权的取得和消灭

一、地役权的取得

(一) 基于民事法律行为而取得

地役权的设立通常以合同方式进行,但也可以通过单独行为(如基于供役不动产权利人的遗嘱)而设定。

1. 地役权合同

《民法典》第 373 条规定,设立地役权,当事人应当采用书面形式订立地役权合同。地役权合同一般包括下列条款:① 当事人的姓名或者名称和住所;② 供役地和需役地的位置;③ 利用目的和方法;④ 地役权期限。对此,当事人可约定一定的存续期间,也可约定地役权为无期限限制的永久性权利。但是,如果为他人设定地役权的供役不动产权利人并非其所有权人,而是土地承包经营权人、建设用地使用权人等用益物权人,则其对土地的处分权应受制于其用益物权本身的存续期间。因此,《民法典》第 377 条规定,地役权期限由当事人约定,但是不得超过土地承包经营权、建设用地使用权等用益物权的剩余期限。⑤ 费用及其支付方式。地役权的设立可以有偿,也可以无偿,具体由当事人约定。若为有偿,则须同时约定支付方式;若当事人未约定,则推定为无偿。⑥ 解决争议的方法。

2. 地役权登记

《民法典》第 374 条规定,地役权自地役权合同生效时设立。当事人要求登记的,可以向登记机构申请地役权登记;未经登记,不得对抗善意第三人。可见,地役权的设立不以登记为要件,而是看地役权设立合同是否生效。地役权的设立采登记对抗主义,经过登记的地役权可以对抗第三人,不管该第三人为善意第三人还是恶意第三人。但是未经登记的,却只能对抗恶意第三人,不能对抗善意第三人。

此外,《民法典》第 380 条规定,土地承包经营权、建设用地使用权等转让的,地役权一并转让。在此情形下,从受让人的角度看,也属于因民事法律行为而取得地役权。

(二) 基于民事法律行为以外的原因而取得

1. 因继承而取得

地役权为财产权,可以继承。自继承开始时,继承人即取得被继承人的地役权。

2. 因时效而取得

在外国民法和我国台湾地区"民法"上,地役权可因时效而取得。例如,《日本民法典》第 283 条规定,地役权,以继续且表见者为限,因时效而取得。我国台湾地区"民法"第 852 条规定,不动产役权因时效而取得者,以继续并表见者为限。我国《民法典》未规定取得时效制度,因此地役权在我国不能因时效而取得。

二、地役权的消灭

(一) 地役权的消灭原因

一般来说,地役权可以因以下原因而消灭:

(1) 地役权期限届满。当事人以合同设立地役权时,当期限届满而不再续期时,地役权消灭。

(2) 约定的消灭事由发生。当事人可以在地役权合同中约定地役权消灭的事由,当消灭事由成就时,地役权便归于消灭。例如,当事人可以约定需役地上的 A 栋建筑物一旦建成,地役权人在供役地上的通行地役权便归于消灭。

(3) 供役地权利人依法解除合同。《民法典》第 384 条规定,地役权人有下列情形之一的,供役地权利人有权解除地役权合同,地役权消灭:① 违反法律规定或者合同约定,滥用地役权①;② 有偿利用供役地,约定的付款期限届满后在合理期限内经两次催告未支付费用。

(4) 土地征收。国家基于公共利益的需要对供役地进行征收时,地役权随之消灭。但需役地被征收时,地役权不消灭。

(5) 供役不动产或需役不动产灭失。需役不动产或供役不动产全部灭失的,地役权归于消灭。但供役不动产或需役不动产仅一部分灭失的,除地役权已事实上不能行使外,地役权不消灭。

(6) 地役权被抛弃。对于无偿地役权,不论有无期限,地役权人均可随时抛弃;对于有偿地役权,如果定有期限,则地役权人应在支付剩余期间的费用后,方可抛弃。需役不动产上存在抵押权,因地役权的抛弃会影响抵押权人的利益,故应在获得抵押权人

---

① 滥用地役权的表现主要有:不按规定用途使用供役不动产,造成供役不动产永久损害;不按约定的范围、用途和方法使用供役不动产,经供役不动产权利人多次交涉仍不改正;以违反公序良俗的方法使用供役不动产,给供役不动产权利人造成重大不利影响;等等。参见中国审判理论研究会民事审判理论专业委员会编著:《民法典物权编条文理解与司法适用》,法律出版社 2020 年版,第 407 页。

的同意后方可抛弃。抛弃方法是向供役不动产权利人为抛弃的意思表示。地役权人抛弃地役权的，地役权从被抛弃时消灭。

（7）地役权无存续的必要。地役权设立后，因客观情势发生变化，已无继续存在的必要时，地役权消灭。所谓"无存续的必要"，是指地役权的继续存在，已在事实上无可供或不能供需役不动产的便利之用。例如，汲水地役权之水源枯竭。应当注意的是，在地役权无存续必要的情形下，如果需役不动产权利人拒绝消灭的，供役不动产权利人可以请求法院消灭地役权。

（二）地役权消灭的法律后果

地役权消灭后，发生以下主要法律后果：

第一，供役地所有权或使用权免除限制，恢复原有状态。地役权人占有供役地的，应将其返还供役地权利人。

第二，地役权人为需役地便利而在供役地上设置的工作物，应由地役权人取回，并由地役权人恢复供役地原状。若供役地权利人有继续使用工作物的必要，愿以时价购买其设置的工作物，地役权人不得拒绝。

第三，已经登记的地役权变更、转让或者消灭的，应当及时办理变更登记或者注销登记（《民法典》第385条）。

第三节 地役权的效力

一、地役权人的权利与义务

（一）地役权人的权利

1. 供役地的使用权

地役权是为需役地的便利而设立的权利，因此，地役权人为了需役地的便利，有权使用供役地。供役地的使用方式，包括通过积极行为对供役地加以利用，也包括以消极不作为的方式限制供役地权利人对供役地的使用，但应依地役权设立目的及范围加以使用。《民法典》第376条规定，地役权人应当按照合同约定的利用目的和方法利用供役地，尽量减少对供役地权利人物权的限制。

2. 从事必要的附随行为

所谓附随行为，是指为达到地役权的目的或实现地役权的内容所需要的附随行为，包括设置工作物的行为；所谓必要，是指若非如此，地役权就不能实现。

3. 基于地役权的物权请求权

地役权人在设立目的范围内，基于其享有的物权可准用所有权的物权请求权，以排除他人的不法侵害或妨害,回复其权利的圆满支配状态。

(二) 地役权人的义务

1. 避免对供役地的损害

地役权人应选择以损害最小的方式行使其权利,尽量避免对供役地的损害,尽可能地保全供役地权利人的利益。

2. 工作物的维持及允用

地役权人为实现利用目的,有权在供役地上设置并保有工作物,但应以行使或维持其权利所必要者为限,并对该工作物负有维持义务,避免因工作物的毁损而损害供役地权利人的利益;同时,在不妨碍地役权行使的范围内,应当允许供役地权利人使用工作物。

3. 支付相应对价

在地役权有偿设立的情况下,地役权人应按双方约定支付相应的对价,以补偿供役地权利人因此所受的限制,维持双方利益的平衡。

4. 恢复原状的义务

在地役权消灭后,如果地役权人占有供役地,则应返还土地并恢复原状。地役权人在供役地上有设施时,如该设施仅供需役地便利之用,则地役权人应取回该设施,并负责恢复原状。

二、供役地权利人的权利和义务

(一) 供役地权利人的权利

1. 供役地使用场所与方法的变更请求权

地役权原则上就整个供役地而存在,但有时其行使只限于供役地的一部分。在此情形下,如果情势发生变更或条件发生变化,供役地权利人认为该部分的使用对其有特殊不便,并将造成较重负担,而变更场所及方法对地役权人并无不利影响的,可以主张由其负担费用,将地役权的行使场所迁移到其他适合于地役权人的处所。

2. 对地役权人所设工作物的使用权

供役地权利人在不妨害地役权行使的范围内,对于地役权人设置的工作物有使用权。

3. 对价支付请求权

在地役权有偿设立的情况下,供役地权利人有权要求地役权人支付对价。

(二) 供役地权利人的义务

1. 容忍与不作为义务

地役权设立后,供役地权利人在所受限制范围内负有容忍与不作为义务。在积极地役权中,供役地权利人应容忍地役权人在供役地上从事一定的积极行为,如通行、引水等。在消极地役权中,供役地权利人不得在供役地上从事一定的行为,妨害地役权的行使。《民法典》第375条规定,供役地权利人应当按照合同约定,允许地役权人利用其不动产,不得妨害地役权人行使权利。

2.分担地役权人所设工作物的维持费用的义务

供役地权利人使用地役权人设置的工作物的,应当按照其受益程度,与地役权人分担该工作物的维持费用。

第四节 法定地役权

一、法定地役权的概念和特征

法定地役权是指直接或间接依据法律规定产生的地役权。法定地役权属于地役权的一种特殊类型,多表现为消极地役权和属人地役权。

在不同国家和地区,法定地役权的称谓和存在形态不尽相同,却具有以下共同特征:第一,法定地役权的产生通常以法律的直接规定为依据或者以判决、行政许可为依据;第二,法定地役权的设立主要是为了公共利益的需要,或在某种特殊情况下合理利用土地,维护特定土地权利人的合法权益;第三,法定地役权的发生和存在,不完全以需役地的存在为必要条件;第四,法定地役权主要通过土地权利人的容忍或不作为实现。

二、法定地役权的功能

法定地役权的基本功能是调整特殊情况下的土地利用关系,实现少数土地权利人的利益与公共利益的平衡。其价值不仅仅是一种相邻不动产之间相互提供便利的方式,而是对相邻关系制度的重要补充。

如果说地役权制度的设立强调了"效率"这一经济学核心价值在物权法中的应用,强调了如何最大化地利用土地资源以实现资源配置最优和资源利用效率最大化的价值追求,那么,法定地役权则是在某些特殊情况下,当无法通过意思自治设定地役权以满足用地需要时,借助国家强制力或法律的授权设立地役权,来协调特殊情况下的土地利用关系,保证土地利用中更好地兼顾公平与效率的一种制度安排。

三、法定地役权的类型

(一) 公共地役权

公共地役权是指企业为了公共利益需要,必须利用他人所有或使用的土地时,依法设定的地役权。如美国的保全地役权（Conservation Easement），即公益机构或私人慈善组织禁止供役地所有权人未经批准擅自建筑楼房以保全科学、历史名地或开阔地的权利。为了避免对这种独立的否定地役权的效力及可转让性在普通法上可能产生的怀疑，美国几乎所有州都以成文法的方式将此否定地役权规定下来。

（二）必要地役权

必要地役权是指在土地使用关系中，客观上存在设定地役权的必要，但双方当事人因某种原因不能通过协商的方式达成设定地役权的协议，致使一方当事人无法正常使用土地的情形下，其所依法享有的地役权。例如，当某不动产一再细分后，导致有一部分没有出口通道时，就应在另一部分不动产上默示设立通行地役权。这种默示地役权设立的依据是反对出现无法使用的不动产的社会公共政策。在美国，当矿权与地表是分别所有的时候，矿权所有者对地表土地有某种公认的权利或地役权。

（三）行政地役权

行政地役权是指有关管理机关为履行管理职责而在他人土地上穿行、丈量及勘测的权利。《法国民法典》第 639 条规定，役权的发生，或者因场所的自然位置，或者因法律强制规定的义务，或者因诸所有权人之间的契约。对于法定义务所发生的地役权，法国理论界称其为行政地役权。在法国，公共建筑物受到行政法上的特别保护。此外，《意大利民法典》第 1032 条规定，根据法律，某一土地的所有权人有权在另一土地所有权人的土地上设立役权；在欠缺契约的情况下，这一役权由判决设立。在法律特别规定的情况下，也可以由行政机关进行这一设立。

（四）环境地役权

环境地役权是指在某些特定条件下，一方要求另一方防止环境污染发生或不对自己土地造成污染的权利。环境污染造成的损害通常发生在非特定化的土地权利人之间，对环境利益的保护具有公益的性质，由法律直接规定可能受侵害方享有该种地役权，可以协调某种特殊情况下的土地利用关系，更好地保护土地权利人的合法权益。

除了上述直接依法产生的地役权外，还有间接依法产生的地役权。例如，澳大利亚 1974 年《财产诉讼法》第 180 条规定，法庭可以在需役地所有权人申请供役地所有权人提供地役权时强加给使用者法定的权利。

第五节 地役权与相邻关系

地役权与相邻关系是两种相似的法律制度，都涉及对他人不动产的利用。但二者还是有着明显的不同，主要表现在以下几个方面。

（1）立法定位不同。相邻关系属于所有权的扩展和延伸，是对他人不动产最小限度的利用，不是一种独立的物权类型；地役权则以增值自己的不动产为目的，是一种独立的用益物权。

（2）产生基础不同。相邻关系以不动产毗邻为基础，而地役权不要求不动产毗邻，即使相隔很远的不动产，当事人也可以设定地役权。

（3）调整方法不同。相邻关系由法律、法规规定或生活中约定俗成的习惯来调整，相邻关系的类型以及适用的一般规则都由法律作出明确规定，不能由当事人通过约定来排除；地役权的内容则由当事人约定，法律并无强制性的约束。地役权制度是处于开放体系下的制度，只有在当事人没有明确的约定而又需要解决相应问题时，才由法律予以规定。

（4）便利内容不同。地役权的设立是为了所有权人更好地行使权利，是一个比较高的标准；而相邻关系的规定是为了调和不同所有权人之间的权利，对他们的各自权利给予一定的限制，使得大家共同方便使用，这是为了达到使用的最低标准。

（5）对价要求不同。相邻关系的设计是基于最基本的生活需要，一般情况下是无偿的，法律并没有对支付相应费用的规定，只是要求"不得危及相邻不动产的安全"，如果在一方超过合理限度而给相邻人造成不必要的损害时，应当承担赔偿责任；而地役权则是为了使自己的不动产增值而在他人的不动产上设置相应的负担，在地役权不妨碍供役地权利人权利正常行使的情况下对他人不动产上满足自己的需要进行的利用，因此应当支付一定的对价，当然法律对对价并不作强制性的规定，而是由双方当事人通过合同中的主要条款进行约定。

（6）存续期限不同。由于相邻关系在很大程度上是基于不动产相邻的事实产生，因此它的存续与相邻不动产的状况有关，可以说有期限或无期限是相对的；而对于地役权来说，由于其是由当事人通过合同设立的，也是为了满足其他不动产的所有权人、其他类型的用益物权的实现来设置的，如果这些权利有确定的期限，则相应的地役权也有相对性的期限。

（7）救济方式不同。相邻关系受到侵害后，不能直接以相邻关系为基础提起损害赔偿诉讼，而应该提起所有权的行使受到妨害之诉。地役权受到损害之后，受害人可以直接提起地役权受损害的请求之诉。

思 考 题

1. 地役权的种类有哪些？
2. 地役权与相邻关系有何区别？

第十六章

担保物权概论

> **本章重点**
> 1. 担保物权的功能和作用。
> 2. 担保物权的现代发展。
> 3. 担保物权的设立。
> 4. 担保物权对物的效力。
> 5. 物保与人保并存时担保权的实行规则。
> 6. 担保物权的竞合。

第一节 担保物权的基础理论

一、担保物权的概念和特征

依据《民法典》第386条的规定,担保物权是指担保物权人在债务人不履行到期债务或者发生当事人约定的实现担保物权的情形时,依法享有的就担保财产优先受偿的权利。

担保物权具有以下特征:

第一,担保物权利用的是担保财产的交换价值。担保物权是在债务人或第三人的财产上设立的一种物权,其性质属于他物权,其内容并不是为了取得担保财产的使用、收益权,而是利用其交换价值。因此,担保物权具有价值性,也被称为价值权。

第二,担保物权的客体具有广泛性。担保物权的客体既可以是不动产,也可以是动产或权利。当然,不同种类的担保物权,其客体并不相同。例如,抵押权的客体可以是不动产、某些动产或不动产性质的权利,质权的客体可以是动产或动产性质的权利,而留置权的客体只能是动产。

第三,担保物权具有从属性。担保物权以担保主债权的实现为目的,是其所担保的主债权的从权利。担保物权的从属性体现在:其一,存在上的从属性。担保物权不能脱离主债权而单独存在,它以被担保的主债权的存在为其存在的前提。其二,处分上的从属性。担保物权不能与主债权分离而单独转让,只能随主债权的转让而转让。其三,消灭上的从属性。担保物权随主债权的消灭而消灭，主债权不存在，担保物权也不存在。

第四，担保物权具有不可分性。担保物权的效力就债权的全部及于担保财产的全部，担保财产的部分变化或主债权的部分变化均不影响担保物权的整体性。即使被担保的主债权被分割、部分清偿或消灭，担保物权仍然担保各部分的主债权或剩余债权。担保财产被分割或部分灭失，各部分担保财产或余存的担保财产仍然担保全部主债权。《民法典担保制度司法解释》第38条规定，主债权未受全部清偿，担保物权人主张就担保财产的全部行使担保物权的，人民法院应予支持，但是留置权人行使留置权的，应当依照《民法典》第450条的规定处理。担保财产被分割或者部分转让，担保物权人主张就分割或者转让后的担保财产行使担保物权的，人民法院应予支持，但是法律或者司法解释另有规定的除外。第39条规定，主债权被分割或者部分转让，各债权人主张就其享有的债权份额行使担保物权的，人民法院应予支持，但是法律另有规定或者当事人另有约定的除外。主债务被分割或者部分转移，债务人自己提供物的担保，债权人请求以该担保财产担保全部债务履行的，人民法院应予支持；第三人提供物的担保，主张对未经其书面同意转移的债务不再承担担保责任的，人民法院应予支持。

第五，担保物权具有优先受偿效力。担保物权是为担保主债权的实现而设置的法律制度。因此，在债务人不履行到期债务或者发生当事人约定的情形时，担保物权人有权就担保财产的价值优先受偿。

第六，担保物权具有物上代位性。担保物权是以支配担保财产的交换价值为内容的权利。因此，担保物权的效力及于担保财产的替代物。《民法典》第390条规定，担保期间，担保财产毁损、灭失或者被征收等，担保物权人可以就获得的保险金、赔偿金或者补偿金等优先受偿。被担保债权的履行期限未届满的，也可以提存该保险金、赔偿金或者补偿金等。

二、担保物权的功能和作用

担保物权的功能和作用主要有：

第一有利于促使债务人履行债务，保障债权的实现。在现实生活中，人们因为生活或者生产的需要，尤其是在发生生活困窘或者生产资金缺乏的情形下，向他人举债即在所难免。正是因为举债人缺乏资财，债权人往往不愿意放贷，举债人才向债权人提供担保。担保的方式有人的担保与物的担保。人的担保即以他人的信用，也就是第三人的全部财产作担保，这就是保证担保；物的担保即以债务人或第三人的特定财产作担保。在"人保"的情形下，由于担保人的财产处于变动之中，极有可能发生在债权人需要实现债权时，债务人无力偿债，担保人也不能承担担保责任的情形。可见，"人保"的担保效力较弱。因此，在实践中，债权人往往更倾向于要求债务人提供特定的财产作为担保。在债务人到期不能偿债时，债权人可就该特定财产的变价受偿，从而保障债权的实现。从担保人角度看，供作担保的特定财产通常是房屋等不动产或者比较贵重的动产，这些财产对担保人也很重要。为了保住这些财产，债务人通常会积极偿债，担保人也会促使债务人偿债,从而保障债权人债权的实现。

第二,防范和化解金融风险,促进资金的融通。在现代社会,人们因为购房、消费、留学、生产、投资、创业等需要,经常会向银行、投资公司、融资租赁公司等金融机构融通资金,但金融机构尤其是银行一般不愿意发放信用贷款,而是要求举债人提供担保,以防范金融风险。在债务人或第三人提供"物保"的情形下,如果债务履行期届满时债务人不能偿债,金融机构可以通过担保财产的变价而受偿,从而化解金融风险。这种化解方式比第三人提供信用担保的化解方式更好一些。因此说,担保物权有利于防范和化解金融风险,促进资金的融通。

第三,充分发挥财产的价值,促进经济的发展。在现代市场经济条件下,人们既想充分发挥财产的使用价值,又想充分发挥财产的交换价值。在诸多情形下,人们不是为了融资而提供物的担保,而是为了更加充分地发挥财产的交换价值,而主动将财产抵押出去以获取资金,用于投资,创造更多的财富。而人们的财富进取心,正是推动经济发展的动力之一。

综上可见,担保物权在现实生活中发挥着重要的功能和作用,它在保障债权实现、促进资金融通、防范和化解金融风险的同时,也为经济的发展注入了活力,可以说,担保物权不仅是经济发展的安全阀,也是经济发展的助推器。

三、担保物权的类型划分

(一) 法定担保物权与意定担保物权

这是根据担保物权发生原因的不同所作的分类。法定担保物权是指依照法律的规定而发生的担保物权,如留置权、优先权等;意定担保物权是指依照当事人的合意而设立的担保物权,如抵押权、质权等。

区分法定担保物权与约定担保物权的意义在于:这两种担保物权的成立条件不同。法定担保物权依法律规定而成立,约定担保物权依当事人的意思而设立。

(二) 转移占有担保物权与非转移占有担保物权

这是根据担保财产是否转移占有为标准所作的分类。转移占有担保物权是指将担保财产转移给债权人占有的担保物权,如质权、留置权;非转移占有担保物权是指不转移担保财产给债权人占有的担保物权,如抵押权。

区分转移占有担保物权与非转移占有担保物权的意义在于:这两种担保物权的成立条件不同。前者以担保物权人占有担保财产为成立条件,后者则不以担保物权人占有担保财产为成立条件。

(三) 留置性担保物权与优先清偿性担保物权

这是根据担保物权的效力不同所作的分类。留置性担保物权是指以留置担保财产迫使债务人清偿债务为其主要效力的担保物权，如留置权、质权；优先清偿性担保物权是指以支配担保财产的交换价值以保障债务优先清偿为主要效力的担保物权，如抵押权。

区分留置性担保物权与优先清偿性担保物权的意义在于：这两种担保物权的权利、义务范围不同。留置性担保物权的物权人对担保财产享有占有权，同时负有保管义务；优先清偿性担保物权的物权人对担保财产没有占有权，因而也不负保管义务。

（四）不动产担保物权、动产担保物权与权利担保物权

这是根据担保财产的种类不同所作的分类。不动产担保物权是指以不动产作为担保财产而成立的担保物权，如不动产抵押权；动产担保物权是指以动产作为担保财产而成立的担保物权，如动产抵押权、动产质权、留置权；权利担保物权是指以权利作为担保财产而成立的担保物权，如权利抵押权、权利质权。

区分不动产担保物权、动产担保物权与权利担保物权的意义在于：这三种担保物权的法律规则不同。例如，不动产担保物权以登记为公示方式，动产担保物权以交付为公示方式，而权利担保物权以交付权利凭证或登记为公示方式。

（五）登记担保物权与非登记担保物权

这是根据担保物权的成立是否需要登记为标准所作的分类。登记担保物权是指依法应当办理登记才能成立的担保物权，如不动产抵押权、股权质权、知识产权质权、应收账款质权等；非登记担保物权是指依法无须登记即可成立的担保物权，如质权、留置权、动产抵押权等。

区分登记担保物权与非登记担保物权的意义在于：这两种担保物权的成立条件不同。登记担保物权只有经过登记，才能发生物权的效力；而非登记担保物权无须经过登记，即可发生物权的效力。非登记担保物权一般自担保合同生效时成立或者具备法律规定的条件时成立。

四、担保物权与用益物权的区别

担保物权与用益物权的区别主要有：

（1）目的和功能不同。用益物权的目的和功能是使用、收益他人之物；而担保物权的目的和功能是担保债的履行。

（2）权利人追求的内容不同。用益物权以追求标的物的使用价值为内容，因而标的物必须具有使用价值；而担保物权以追求标的物的价值和优先受偿为内容，因而标的物必须具有交换价值。

（3）标的物形态变化对权利的影响不同。用益物权标的物的实物形态发生变化会对用益物权人的使用、收益产生直接的影响；而担保物权标的物的实物形态发生变化一般不会对担保物权的存在和实现产生影响。这是因为担保物权具有物上代位性，当担保物发生形态变化时，担保物权即存在于担保物的变化形态（如保险金、赔偿金或补偿金）之上。

第二节　担保物权的历史发展

一、担保物权的历史沿革

担保物权制度起源于罗马法。在罗马法上,先后产生了三种不同的担保制度,即信托、质押与抵押。信托又称让与担保,产生于《十二表法》时代,指债务人或第三人以要式买卖或拟诉弃权方式移转标的物的所有权于债权人,债权人则基于信托约款而在债务人清偿债务后将标的物归还给原物主。质押形成于《十二表法》之后,其内容与现代质押大体相同。抵押是为了克服质押需要移转质物占有的弊端而产生的制度。日耳曼法的担保物权制度也经历了一个漫长的发展过程。在早期日耳曼法中也有让与担保制度。所谓让与担保,是指将不动产所有权附条件转让给债权人,以担保债务的清偿。其后,日耳曼法产生了以对标的物的占有为成立要件的占有制度,以及不以对标的物的占有为成立要件的抵押制度。

在近现代民法中,《法国民法典》开创了担保物权制度的先河。该法第三卷第十七编规定了质押,第十八编规定了优先权与抵押权。《德国民法典》在第三编物权法之第八章和第九章规定了抵押权、土地债务、定期土地债务、动产质权和权利质权等担保方式,建立起了具有强烈民族色彩的担保物权体系。《日本民法典》构建了包含留置权、先取特权、质权和抵押权的担保物权体系。

在我国古代,虽有"质"和"押"等担保形式,但并未形成近现代意义上的担保物权制度。近现代意义上的担保物权制度肇始于清朝末年的大清民律草案。大清民律草案规定了抵押权、土地债务、不动产质权、动产质权。到了民国时期,民国民律草案规定了抵押权、质权、典权。南京国民政府于1929年至1931年颁行的《中华民国民法》,参照当时大陆法系各国民法关于担保物权的规定,规定了抵押权、质权和留置权。这些担保物权制度在1949年以后仅在我国台湾地区施行。

中华人民共和国成立后直到改革开放前,由于多方面的原因,我国长期未能建立起自己的担保物权制度。改革开放以后,我国逐步建立起了担保物权制度。1986年《民法通则》规定了抵押权和留置权。1995年《担保法》顺应发展社会主义市场经济的需要,规定了抵押权、质权和留置权,系统建立起了我国的担保物权制度。2007年《物权法》和现行《民法典》完善和发展了担保物权制度。

二、担保物权的现代发展

在现代社会,随着市场经济的发展,担保物权制度也得到了丰富和发展,主要表现在:

(1) 动产担保日益发达。在传统民法上,不动产抵押在各种担保形式中占据极为重要的地位,甚至被称为"担保之王"。随着担保的发展,动产抵押和其他动产担保形式日益发达。在大陆法系国家,主要有两种模式:一是以德国法为代表的动产让与担保模式;二是以日本法为代表的动产抵押模式。在英美法系国家,尤其是在美国,除了判例法承认的动产抵押制度外,成文法也专门对动产抵押作了较为全面的规定。

(2) 权利担保不断增长。在现代社会,动产质押逐渐衰落,其原因在于:动产质押须移转质押财产的占有,这样出质人便无法利用质押财产,而质权人不但不能利用质押财产,而且还需要保管质押财产。保管质押财产就可能需要支付一定的保管费用,这反而成了一种负担。在动产质押衰落的同时,权利质押日益发达起来。这是因为:首先,权利质押允许以各种权利设定担保,如股权、票据权利、知识产权、应收账款债权、收费权等,这就极大地扩张了担保财产的范围;其次,知识产权、品牌、经营权等无形财产往往具有远大于有形财产的价值,债权人更乐于接受;最后,权利质押无须移转质押财产的占有,有利于质押人继续利用已质押的权利,从而提高质押财产的利用效率。

(3) 集合担保广泛采用。集合担保是指以集合财产为担保客体的担保形式。集合财产可分为事实上的集合财产与法律上的集合财产。前者是指根据当事人的意思和经济上的目的,使一些单一财产集合在一起而成为集合财产。例如,将许多商品放在一个商店中,该商店内的全部商品就形成了一个集合财产。后者是指物和权利等各种财产集合在一起而形成集合财产。集合财产担保的表现形式主要有财团抵押和浮动抵押。集合财产的价值要远大于单个财产价值的简单相加,有利于解决大型项目的融资问题。

(4) 公示方式日趋多样。以动产抵押和权利质押为例,在欧洲,对于动产抵押,可在机器设备上标注;对于权利质押、浮动担保,可采取目录表登记、标识公示或通知公告等多种方式;在日本和我国台湾地区,对于动产抵押,可以采取粘贴标签、打刻标记等公示方法;在美国和加拿大,则可以采用电子登记方式。

(5) 自治空间有所扩大。虽然物权法属于强行法,但在担保物权领域,当事人的意思自治空间与以往相比,有所扩大,表现在:① 担保财产的范围有所扩大。例如,《美国统一商法典》第九编规定,消费品、设备、农产品、库存品等有体动产,均可用于抵押。② 担保物权的类型有所放宽。例如,日本修改和制订了一系列新的特别法规,承认了"抵押证券""让渡担保""所有权保留""债权让渡""抵销预约""代理受领""保险担保""担保信托"等非传统担保方式。③ 担保物权的内容可由当事人约定。例如,被担保的债权、担保的标的物等都是通过合同约定的。对此类合同,法律上允许当事人对物权的内容进行约定。例如,当事人可以对被担保的债权范围和数额等进行约定。这些规定,均扩大了当事人意思自治的空间。

第三节 担保物权的一般规则

一、担保物权的适用范围

《民法典》第 387 条规定,债权人在借贷、买卖等民事活动中,为保障实现其债权,需要担保的,可以依照本法和其他法律的规定设立担保物权。

上述规定包括了以下两项重要内容:

(1) 担保物权的适用范围是极其广泛的。其不仅可以适用于借贷、买卖等合同关系,还可以适用于其他由民事关系所产生的债权,只要该债权不违反法律、法规的强制性规定即可。也就是说,除了合同关系外,对于已经发生的侵权之债与不当得利返还之债,也可以设定担保物权。应当注意的是,担保物权仅适用于民事活动中的财产行为,不适用于行政行为和司法行为等非平等主体之间的法律关系,也不适用于民事活动中的非财产行为,即身份行为。

(2) 第三人为债务人向债权人提供担保的,可以要求债务人提供反担保。《民法典》第387条规定,第三人为债务人向债权人提供担保的,可以要求债务人提供反担保。反担保适用本法和其他法律的规定。所谓"第三人为债务人向债权人提供担保",包括但不限于提供物权担保。第三人为债务人向债权人提供保证亦属之,但不包括留置和定金,因为留置和定金系债务人提供的担保,而非第三人提供的担保。反担保人既可以是债务人,也可以是债务人之外的其他人。反担保的方式,可以是债务人提供的抵押或者质押,也可以是其他人提供的保证、抵押或者质押,但不包括留置和定金,因为留置的系债务人的财产,定金系债务人和债权人相互担保。

二、担保物权的设立

(一) 订立担保合同

《民法典》第388条规定,设立担保物权,应当依照本法和其他法律的规定订立担保合同。担保合同有广义和狭义之分。广义的担保合同系指设立一切担保权的合同,包括设立保证担保、抵押担保、质押担保,乃至于定金担保的合同。此处的担保合同系在狭义上使用,仅指设立担保物权的合同,也就是设立抵押担保或质押担保的合同,不包括保证合同。该条还明确了担保合同的性质,即担保合同是主债权债务合同的从合同,从而也确证了担保物权的从属性。应当注意的是,也存在着独立的担保合同。例如,《最高人民法院审理独立保函纠纷案件若干规定》第1条第1款规定,本规定所称的独立保函,是指银行或非银行金融机构作为开立人,以书面形式向受益人出具的,同意在受益人请求付款并提交符合保函要求的单据时,向其支付特定款项或在保函最高金额内付款的承诺。第3条第1款规定,保函具有下列情形之一,当事人主张保函性质为独立保函的,人民法院应予支持,但保函未载明据以付款的单据和最高金额的除外:① 保函载明见索即付;② 保函载明适用国际商会《见索即付保函统一规则》等独立保函交易示范规则;③ 根据保函文本内容,开立人的付款义务独立于基础交易关系及保函申请法律关系,其仅承担相符交单的付款责任。第23条规定,当事人约定在国内交易中适用独立保函,一方当事人以独立保函不具有涉外因素为由,主张保函独立性的约定无效的,人民法院不予支持。《九民会议纪要》第54条指出,从属性是担保的基本属性,但由银行或者非银行金融机构开立的独立保函除外。独立保函纠纷案件依据《最高人民法院关于审理独立保函纠纷案件若干问题的规定》处理。需要进一步明确的是：凡是由银行或者非银行金融机构开立的符合该司法解释第1条、第3条规定情形的保函，无论是用于国际商事交易还是用于国内商事交易，均不影响保函的效力。银行或者非银行金融机构之外的当事人开立的独立保函，以及当事人有关排除担保从属性的约定，应当认定无效。但是，根据"无效法律行为的转换"原理，在否定其独立担保效力的同时，应当将其认定为从属性担保。此时，如果主合同有效，则担保合同有效，担保人与主债务人承担连带保证责任。主合同无效，则该所谓的独立担保也随之无效，担保人无过错的，不承担责任；担保人有过错的，其承担民事责任的部分，不应超过债务人不能清偿部分的1/3。

(二) 担保合同的效力

担保合同的效力体现在：

(1) 法定代表人违反公司法关于公司对外担保决议程序的规定，越权代表公司与相对人订立的担保合同的效力。

《民法典担保制度司法解释》第7条规定，公司的法定代表人违反公司法关于公司对外担保决议程序的规定，超越权限代表公司与相对人订立担保合同，人民法院应当依照《民法典》第61条和第504条等规定处理：① 相对人善意的，担保合同对公司发生效力；相对人请求公司承担担保责任的，人民法院应予支持。② 相对人非善意的，担保合同对公司不发生效力；相对人请求公司承担赔偿责任的，参照适用本解释第17条的有关规定。法定代表人超越权限提供担保造成公司损失，公司请求法定代表人承担赔偿责任的，人民法院应予支持。第1款所称善意，是指相对人在订立担保合同时不知道且不应当知道法定代表人超越权限。相对人有证据证明已对公司决议进行了合理审查，人民法院应当认定其构成善意，但是公司有证据证明相对人知道或者应当知道决议系伪造、变造的除外。

(2) 相对人根据上市公司公开披露的关于担保事项已经董事会或者股东大会决议通过的信息，与上市公司订立的担保合同的效力。

《民法典担保制度司法解释》第9条规定，相对人根据上市公司公开披露的关于担保事项已经董事会或者股东大会决议通过的信息，与上市公司订立担保合同，相对人主张担保合同对上市公司发生效力，并由上市公司承担担保责任的，人民法院应予支持。相对人未根据上市公司公开披露的关于担保事项已经董事会或者股东大会决议通过的信息，与上市公司订立担保合同，上市公司主张担保合同对其不发生效力，且不承担担保责任或者赔偿责任的，人民法院应予支持。相对人与上市公司已公开披露的控股子公司订立的担保合同，或者相对人与股票在国务院批准的其他全国性证券交易场所交易的公司订立的担保合同，适用前两款规定。

(三) 担保合同的无效

1. 担保合同无效的情形

① 主合同无效致担保合同无效。依据《民法典》第388条第1款的规定，主合同无

效,担保合同无效;担保合同另有约定的,按照约定。这是因为担保合同是主合同的从合同,按照"从随主"的原则,主合同无效,担保合同也无效。《民法典担保制度司法解释》第2条规定,当事人在担保合同中约定担保合同的效力独立于主合同,或者约定担保人对主合同无效的法律后果承担担保责任,该有关担保独立性的约定无效。主合同有效的,有关担保独立性的约定无效不影响担保合同的效力;主合同无效的,人民法院应当认定担保合同无效,但是法律另有规定的除外。因金融机构开立的独立保函发生的纠纷,适用《最高人民法院关于审理独立保函纠纷案件若干问题的规定》。

② 违法提供担保的担保合同无效。依据《民法典担保制度司法解释》第5条和第6条的规定,下列担保合同无效:

一是机关法人提供担保的,人民法院应当认定担保合同无效。但是,经国务院批准为使用外国政府或者国际经济组织贷款进行转贷的除外。

二是居民委员会、村民委员会提供担保的,人民法院应当认定担保合同无效。但是,依法代行村集体经济组织职能的村民委员会,依照村民委员会组织法规定的讨论决定程序对外提供担保的除外。

三是以公益为目的的非营利性学校、幼儿园、医疗机构、养老机构等提供担保的,人民法院应当认定担保合同无效。但是,有下列情形之一的除外:① 在购入或者以融资租赁方式承租教育设施、医疗卫生设施、养老服务设施和其他公益设施时,出卖人、出租人为担保价款或者租金实现而在该公益设施上保留所有权;② 以教育设施、医疗卫生设施、养老服务设施和其他公益设施以外的不动产、动产或者财产权利设立担保物权。

应当注意的是,《民法典担保制度司法解释》第6条第2款规定,登记为营利法人的学校、幼儿园、医疗机构、养老机构等提供担保,当事人以其不具有担保资格为由主张担保合同无效的,人民法院不予支持。

2. 担保合同无效的法律后果

《民法典》第388条第2款规定,担保合同被确认无效后,债务人、担保人、债权人有过错的,应当根据其过错各自承担相应的民事责任。所谓"根据其过错各自承担相应的民事责任",依据《民法典担保制度司法解释》第17条的规定,可分为以下两种情况:一是,主合同有效而第三人提供的担保合同无效,人民法院应当区分不同情形确定担保人的赔偿责任:① 债权人与担保人均有过错的,担保人承担的赔偿责任不应超过债务人不能清偿部分的1/2;② 担保人有过错而债权人无过错的,担保人对债务人不能清偿的部分承担赔偿责任;③ 债权人有过错而担保人无过错的,担保人不承担赔偿责任。二是,主合同无效导致第三人提供的担保合同无效,担保人无过错的,不承担赔偿责任;担保人有过错的,其承担的赔偿责任不应超过债务人不能清偿部分的1/3。所谓"债务人不能清偿部分",是指债务人的财产经过强制执行仍然不能清偿的部分。

3. 担保合同无效情形下的追偿责任

《民法典担保制度司法解释》第19条规定,担保合同无效,承担了赔偿责任的担保人按照反担保合同的约定，在其承担赔偿责任的范围内请求反担保人承担担保责任的，人民法院应予支持。反担保合同无效的，依照本解释第 17 条的有关规定处理。当事人仅以担保合同无效为由主张反担保合同无效的，人民法院不予支持。

三、担保物权的效力

担保物权的效力即担保物权的作用力，包括对物的效力和对人的效力。对物的效力涉及担保物权的担保范围和担保物权所及的标的物的范围。对人的效力涉及担保物权人和担保设定人的权利和义务。此处主要介绍担保物权对物的效力，担保物权对人的效力留待抵押权、质权、留置权部分分别介绍。

（一）担保物权的担保范围

《民法典》第 389 条规定，担保物权的担保范围包括主债权及其利息、违约金、损害赔偿金、保管担保财产和实现担保物权的费用。当事人另有约定的，按照其约定。据此，一般而言，除非当事人另有约定，担保物权担保的债权范围包括主债权及其利息、违约金、损害赔偿金、保管担保财产和实现担保物权的费用。

（1）主债权。又称原债权，是指担保物权设立时所担保的原本债权。该原本债权在担保物权设定时即应当确定下来。当然，在特殊情况下，也可以不确定。例如，在最高额抵押中，主债权只有在实现抵押权时方才确定。

（2）主债权之利息。指由原本所生的法定孳息，包括约定利息和逾期利息。约定利息或者其利率由当事人约定，但应当符合法律的规定，不得高利放贷。逾期利息又称迟延利息或罚息，是指债务人迟延履行金钱债务时，应当向债权人支付的利息。逾期利息原则上应依法定利率计算，但当事人对逾期利率有约定的，从其约定。当事人的约定同样应当符合法律的规定。

（3）违约金。指债务人违反约定、不履行债务时应支付给债权人的金钱。违约金通常由当事人约定。《民法典》第 585 条第 1 款规定，当事人可以约定一方违约时应当根据违约情况向对方支付一定数额的违约金，也可以约定因违约产生的损失赔偿额的计算方法。

（4）损害赔偿金。指因债务人违约而给债权人造成损害时所应当支付的赔偿金。《民法典》第 583 条规定，当事人一方不履行合同义务或者履行合同义务不符合约定的，在履行义务或者采取补救措施后，对方还有其他损失的，应当赔偿损失。第 584 条规定，当事人一方不履行合同义务或者履行合同义务不符合约定，造成对方损失的，损失赔偿额应当相当于因违约所造成的损失，包括合同履行后可以获得的利益；但是，不得超过违约一方订立合同时预见到或者应当预见到的因违约可能造成的损失。

（5）保管担保财产的费用。指担保权人，通常就是质权人和留置权人因保管担保财产所支出的保管费。抵押权因为不移转抵押物的占有，因而不产生抵押权人对抵押物的保管费。

(6) 实现担保物权的费用。指担保物权人因实行担保物权而支出的费用,包括取得执行名义的费用和申请强制执行的费用。

应当注意的是:① 对于担保人承担担保责任的范围,《九民会议纪要》第55条规定,担保人承担的担保责任范围不应当大于主债务,是担保从属性的必然要求。当事人约定的担保责任的范围大于主债务的,如针对担保责任约定专门的违约责任、担保责任的数额高于主债务、担保责任约定的利息高于主债务利息、担保责任的履行期先于主债务履行期届满,等等,均应当认定大于主债务部分的约定无效,从而使担保责任缩减至主债务的范围。《民法典担保制度司法解释》第3条规定,当事人对担保责任的承担约定专门的违约责任,或者约定的担保责任范围超出债务人应当承担的责任范围,担保人主张仅在债务人应当承担的责任范围内承担责任的,人民法院应予支持。担保人承担的责任超出债务人应当承担的责任范围,担保人向债务人追偿,债务人主张仅在其应当承担的责任范围内承担责任的,人民法院应予支持;担保人请求债权人返还超出部分的,人民法院依法予以支持。② 对于以登记作为公示方式的不动产担保物权的担保范围,《九民会议纪要》第58条规定,一般应当以登记的范围为准。但是,我国目前不动产担保物权登记,不同地区的系统设置及登记规则并不一致,人民法院在审理案件时应当充分注意制度设计上的差别,作出符合实际的判断:一是多数省区市的登记系统未设置"担保范围"栏目,仅有"被担保主债权数额(最高债权数额)"的表述,且只能填写固定数字。而当事人在合同中又往往约定担保物权的担保范围包括主债权及其利息、违约金等附属债权,致使合同约定的担保范围与登记不一致。显然,这种不一致是该地区登记系统设置及登记规则造成的普遍现象。人民法院以合同约定认定担保物权的担保范围,是符合实际的妥当选择。二是一些省区市不动产登记系统设置与登记规则比较规范,担保物权登记范围与合同约定一致在该地区是常态或者普遍现象,人民法院在审理案件时,应当以登记的担保范围为准。

(二) 担保物权及于标的物的范围

担保物权及于标的物的范围,是指担保物权人实现担保物权时可以依法变价的标的物的范围。担保物权及于标的物的范围除原担保财产外,还包括原担保财产的从物和从权利、孳息、添附物、代位物等。

(1) 从物和从权利。基于主物的处分及于从物的原则,实现担保物权时,担保物权的效力及于担保财产的从物。《民法典担保制度司法解释》第40条针对抵押权规定,从物产生于抵押权依法设立前,抵押权人主张抵押权的效力及于从物的,人民法院应予支持,但是当事人另有约定的除外。从物产生于抵押权依法设立后,抵押权人主张抵押权的效力及于从物的,人民法院不予支持,但是在抵押权实现时可以一并处分。此外,从权利与主权利的关系如同从物与主物的关系,因此,担保物权的效力也及于担保财产的从权利。例如,以需役地设立抵押权时,从属于该需役地的地役权,为抵押权的效力所及。

(2) 孳息。《民法典》第412条规定,债务人不履行到期债务或者发生当事人约定的实现抵押权的情形,致使抵押财产被人民法院依法扣押的,自扣押之日起,抵押权人有权收取该抵押财产的天然孳息或者法定孳息,但是抵押权人未通知应当清偿法定孳息义务人的除外。第430条第1款规定,质权人有权收取质押财产的孳息,但是合同另有约定的除外。第452条第1款规定,留置权人有权收取留置财产的孳息。可见,各种担保物权的效力均及于孳息。应当注意的是:① 抵押权的效力不及于抵押权人着手实行抵押权之前抵押人已经收取的天然孳息和法定孳息;② 无论是抵押权、质权,还是留置权,孳息均应当先充抵收取孳息的费用。

(3) 添附物。《民法典担保制度司法解释》第41条第2款和第3款规定,在添附(附合、混合、加工)情形下,抵押权依法设立后,抵押财产被添附,抵押人对添附物享有所有权,抵押权人主张抵押权的效力及于添附物的,人民法院应予支持,但是添附导致抵押财产价值增加的,抵押权的效力不及于增加的价值部分。抵押权依法设立后,抵押人与第三人因添附成为添附物的共有人,抵押权人主张抵押权的效力及于抵押人对共有物享有的份额的,人民法院应予支持。

(4) 代位物。担保物权具有物上代位性,因此,担保物权的效力当然及于担保财产的代位物,包括担保财产毁损、灭失或者被征收所得的保险金、赔偿金、补偿金。《民法典》第390条规定,担保期间,担保财产毁损、灭失或者被征收等,担保物权人可以就获得的保险金、赔偿金或者补偿金等优先受偿。被担保债权的履行期限未届满的,也可以提存该保险金、赔偿金或者补偿金等。《民法典担保制度司法解释》第41条第1款规定,抵押权依法设立后,抵押财产被添附,添附物归第三人所有,抵押权人主张抵押权效力及于补偿金的,人民法院应予支持。第42条规定,抵押权依法设立后,抵押财产毁损、灭失或者被征收等,抵押权人请求按照原抵押权的顺位就保险金、赔偿金或者补偿金等优先受偿的,人民法院应予支持。但是,给付义务人已经向抵押人给付了保险金、赔偿金或者补偿金,抵押权人请求给付义务人向其给付保险金、赔偿金或者补偿金的,人民法院不予支持。给付义务人接到抵押权人要求向其给付的通知后仍然向抵押人给付的除外。此外,该条还规定,抵押权人请求给付义务人向其给付保险金、赔偿金或者补偿金的,人民法院可以通知抵押人作为第三人参加诉讼。

(三) 担保物权效力的其他规定

1. 主债权未受全部清偿时担保物权的行使

《民法典担保制度司法解释》第38条第1款规定,主债权未受全部清偿,担保物权人主张就担保财产的全部行使担保物权的,人民法院应予支持,但是留置权人行使留置权的,应当依照《民法典》第450条的规定处理。

2. 担保财产被分割或者部分转让时担保物权的行使

《民法典担保制度司法解释》第38条第2款规定,担保财产被分割或者部分转让,担保物权人主张就分割或者转让后的担保财产行使担保物权的,人民法院应予支持,但是法律或者司法解释另有规定的除外。

3. 主债权被分割或者部分转让时担保物权的行使

《民法典担保制度司法解释》第 39 条第 1 款规定,主债权被分割或者部分转让,各债权人主张就其享有的债权份额行使担保物权的,人民法院应予支持,但是法律另有规定或者当事人另有约定的除外。

4. 主债务被分割或者部分转移时担保物权的行使

《民法典担保制度司法解释》第 39 条第 2 款规定,主债务被分割或者部分转移,债务人自己提供物的担保,债权人请求以该担保财产担保全部债务履行的,人民法院应予支持;第三人提供物的担保,主张对未经其书面同意转移的债务不再承担担保责任的,人民法院应予支持。

四、担保责任的承担

(一) 公司违法作出担保决议情形下担保责任的承担

《民法典担保制度司法解释》第 8 条规定,有下列情形之一,公司以其未依照公司法关于公司对外担保的规定作出决议为由主张不承担担保责任的,人民法院不予支持:① 金融机构开立保函或者担保公司提供担保;② 公司为其全资子公司开展经营活动提供担保;③ 担保合同系由单独或者共同持有公司 2/3 以上对担保事项有表决权的股东签字同意。上市公司对外提供担保,不适用前款第 2 项、第 3 项的规定。

(二) 一人公司违法为其股东提供担保情形下公司的担保责任

《民法典担保制度司法解释》第 10 条规定,一人有限责任公司为其股东提供担保,公司以违反公司法关于公司对外担保决议程序的规定为由主张不承担担保责任的,人民法院不予支持。公司因承担担保责任导致无法清偿其他债务,提供担保时的股东不能证明公司财产独立于自己的财产,其他债权人请求该股东承担连带责任的,人民法院应予支持。

(三) 公司分支机构违法提供担保情形下担保责任的承担

《民法典担保制度司法解释》第 11 条第 1 款规定,公司的分支机构未经公司股东(大)会或者董事会决议以自己的名义对外提供担保,相对人请求公司或者其分支机构承担担保责任的,人民法院不予支持,但是相对人不知道且不应当知道分支机构对外提供担保未经公司决议程序的除外。第 2 款规定,金融机构的分支机构在其营业执照记载的经营范围内开立保函,或者经有权从事担保业务的上级机构授权开立保函,金融机构或者其分支机构以违反公司法关于公司对外担保决议程序的规定为由主张不承担担保责任的,人民法院不予支持。金融机构的分支机构未经金融机构授权提供保函之外的担保,金融机构或者其分支机构主张不承担担保责任的,人民法院应予支持,但是相对人不知道且不应当知道分支机构对外提供担保未经金融机构授权的除外。第3款规定,担保公司的分支机构未经担保公司授权对外提供担保,担保公司或者其分支机构主张不承担担保责任的,人民法院应予支持,但是相对人不知道且不应当知道分支机构对外提供担保未经担保公司授权的除外。第4款规定,公司的分支机构对外提供担保,相对人非善意,请求公司承担赔偿责任的,参照本解释第17条的有关规定处理。

(四) 主债务转移对第三人担保责任的影响

《民法典》第391条规定,第三人提供担保,未经其书面同意,债权人允许债务人转移全部或者部分债务的,担保人不再承担相应的担保责任。"第三人提供担保"的形式包括保证、抵押和质押。其中,保证属于债法的范畴,抵押和质押属于物权法的范畴。在第三人提供抵押担保和质押担保的情形下,如果债权人未经第三人书面同意、允许债务人转移全部或者部分债务的,担保人不再承担相应的担保责任。

(五) 担保人受让债权情形下担保责任的承担

《民法典担保制度司法解释》第14条规定,同一债务有两个以上第三人提供担保,担保人受让债权的,人民法院应当认定该行为系承担担保责任。受让债权的担保人作为债权人请求其他担保人承担担保责任的,人民法院不予支持;该担保人请求其他担保人分担相应份额的,依照本解释第13条的规定处理。

(六) 主合同当事人协议"以新还旧"情形下担保责任的承担

《民法典担保制度司法解释》第16条规定,主合同当事人协议以新贷偿还旧贷,债权人请求旧贷的担保人承担担保责任的,人民法院不予支持;债权人请求新贷的担保人承担担保责任的,按照下列情形处理:① 新贷与旧贷的担保人相同的,人民法院应予支持;② 新贷与旧贷的担保人不同,或者旧贷无担保新贷有担保的,人民法院不予支持,但是债权人有证据证明新贷的担保人提供担保时对以新贷偿还旧贷的事实知道或者应当知道的除外。主合同当事人协议以新贷偿还旧贷,旧贷的物的担保人在登记尚未注销的情形下同意继续为新贷提供担保,在订立新的贷款合同前又以该担保财产为其他债权人设立担保物权,其他债权人主张其担保物权顺位优先于新贷债权人的,人民法院不予支持。

(七) 人民法院受理债务人破产案件情形下担保责任的承担

对此,《民法典担保制度司法解释》区分不同情形作出了规定:① 人民法院受理债务人破产案件后,债权人请求担保人承担担保责任,担保人主张担保债务自人民法院受理破产申请之日起停止计息的,人民法院对担保人的主张应予支持(第22条)。② 人民法院受理债务人破产案件,债权人在破产程序中申报债权后又向人民法院提起诉讼,请求担保人承担担保责任的,人民法院依法予以支持(第23条第1款)。担保人清偿债权人的全部债权后,可以代替债权人在破产程序中受偿;在债权人的债权未获全部清偿前,担保人不得代替债权人在破产程序中受偿,但是有权就债权人通过破产分配和实现担保债权等方式获得清偿总额中超出债权的部分,在其承担担保责任的范围内请求债权人返还(第23条第2款)。债权人在债务人破产程序中未获全部清偿,请求担保人继续承担担保责任的,人民法院应予支持;担保人承担担保责任后,向和解协议或者重整计划执行完毕后的债务人追偿的,人民法院不予支持(第23条第3款)。③债权人知道或者应当知道债务人破产,既未申报债权也未通知担保人,致使担保人不能预先行使追偿权的,担保人就该债权在破产程序中可能受偿的范围内免除担保责任,但是担保人因自身过错未行使追偿权的除外(第24条)。

五、担保物权的实行

(一)担保物权竞合时的实行规则

担保物权的竞合,是指同一担保财产上共存两个以上不同的担保物权。在担保物权竞合的情况下,应当解决担保物权行使的冲突问题。

1. 抵押权与质权的竞合

抵押人以动产设立抵押权后,又将该抵押财产设立质权的,或者出质人以动产设立质权后,又将该质押财产设立抵押权的,产生抵押权与质权的竞合。《民法典》第415条规定,同一财产既设立抵押权又设立质权的,拍卖、变卖该财产所得的价款按照登记、交付的时间先后确定清偿顺序。

2. 抵押权与留置权的竞合

抵押人以动产设立抵押权后,该抵押财产又被债权人留置而成立留置权的,或者留置权成立后,留置财产所有权人又以该财产设立抵押权的,产生抵押权与留置权的竞合。《民法典》第456条规定,同一动产上已设立抵押权,该动产又被留置的,留置权人优先受偿。据此,在抵押权与留置权竞合的情形下,无论是先抵押后留置,还是先留置后抵押,留置权的效力均优先于抵押权。这是因为,留置权是法定担保物权且留置权人占有标的物,而抵押权是约定担保物权且抵押权人不占有标的物。

3. 质权与留置权的竞合

出质人以动产设立质权后,该质押财产又被债权人留置而成立留置权的,产生质权与留置权的竞合。《民法典》第456条规定,同一动产上已设立质权,该动产又被留置的,留置权人优先受偿。据此,在质权与留置权竞合的情况下,留置权优先于质权。

应当指出,于同一动产上也会发生抵押权、质权与留置权同时竞合的现象,此时,应当按照上述规则处理。即留置权优先于已经登记的抵押权,已经登记的抵押权优先于质权;留置权优先于质权,质权优先于未经登记的抵押权。

(二)"物保"与"人保"并存时的实行规则

所谓"物保"与"人保"并存,是指物的担保与人的担保同时担保同一债权的情况。《民法典》第392条规定,被担保的债权既有物的担保又有人的担保的,债务人不履行到期债务或者发生当事人约定的实现担保物权的情形,债权人应当按照约定实现债权;没有约定或者约定不明确,债务人自己提供物的担保的,债权人应当先就该物的担保实现债权;第三人提供物的担保的,债权人可以就物的担保实现债权,也可以要求保证人承担保证责任。据此,在"物保"与"人保"并存时,担保权的实行规则是:① 有约定,依约定。这是民法意思自治原则的体现。② 没有约定或者约定不明确的,再分为两种情形:一种是在债务人自己提供物的担保与第三人提供的保证担保并存的情形下,债权人应当先就债务人提供的物的担保实现债权,然后才可以要求保证人承担保证责任;另一种是在第三人提供的物的担保与第三人提供的保证担保并存的情形下,债权人既可以就物的担保实现债权,也可以要求保证人承担保证责任。这里的第三人,并不要求是同一个人。

六、第三人承担担保责任后的追偿权

《民法典》第392条规定,提供担保的第三人承担担保责任后,有权向债务人追偿。《民法典担保制度司法解释》第18条第1款规定,承担了担保责任或者赔偿责任的担保人,在其承担责任的范围内向债务人追偿的,人民法院应予支持。不仅如此,该条第2款还规定,同一债权既有债务人自己提供的物的担保,又有第三人提供的担保,承担了担保责任或者赔偿责任的第三人,主张行使债权人对债务人享有的担保物权的,人民法院应予支持。

但对于提供担保的第三人承担担保责任后是否有权向其他担保人追偿,《九民会议纪要》第56条规定,被担保的债权既有保证又有第三人提供的物的担保的,承担了担保责任的担保人向其他担保人追偿的,人民法院不予支持,但担保人在担保合同中约定可以相互追偿的除外。《民法典担保制度司法解释》第13条规定,同一债务有两个以上第三人提供担保,担保人之间约定相互追偿及分担份额,承担了担保责任的担保人请求其他担保人按照约定分担份额的,人民法院应予支持;担保人之间约定承担连带共同担保,或者约定相互追偿但是未约定分担份额的,各担保人按照比例分担向债务人不能追偿的部分。同一债务有两个以上第三人提供担保,担保人之间未对相互追偿作出约定且未约定承担连带共同担保,但是各担保人在同一份合同书上签字、盖章或者按指印,承担了担保责任的担保人请求其他担保人按照比例分担向债务人不能追偿部分的,人民法院应予支持。除前两款规定的情形外,承担了担保责任的担保人请求其他担保人分担向债务人不能追偿部分的,人民法院不予支持。第19条规定,担保合同无效,承担了赔偿责任的担保人按照反担保合同的约定,在其承担赔偿责任的范围内请求反担保人承担担保责任的,人民法院应予支持。反担保合同无效的,依照本解释第17条的有关规定处理。当事人仅以担保合同无效为由主张反担保合同无效的,人民法院不予支持。

七、担保物权的消灭

依据《民法典》第393条的规定,有下列情形之一的,担保物权消灭:

(1) 主债权消灭。担保物权具有从属性,随主债权的消灭而消灭。因此,在主债权因履行、抵销、免除或其他原因消灭时,担保物权也随之消灭。

(2) 担保物权实现。担保物权实现后,债权人的债权已从担保财产的变价中优先受偿,此时,担保物权因目的达到而消灭。应当注意的是,《民法典担保制度司法解释》第4条规定,有下列情形之一,当事人将担保物权登记在他人名下,债务人不履行到期债务或者发生当事人约定的实现担保物权的情形,债权人或者其受托人主张就该财产优先受偿的,人民法院依法予以支持:① 为债券持有人提供的担保物权登记在债券受托管理人名下;② 为委托贷款人提供的担保物权登记在受托人名下;③ 担保人知道债权人与他人之间存在委托关系的其他情形。第45条规定,当事人约定当债务人不履行到期债务或者发生当事人约定的实现担保物权的情形,担保物权人有权将担保财产自行拍卖、变卖并就所得的价款优先受偿的,该约定有效。因担保人的原因导致担保物权人无法自行对担保财产进行拍卖、变卖,担保物权人请求担保人承担因此增加的费用的,人民法院应予支持。当事人依照民事诉讼法有关"实现担保物权案件"的规定,申请拍卖、变卖担保财产,被申请人以担保合同约定仲裁条款为由主张驳回申请的,人民法院经审查后,应当按照以下情形分别处理:其一,当事人对担保物权无实质性争议且实现担保物权条件已经成就的,应当裁定准许拍卖、变卖担保财产;其二,当事人对实现担保物权有部分实质性争议的,可以就无争议的部分裁定准许拍卖、变卖担保财产,并告知可以就有争议的部分申请仲裁;其三,当事人对实现担保物权有实质性争议的,裁定驳回申请,并告知可以向仲裁机构申请仲裁。债权人以诉讼方式行使担保物权的,应当以债务人和担保人作为共同被告。

(3) 债权人放弃担保物权。债权人放弃担保物权的,担保物权消灭。但是,如果债权人放弃担保物权损害其他人的合法利益的,则不发生放弃的效力。

(4) 法律规定担保物权消灭的其他情形。例如,担保财产灭失后无代位物的情形等。

思 考 题

1. 担保物权的性质。
2. 担保物权对物的效力范围。
3. 物保与人保并存时担保权的实行规则。
4. 担保物权竞合时的权利行使顺序。

第十七章

抵押权

> **本章重点**
> 1. 抵押权的概念、特征与种类。
> 2. 抵押权的设立及效力。
> 3. 抵押权的实现和消灭。
> 4. 浮动抵押权。
> 5. 最高额抵押权。
> 6. 共同抵押权。

第一节 抵押权概述

一、抵押权的概念和特征

依据《民法典》第394条的规定,抵押权是指为担保债务的履行,债务人或者第三人不转移财产的占有而将该财产抵押给债权人,在债务人不履行到期债务或者发生当事人约定的实现抵押权的情形时,债权人有权就该财产优先受偿的权利。其中,债务人或者第三人为抵押人,债权人为抵押权人,提供担保的财产为抵押财产或抵押物。

抵押权除具有担保物权所具有的从属性、不可分性、物上代位性等一般属性外,还具有以下特点:

第一,抵押权是不转移抵押财产占有的担保物权。抵押人设立抵押后,并不转移抵押财产的占有。也就是说,抵押权是在不转移抵押财产占有的情况下于抵押财产上设定的权利。

第二,抵押财产可以是不动产、动产,也可以是权利。抵押权是在债务人或者第三人的财产上设立的担保物权。这里的财产既可以是不动产、动产,也可以是法律规定的可用于抵押的权利,如建设用地使用权、土地经营权等。

第三,多个抵押权可以同时设立于同一抵押财产之上。抵押权不以转移对抵押财产的占有为成立要件,是对抵押财产价值的支配权,且抵押权之间并不相互抵触,因此,在同一抵押财产上可以存在多个抵押权,从而会形成重复抵押的现象。

二、抵押权的种类

抵押权可以按照不同的标准进行分类。

(一) 不动产抵押权、动产抵押权和权利抵押权

这是按照抵押权客体的不同所作的分类。不动产抵押权是指以不动产为抵押标的物而设立的抵押权。不动产抵押是最普遍的抵押形式。动产抵押权是指以动产为抵押标的物而设立的抵押权。动产抵押并不意味着所有的动产都可以成为抵押权的标的物，有一些动产是不适合成为抵押标的物的。权利抵押权是指以特定的财产权利作为抵押标的物的抵押。在我国，可供抵押的权利，一般是指土地使用权。

(二) 一般抵押权与特别抵押权

这是按照抵押权性质的不同所作的分类。一般抵押权即通常意义上的抵押权。特别抵押权是指《民法典》所特别规定的在某一方面具有特殊性的抵押权，主要包括最高额抵押权、动产浮动抵押权和共同抵押权。

三、抵押权的取得

(一) 抵押权取得的方式

抵押权的取得方式主要有三种：一是因设立行为而取得。抵押权的设立，通常由双方当事人达成合意，订立书面合同，并在办理登记后，发生效力。二是因转让而取得。《民法典》第407条规定，债权转让的，担保该债权的抵押权一并转让，但是法律另有规定或者当事人另有约定的除外。据此，抵押权可因转让而取得。三是因继承而取得。抵押权为非专属性财产权，可因继承而取得。被继承人死亡时，被继承人的债权连同抵押权，由继承人继承。继承人因此而取得抵押权。因继承而取得抵押权，不经登记便发生抵押权取得的效力。下面重点介绍抵押权设立的有关内容。

(二) 抵押合同

1. 抵押合同的概念

抵押合同是指抵押人与抵押权人双方自愿设立抵押权的合意。抵押合同的当事人是抵押人和抵押权人。抵押人是指以自己所有或者享有处分权的财产为他人的债权设立抵押担保的人。抵押人可以是债务人，也可以是第三人。当第三人作为抵押人时，该第三人称为物上保证人。抵押人可以是自然人，也可以是法人或者非法人组织。抵押权人是指享有抵押权的债权人。抵押权人须为抵押权所担保的主债权的债权人，非主

债权人不能成为抵押权人。应当注意的是,抵押担保的债务人并不是抵押关系的当事人,只不过在债务人为抵押人的情形下,其集债务人身份与抵押人身份于一身而已。

2. 抵押合同的形式和内容

对于抵押合同的形式和内容,《民法典》第 400 条规定,设立抵押权,当事人应当采用书面形式订立抵押合同。抵押合同一般包括下列条款:① 被担保债权的种类和数额;② 债务人履行债务的期限;③ 抵押财产的名称、数量等情况;④ 担保的范围。

3. 抵押合同的效力

(1) 以违法建筑物抵押的抵押合同的效力。《民法典担保制度司法解释》第 49 条规定,以违法的建筑物抵押的,抵押合同无效,但是一审法庭辩论终结前已经办理合法手续的除外。抵押合同无效的法律后果,依照本解释第 17 条的有关规定处理。当事人以建设用地使用权依法设立抵押,抵押人以土地上存在违法的建筑物为由主张抵押合同无效的,人民法院不予支持。

(2) 以划拨建设用地上的建筑物抵押的抵押合同的效力。《民法典担保制度司法解释》第 50 条规定,抵押人以划拨建设用地上的建筑物抵押,当事人以该建设用地使用权不能抵押或者未办理批准手续为由主张抵押合同无效或者不生效的,人民法院不予支持。抵押权依法实现时,拍卖、变卖建筑物所得的价款,应当优先用于补缴建设用地使用权出让金。当事人以划拨方式取得的建设用地使用权抵押,抵押人以未办理批准手续为由主张抵押合同无效或者不生效的,人民法院不予支持。已经依法办理抵押登记,抵押权人主张行使抵押权的,人民法院应予支持。抵押权依法实现时所得的价款,参照前款有关规定处理。

(三) 抵押财产

对于抵押财产的范围,我国《民法典》从正反两方面作出了规定。

《民法典》第 395 条规定,债务人或者第三人有权处分的下列财产可以抵押:① 建筑物和其他土地附着物;② 建设用地使用权;③ 海域使用权;④ 生产设备、原材料、半成品、产品;⑤ 正在建造的建筑物、船舶、航空器;⑥ 交通运输工具;⑦ 法律、行政法规未禁止抵押的其他财产。抵押人可以将前款所列财产一并抵押。此外,《民法典》第 397 条规定,以建筑物抵押的,该建筑物占用范围内的建设用地使用权一并抵押。以建设用地使用权抵押的,该土地上的建筑物一并抵押。抵押人未依据前款规定一并抵押的,未抵押的财产视为一并抵押。① 第 398 条规定,乡镇、村企业的建设用地使用权不

---

① 《九民会议纪要》第 61 条规定,根据《物权法》第 182 条之规定,仅以建筑物设定抵押的,抵押权的效力及于占用范围内的土地;仅以建设用地使用权抵押的,抵押权的效力亦及于其上的建筑物。在房地分别抵押,即建设用地使用权抵押给一个债权人,而其上的建筑物又抵押给另一个人的情况下,可能产生两个抵押权的冲突问题。基于"房地一体"规则,此时应当将建筑物和建设用地使用权视为同一财产,从而依照《物权法》第 199 条的规定确定清偿顺序:登记在先的先清偿;同时登记的,按照债权比例清偿。同一天登记的,视为同时登记。应予注意的是,根据《物权法》第 200 条的规定,建设用地使用权抵押后,该土地上新增的建筑物不属于抵押财产。

得单独抵押。以乡镇、村企业的厂房等建筑物抵押的,其占用范围内的建设用地使用权一并抵押。

《民法典》第 399 条规定,下列财产不得抵押:① 土地所有权;② 宅基地、自留地、自留山等集体所有土地的使用权,但是法律规定可以抵押的除外①;③ 学校、幼儿园、医疗机构等为公益目的成立的非营利法人的教育设施、医疗卫生设施和其他公益设施;④ 所有权、使用权不明或者有争议的财产;⑤ 依法被查封、扣押、监管的财产;⑥ 法律、行政法规规定不得抵押的其他财产。

(四) 抵押权登记

抵押权登记又称抵押登记,是指由主管机关依法在登记簿上就抵押物上的抵押权状态予以记载。在我国,抵押权登记的效力根据抵押财产的不同而分别实行登记生效主义和登记对抗主义,即不动产抵押权实行登记生效主义,动产抵押权实行登记对抗主义。

1. 不动产抵押权登记

依据《民法典》第 402 条的规定,以建筑物和其他土地附着物、建设用地使用权、海域使用权、正在建造的建筑物抵押的,应当办理抵押登记。抵押权自登记时设立。关于未办理登记的不动产抵押合同的效力,《九民会议纪要》第 60 条规定,不动产抵押合同依法成立,但未办理抵押登记手续,债权人请求抵押人办理抵押登记手续的,人民法院依法予以支持。因抵押物灭失以及抵押物转让他人等原因不能办理抵押登记,债权人请求抵押人以抵押物的价值为限承担责任的,人民法院依法予以支持,但其范围不得超过抵押权有效设立时抵押人所应当承担的责任。《民法典担保制度司法解释》第 46 条规定,不动产抵押合同生效后未办理抵押登记手续,债权人请求抵押人办理抵押登记手续的,人民法院应予支持。抵押财产因不可归责于抵押人自身的原因灭失或者被征收等导致不能办理抵押登记,债权人请求抵押人在约定的担保范围内承担责任的,人民法院不予支持;但是抵押人已经获得保险金、赔偿金或者补偿金等,债权人请求抵押人在其所获金额范围内承担赔偿责任的,人民法院依法予以支持。因抵押人转让抵押财产或者其他可归责于抵押人自身的原因导致不能办理抵押登记,债权人请求抵押人在约定的担保范围内承担责任的,人民法院依法予以支持,但是不得超过抵押权能够设立时抵押人应当承担的责任范围。

此外,《民法典担保制度司法解释》第 47 条规定,不动产登记簿就抵押财产、被担保的债权范围等所作的记载与抵押合同约定不一致的,人民法院应当根据登记簿的记载确定抵押财产、被担保的债权范围等事项。第 48 条规定,当事人申请办理抵押登记手续时,因登记机构的过错致使其不能办理抵押登记,当事人请求登记机构承担赔偿责任

---

① 根据《国务院关于开展农村承包土地的经营权和农民住房财产权抵押贷款试点的指导意见》(国发〔2015〕45号)的规定,允许宅基地使用权与住房所有权一并抵押;按照所有权、承包权、经营权"三权分置"的有关要求,农村承包土地的经营权可以抵押。

的,人民法院依法予以支持。

2. 动产抵押权登记

依据《民法典》第403条的规定,以动产抵押的,抵押权自抵押合同生效时设立;未经登记,不得对抗善意第三人。《民用航空法》第16条规定,设定民用航空器抵押权,由抵押权人和抵押人共同向国务院民用航空主管部门办理抵押权登记;未经登记的,不得对抗第三人。

对于动产抵押登记,《动产抵押登记办法》第2条规定,企业、个体工商户、农业生产经营者以《物权法》第180条第1款第4项、第181条规定的动产抵押的,应当向抵押人住所地的县级市场监督管理部门(简称登记机关)办理登记。抵押权自抵押合同生效时设立;未经登记,不得对抗善意第三人。第3条规定,动产抵押登记的设立、变更和注销,可以由抵押合同一方作为代表到登记机关办理,也可以由抵押合同双方共同委托的代理人到登记机关办理。当事人应当保证其提交的材料内容真实准确。第4条规定,当事人设立抵押权符合本办法第2条所规定情形的,应当持下列文件向登记机关办理设立登记:① 抵押人、抵押权人签字或者盖章的《动产抵押登记书》;② 抵押人、抵押权人主体资格证明或者自然人身份证明文件;③ 抵押合同双方指定代表或者共同委托代理人的身份证明。第5条规定,《动产抵押登记书》应当载明下列内容:① 抵押人、抵押权人名称(姓名)、住所地等;② 抵押财产的名称、数量、状况等概况;③ 被担保债权的种类和数额;④ 抵押担保的范围;⑤ 债务人履行债务的期限;⑥ 抵押合同双方指定代表或共同委托代理人的姓名、联系方式等;⑦ 抵押人、抵押权人签字或者盖章;⑧ 抵押人、抵押权人认为其他应当登记的抵押权信息。第6条规定,抵押合同变更、《动产抵押登记书》内容需要变更的,当事人应当持下列文件,向原登记机关办理变更登记:① 抵押人、抵押权人签字或者盖章的《动产抵押登记变更书》;② 抵押人、抵押权人主体资格证明或者自然人身份证明文件;③ 抵押合同双方指定代表或者共同委托代理人的身份证明。第7条规定,在主债权消灭、担保物权实现、债权人放弃担保物权或者法律规定担保物权消灭的其他情形下,当事人应当持下列文件,向原登记机关办理注销登记:① 抵押人、抵押权人签字或者盖章的《动产抵押登记注销书》;② 抵押人、抵押权人主体资格证明或者自然人身份证明文件;③ 抵押合同双方指定代表或者共同委托代理人的身份证明。第8条规定,当事人办理动产抵押登记的设立、变更、注销,提交材料齐全,符合本办法形式要求的,登记机关应当予以办理,在当事人所提交的《动产抵押登记书》《动产抵押登记变更书》《动产抵押登记注销书》上加盖动产抵押登记专用章,并注明盖章日期。当事人办理动产抵押登记的设立、变更、注销,提交的材料不符合本办法规定的,登记机关不予办理,并应当向当事人告知理由。第11条规定,当事人有证据证明登记机关的动产抵押登记信息与其提交材料内容不一致的,有权要求登记机关予以更正。登记机关发现其登记的动产抵押登记信息与当事人提交材料内容不一致的,应当对有关信息进行更正。第12条规定,经当事人或者利害关系人申请,登记机关可以根据人民法院、仲裁委员会生效的法律文书或者人民政府生效的决定等,对相关的动产抵押登记进行变更或者撤销。动产抵押登记变更或者撤销后,登记机关应当告知原抵押合同双方当事人。第13条规定,当事人可以通过全国市场监管动产抵押登记业务系统在线办理动产抵押登记的设立、变更、注销;社会公众可以通过全国市场监管动产抵押登记业务系统查询相关动产抵押登记信息。

应当注意的是,《民法典担保制度司法解释》第54条规定,动产抵押合同订立后未办理抵押登记,动产抵押权的效力按照下列情形分别处理:① 抵押人转让抵押财产,受让人占有抵押财产后,抵押权人向受让人请求行使抵押权的,人民法院不予支持,但是抵押权人能够举证证明受让人知道或者应当知道已经订立抵押合同的除外;② 抵押人将抵押财产出租给他人并移转占有,抵押权人行使抵押权的,租赁关系不受影响,但是抵押权人能够举证证明承租人知道或者应当知道已经订立抵押合同的除外;③ 抵押人的其他债权人向人民法院申请保全或者执行抵押财产,人民法院已经作出财产保全裁定或者采取执行措施,抵押权人主张对抵押财产优先受偿的,人民法院不予支持;④ 抵押人破产,抵押权人主张对抵押财产优先受偿的,人民法院不予支持。

第二节 抵押权的效力

抵押权作为担保物权的一种,其效力也包括对物的效力和对人的效力。对物的效力前已述及,此处仅介绍对人的效力。抵押权对人的效力,即抵押权人和抵押人的权利和义务。

一、抵押权人的权利

抵押权人的权利,即抵押权对于抵押权人的效力。抵押权人的权利主要有:抵押权的处分权、变更权、保全权和优先受偿权。

(一) 抵押权的处分权

抵押权的处分权,是指抵押权人处分抵押权及其顺位的权利,包括抵押权的转让和供作担保、抵押权及其顺位的抛弃。

1. 抵押权的转让和供作担保

抵押权的转让是指抵押权人将其抵押权让与他人。抵押权的供作担保是指将抵押权供为其他债权的担保。《民法典》第407条规定,抵押权不得与债权分离而单独转让或者作为其他债权的担保。债权转让的,担保该债权的抵押权一并转让,但是法律另有规定或者当事人另有约定的除外。据此,除非法律另有规定或者当事人另有约定,抵押权可以随被担保的债权一并转让,也可以作为其他债权的担保。《九民会议纪要》第62条规定,抵押权是从属于主合同的从权利,根据"从随主"规则,债权转让的,除法律另有规定或者当事人另有约定外,担保该债权的抵押权一并转让。受让人向抵押人主张行使抵押权,抵押人以受让人不是抵押合同的当事人、未办理变更登记等为由提出抗辩的,人民法院不予支持。

2. 抵押权及其顺位的抛弃

抵押权的放弃是指抵押权人放弃其优先受偿的担保利益。抵押权顺位的放弃是指抵押权人放弃优先受偿的顺序和位次。《民法典》第 409 条第 1 款规定,抵押权人可以放弃抵押权或者抵押权的顺位。

在民法理论上,抵押权顺位的放弃,有相对放弃与绝对放弃之分。

相对放弃是指同一抵押物的顺位在先的抵押权人,为特定的顺位在后的抵押权人的利益,抛弃其优先受偿利益。在此情形下,放弃顺位的抵押权人与顺位受益的抵押权人处于同一顺位,其他抵押权人的顺位不受影响。例如,债务人甲在其房屋上分别为抵押权人乙、丙、丁设立第一、第二、第三顺位所担保的债权数额分别为人民币 300 万元、200 万元、100 万元的抵押权,现甲的房屋拍卖所得价金为 400 万元,乙将其第一顺位的优先受偿利益抛弃给丁。在此情形下,乙、丁为同一次序,丙的次序未变,其利益不受影响,仍得 200 万元;剩下的 200 万元,乙、丁按债权比例受偿,乙得 150 万元,丁得 50 万元。

绝对抛弃是指先顺位的抵押权人并非专为某一特定的后顺位的抵押权人的利益,抛弃其优先受偿利益。在此情形下,一般认为,后次序抵押权人的顺位依次升进,而抛弃人退居最后的地位。在前例中,假设乙将其第一顺位的优先受偿利益抛弃,但未指明抛弃给谁,则丙升为第一次序,丁升为第二次序,乙退居第三次序。在此情形下,丙得 200 万元、丁得 100 万元、乙得 100 万元。应当注意的是,在抛弃后新成立的抵押权,其次序仍列于抛弃者之后。

(二) 抵押权的变更权

抵押权的变更权,是指抵押权人可以变更抵押权相关内容的权利,包括变更抵押权的顺位和抵押权的内容。

抵押权顺位的变更是指同一抵押物的数个抵押权人将其抵押权的顺位互换。抵押权内容的变更是指抵押权人变更被担保的债权数额等内容。由于抵押权顺位变更和抵押权内容变更影响到抵押权人抵押权的实现,因此,《民法典》第 409 条第 1 款规定,抵押权人与抵押人可以协议变更抵押权顺位以及被担保的债权数额等内容。但是,抵押权的变更未经其他抵押权人书面同意的,不得对其他抵押权人产生不利影响。在前例中,假设乙将其第一顺位优先次序让与丁,则丁升为第一次序,丙仍处于第二次序,乙退居第三次序。在此情形下,丁得 100 万元、丙仍得 200 万元、乙只能分得 100 万元。

对于抵押权人放弃抵押权、抵押权顺位或者变更抵押权的效果,《民法典》第 409 条第 2 款规定,债务人以自己的财产设定抵押,抵押权人放弃该抵押权、抵押权顺位或者变更抵押权的,其他担保人在抵押权人丧失优先受偿权益的范围内免除担保责任,但是其他担保人承诺仍然提供担保的除外。

(三) 抵押权的保全权

抵押权的保全权是指在抵押期间于抵押物的价值受损害时,抵押权人享有的保全其抵押权益的权利。《民法典》第408条规定,抵押人的行为足以使抵押财产价值减少的,抵押权人有权请求抵押人停止其行为;抵押财产价值减少的,抵押权人有权请求恢复抵押财产的价值,或者提供与减少的价值相应的担保。抵押人不恢复抵押财产的价值,也不提供担保的,抵押权人有权请求债务人提前清偿债务。可见,抵押权的保全权包括停止侵害请求权、恢复原状请求权、提供相当担保请求权等。

(四) 优先受偿权

优先受偿权是指于抵押权实现时,抵押权人以抵押财产的变价优先受偿的权利。抵押权人的优先受偿权主要表现在以下几个方面:

(1) 在一般情况下,抵押权人优先于普通债权人受偿。在抵押人被宣告破产时,抵押权优先于抵押人的一切债权:抵押权人有别除权;抵押财产不列入破产财产;抵押权人得就抵押财产的变价于其受担保的债权额内受偿。

(2) 顺序在先的抵押权优先于顺序在后的抵押权。《民法典》第414条规定,同一财产向两个以上债权人抵押的,拍卖、变卖抵押财产所得的价款依照下列规定清偿:① 抵押权已经登记的,按照登记的时间先后确定清偿顺序;② 抵押权已经登记的先于未登记的受偿;③ 抵押权未登记的,按照债权比例清偿。其他可以登记的担保物权,清偿顺序参照适用前款规定。第416条规定,动产抵押担保的主债权是抵押物的价款,标的物交付后10日内办理抵押登记的,该抵押权人优先于抵押物买受人的其他担保物权人受偿,但是留置权人除外。

值得讨论的问题是,在先次序的抵押权因实行抵押权以外的原因而消灭时,后次序的抵押权能否自然升进? 对此,比较法上有肯定主义与否定主义两种不同的立法例。肯定主义又称为次序升进主义,以法国和日本民法为代表。这种立法例规定,在先次序的抵押权因实行以外的原因而消灭时,后次序的抵押权自然依次升进。否定主义又称为次序固定主义,以德国和瑞士民法为代表。这种立法例规定,在先次序的抵押权因实行以外的原因而消灭时,后次序的抵押权不得自然升进。在上述两种立法例中,次序升进主义存在着明显的弊端,表现在:从抵押权人方面看,假设排在第一次序的抵押权人放弃其抵押权顺位,则排在第二次序的抵押权人将跃居第一次序而受优先清偿,这无异于意外受益。就债务人方面看,假设第二次序抵押权所负担的利息较高,如果因次序升进关系,原居于第二次序的抵押权人可以先于其他债权人受偿,则会加重债务人的负担,对债务人极为不利。因此,法国和日本的学者呼吁应改进次序升进主义的做法。

应当注意的是,根据2002年《最高人民法院关于建设工程价款优先受偿权问题的批复》,建设工程承包人的优先受偿权优先于抵押权。换言之,抵押权在实现上劣后于建设工程价款优先受偿权。

二、抵押人的权利

(一) 抵押物的占有、使用、收益权

抵押权的设立并不转移抵押财产的占有,因此,抵押权成立后,抵押人仍然可以对抵押财产为占有、使用、收益。

(二) 抵押财产的转让权

抵押人就抵押财产设立抵押权后,并不丧失对抵押财产的所有权,因此,抵押人仍可以转让抵押财产。《民法典》第406条规定,抵押期间,抵押人可以转让抵押财产。当事人另有约定的,按照其约定。抵押财产转让的,抵押权不受影响。抵押人转让抵押财产的,应当及时通知抵押权人。抵押权人能够证明抵押财产转让可能损害抵押权的,可以请求抵押人将转让所得的价款向抵押权人提前清偿债务或者提存。转让的价款超过债权数额的部分归抵押人所有,不足部分由债务人清偿。

应当注意的是,《民法典担保制度司法解释》第43条规定,当事人约定禁止或者限制转让抵押财产但是未将约定登记,抵押人违反约定转让抵押财产,抵押权人请求确认转让合同无效的,人民法院不予支持;抵押财产已经交付或者登记,抵押权人请求确认转让不发生物权效力的,人民法院不予支持,但是抵押权人有证据证明受让人知道的除外;抵押权人请求抵押人承担违约责任的,人民法院依法予以支持。当事人约定禁止或者限制转让抵押财产且已经将约定登记,抵押人违反约定转让抵押财产,抵押权人请求确认转让合同无效的,人民法院不予支持;抵押财产已经交付或者登记,抵押权人主张转让不发生物权效力的,人民法院应予支持,但是因受让人代替债务人清偿债务导致抵押权消灭的除外。

(三) 担保物权的设立权

抵押人设立抵押权后,就同一抵押财产仍有权设立抵押权,也可以就同一抵押的动产设立动产质权。

(四) 抵押物的出租权

抵押权设立后,抵押人仍然可以将抵押财产出租给他人。对于抵押权与租赁权的关系,《民法典》第405条规定,抵押权设立前,抵押财产已经出租并转移占有的,原租赁关系不受该抵押权的影响。应当注意的是,《城镇房屋租赁合同纠纷司法解释》第20条规定,租赁房屋在租赁期间发生所有权变动,承租人请求房屋受让人继续履行原租赁合同的,人民法院应予支持。但租赁房屋具有下列情形或者当事人另有约定的除外:① 房屋在出租前已设立抵押权,因抵押权人实现抵押权发生所有权变动的;② 房屋在出租前已被人民法院依法查封的。

（五）用益物权的设立权

抵押人于抵押权成立后设立用益物权的，如同设立租赁权，不能影响抵押权的效力。于抵押权实现时，后设立的用益物权应当消灭。

（六）物上保证人对债务人的追偿权

依据《民法典》第392条的规定，在抵押权中，物上保证人承担担保责任后，有权向债务人追偿；抵押人向债务人追偿的数额，为抵押权人以抵押财产的变价受清偿的债权数额。

第三节 抵押权的实现和消灭

一、抵押权的实现

（一）抵押权实现的条件

抵押权的实现，是指抵押权人在债权已届清偿期而未获清偿或者发生当事人约定的情形时，处分抵押财产以使债权优先受偿的行为。《民法典》第410条第1款规定，债务人不履行到期债务或者发生当事人约定的实现抵押权的情形，抵押权人可以与抵押人协议以抵押财产折价或者以拍卖、变卖该抵押财产所得的价款优先受偿。可见，抵押权的实现须具备以下两个条件：一是须抵押权有效存在并不受限制。抵押权的设立如为无效或者已被撤销，则因抵押权已不存在，当然不能实现。虽抵押权有效存在，但其实现受有一定限制时，在受限制的范围内不能实现抵押权。例如，抵押权随同主债权一并为他债权设立质权时，抵押权的实现即受到限制。二是须债务人未履行到期债务或者发生当事人约定的实现抵押权的情形。所谓债务人不履行到期债务，是指债务履行期限届满，债务人无正当理由仍未全部履行债务的情形。

（二）抵押权实现的方式

《民法典》第410条规定，抵押权人可以与抵押人协议以抵押财产折价或者以拍卖、变卖该抵押财产所得的价款优先受偿。抵押权人与抵押人未就抵押权实现方式达成协议的，抵押权人可以请求人民法院拍卖、变卖抵押财产。可见，抵押权实现的方式包括抵押物的折价、拍卖和变卖三种方式。但抵押财产折价或者变卖的，应当参照市场价格。第413条规定，抵押财产折价或者拍卖、变卖后，其价款超过债权数额的部分归抵押人所有，不足部分由债务人清偿。

应当注意的是，无论采取何种方式实现抵押权，均应遵守以下法律规定：

第一，《民法典》第401条规定，抵押权人在债务履行期限届满前，与抵押人约定债务人不履行到期债务时抵押财产归债权人所有的,只能依法就抵押财产优先受偿。

第二,《民法典》第410条第1款规定,抵押权人与抵押人实现抵押权的协议损害其他债权人利益的,其他债权人可以请求人民法院撤销该协议。

第三,《民法典》第417条规定,建设用地使用权抵押后,该土地上新增的建筑物不属于抵押财产。该建设用地使用权实现抵押权时,应当将该土地上新增的建筑物与建设用地使用权一并处分。但是,新增建筑物所得的价款,抵押权人无权优先受偿。《民法典担保制度司法解释》第51条规定,当事人仅以建设用地使用权抵押,债权人主张抵押权的效力及于土地上已有的建筑物以及正在建造的建筑物已完成部分的,人民法院应予支持。债权人主张抵押权的效力及于正在建造的建筑物的续建部分以及新增建筑物的,人民法院不予支持。当事人以正在建造的建筑物抵押,抵押权的效力范围限于已办理抵押登记的部分。当事人按照担保合同的约定,主张抵押权的效力及于续建部分、新增建筑物以及规划中尚未建造的建筑物的,人民法院不予支持。抵押人将建设用地使用权、土地上的建筑物或者正在建造的建筑物分别抵押给不同债权人的,人民法院应当根据抵押登记的时间先后确定清偿顺序。

第四,《民法典》第418条规定,以集体所有土地的使用权依法抵押的,实现抵押权后,未经法定程序,不得改变土地所有权的性质和土地用途。

第五,《民法典》第419条规定,抵押权人应当在主债权诉讼时效期间行使抵押权;未行使的,人民法院不予保护。《民法典担保制度司法解释》第44条规定,主债权诉讼时效期间届满后,抵押权人主张行使抵押权的,人民法院不予支持;抵押人以主债权诉讼时效期间届满为由,主张不承担担保责任的,人民法院应予支持。主债权诉讼时效期间届满前,债权人仅对债务人提起诉讼,经人民法院判决或者调解后未在民事诉讼法规定的申请执行时效期间内对债务人申请强制执行,其向抵押人主张行使抵押权的,人民法院不予支持。主债权诉讼时效期间届满后,财产被留置的债务人或者对留置财产享有所有权的第三人请求债权人返还留置财产的,人民法院不予支持;债务人或者第三人请求拍卖、变卖留置财产并以所得价款清偿债务的,人民法院应予支持。主债权诉讼时效期间届满的法律后果,以登记作为公示方式的权利质权,参照适用第1款的规定;动产质权、以交付权利凭证作为公示方式的权利质权,参照适用第2款的规定。

第六,《民法典担保制度司法解释》第52条规定,当事人办理抵押预告登记后,预告登记权利人请求就抵押财产优先受偿,经审查存在尚未办理建筑物所有权首次登记、预告登记的财产与办理建筑物所有权首次登记时的财产不一致、抵押预告登记已经失效等情形,导致不具备办理抵押登记条件的,人民法院不予支持;经审查已经办理建筑物所有权首次登记,且不存在预告登记失效等情形的,人民法院应予支持,并应当认定抵押权自预告登记之日起设立。当事人办理了抵押预告登记,抵押人破产,经审查抵押财产属于破产财产,预告登记权利人主张就抵押财产优先受偿的,人民法院应当在受理破产申请时抵押财产的价值范围内予以支持,但是在人民法院受理破产申请前1年内,债务人对没有财产担保的债务设立抵押预告登记的除外。

二、抵押权的消灭

(一) 抵押权消灭的原因

抵押权消灭的原因主要有：

(1) 抵押权因主债权的消灭而消灭。抵押权是为担保主债权而存在的，具有从属性，因此，如主债权因清偿、抵消、免除而全部消灭时，抵押权也随之消灭。

(2) 抵押权因抵押物的灭失而消灭。抵押物的灭失包括事实上的灭失与法律上的灭失。前者如抵押房屋被焚毁，后者如抵押物的被征收。应当注意的是，抵押物灭失而受有赔偿金、补偿金或保险金的，则抵押权不消灭，而是移转到赔偿金、补偿金或保险金等代位物之上，此谓抵押权的物上代位性。

(3) 抵押权因实行而消灭。抵押权人实行抵押权的，不论其债权是否全部得到清偿，抵押权均归于消灭。

(4) 抵押权因主债权诉讼时效届满前未行使而消灭。《九民会议纪要》第59条第1款规定，抵押权人应当在主债权的诉讼时效期间内行使抵押权。抵押权人在主债权诉讼时效届满前未行使抵押权，抵押人在主债权诉讼时效届满后请求涂销抵押权登记的，人民法院依法予以支持。可见，抵押权受主债权诉讼时效期间的限制。一旦主债权诉讼时效期间届满，抵押权即消灭。

(二) 抵押权消灭的后果

以登记为生效要件的抵押权消灭时，抵押权人负有注销抵押登记的义务。抵押权消灭后，抵押人有权请求抵押权人注销抵押登记；抵押权已经消灭的抵押物的取得人，也有权请求抵押权人注销抵押登记。如果抵押权人在抵押权消灭后不进行注销登记的，抵押人或者抵押物的取得人可以请求人民法院强制抵押人为抵押注销登记。

以登记为对抗要件而设定的抵押权，抵押人和抵押权人已经办理登记的，在抵押权消灭时，抵押注销登记的要求与上述内容相同。

第四节 特殊抵押权

一、浮动抵押权

(一) 浮动抵押权的概念和特征

依据《民法典》第396条的规定，浮动抵押权是指企业、个体工商户、农业生产经营者将现有的以及将有的生产设备、原材料、半成品、产品抵押，当债务人不履行到期债务或者发生当事人约定的实现抵押权的情形时,债权人就抵押财产确定时的动产优先受偿的权利。

浮动抵押权具有以下特征:

第一,浮动抵押的抵押人限于企业、个体工商户和农业生产经营者,其他民事主体不能设立浮动抵押权。

第二,浮动抵押的抵押财产包括抵押人现有及将有的生产设备、原材料、半成品和产品,其他动产、不动产不能设立浮动抵押权。就此而言,浮动抵押不同于"财团抵押"。财团抵押的标的物是企业所有的不动产、动产与权利的总体,包括土地、建筑物、机器设备和各种权利(如专利权、商标权、著作权、债权等),其范围远远大于浮动抵押标的物的范围。

第三,浮动抵押权设立后,抵押财产处于不断变动之中,抵押人可以将抵押的原材料投入生产,也可以出卖抵押财产;同时,新增动产也应列入抵押财产之中。可见,浮动抵押权的客体具有不确定性。

(二) 浮动抵押权的设立

浮动抵押权的设立须采取书面合同形式,抵押权自抵押合同生效时设立。《民法典》第403条规定,以动产抵押的,抵押权自抵押合同生效时设立;未经登记,不得对抗善意第三人。

(三) 浮动抵押权的效力

浮动抵押权设立后,产生以下特殊效力:① 抵押人有权处分抵押财产,而无须经抵押权人同意;② 以动产抵押的,不得对抗正常经营活动中已经支付合理价款并取得抵押财产的买受人(《民法典》第404条);③ 抵押人有权以浮动抵押的动产设立固定抵押权,此时,应当按照法律规定的抵押权实现的顺序清偿债务。《九民会议纪要》第64条规定,企业将其现有的以及将有的生产设备、原材料、半成品及产品等财产设定浮动抵押后,又将其中的生产设备等部分财产设定了动产抵押,并都办理了抵押登记的,根据《物权法》第199条的规定,登记在先的浮动抵押优先于登记在后的动产抵押。

(四) 浮动抵押权的实现

浮动抵押权的客体具有不确定性,而抵押权的实现须以抵押财产确定为前提,因此,浮动抵押的动产须依法定事由使之确定。《民法典》第411条规定,浮动抵押的动产自下列情形之一发生时确定:① 债务履行期限届满,债权未实现;② 抵押人被宣告破产或者解散;③ 当事人约定的实现抵押权的情形;④ 严重影响债权实现的其他情形。在浮动抵押的财产确定后,浮动抵押权即变为固定抵押权,应当按照一般抵押权的实现方式实现抵押权。

应当注意的是:第一,《民法典担保制度司法解释》第56条规定,买受人在出卖人正常经营活动中通过支付合理对价取得已被设立担保物权的动产,担保物权人请求就该动产优先受偿的,人民法院不予支持,但是有下列情形之一的除外:① 购买商品的数量明显超过一般买受人;② 购买出卖人的生产设备;③ 订立买卖合同的目的在于担保出卖人或者第三人履行债务;④ 买受人与出卖人存在直接或者间接的控制关系;⑤ 买受人应当查询抵押登记而未查询的其他情形。前款所称出卖人正常经营活动,是指出卖人的经营活动属于其营业执照明确记载的经营范围,且出卖人持续销售同类商品。前款所称担保物权人,是指已经办理登记的抵押权人、所有权保留买卖的出卖人、融资租赁合同的出租人。

第二,《民法典担保制度司法解释》第 57 条规定,担保人在设立动产浮动抵押并办理抵押登记后又购入或者以融资租赁方式承租新的动产,下列权利人为担保价款债权或者租金的实现而订立担保合同,并在该动产交付后 10 日内办理登记,主张其权利优先于在先设立的浮动抵押权的,人民法院应予支持:① 在该动产上设立抵押权或者保留所有权的出卖人;② 为价款支付提供融资而在该动产上设立抵押权的债权人;③ 以融资租赁方式出租该动产的出租人。买受人取得动产但未付清价款或者承租人以融资租赁方式占有租赁物但是未付清全部租金,又以标的物为他人设立担保物权,前款所列权利人为担保价款债权或者租金的实现而订立担保合同,并在该动产交付后 10 日内办理登记,主张其权利优先于买受人为他人设立的担保物权的,人民法院应予支持。同一动产上存在多个价款优先权的,人民法院应当按照登记的时间先后确定清偿顺序。

二、最高额抵押权

(一) 最高额抵押权的概念和特征

依据《民法典》第 420 条第 1 款的规定,最高额抵押权是指为担保债务的履行,债务人或者第三人对一定期间内将要连续发生的债权提供担保财产的,当债务人不履行到期债务或者发生当事人约定的实现抵押权的情形时,抵押权人在最高债权额限度内就该担保财产优先受偿的权利。

最高额抵押权具有以下特征:

第一,最高额抵押权是为担保将来不特定债权的清偿而设立的抵押权。一方面,最高额抵押权所担保的债权通常不是已经发生的债权,而是将来要发生的债权。当然,经当事人同意,最高额抵押权设立前已经存在的债权可以转入最高额抵押担保的债权范围(《民法典》第 420 条第 2 款);另一方面,最高额抵押权所担保的将来债权是不特定的。债权是否一定发生、发生额为多少都是不确定的。

第二,最高额抵押权所担保的债权是一定期间内连续发生的债权。最高额抵押权是对一定期间内连续发生的债权的担保,仅适用于有连续发生债权的法律关系,如连续交易关系、连续借贷关系等。

第三,最高额抵押权预先设定受担保债权的最高限额。所谓最高限额,是指抵押权人实现抵押权时能够优先受偿的最高债权额,即抵押权人只能在最高债权额限度内就抵押财产优先受偿。如果抵押权所担保的债权没有最高限额，则不能成立最高额抵押权。

第四，最高额抵押权具有相对独立性。最高抵押权不具有一般抵押权的从属性，而是具有相对独立性。这主要体现在：最高额抵押权一般在被担保的债权发生之前成立，而不以被担保债权已经发生为前提；除当事人另有约定外，最高额抵押权不随被担保债权的部分转让而转让；在最高额抵押权存续期间，已发生的债权即使已消灭，最高额抵押权也不随同消灭。

（二）最高额抵押权的设立

当事人设立最高额抵押权，应当采用书面形式订立最高额抵押合同。最高额抵押合同除应具备一般抵押合同的内容外，还须具备以下两项内容：

一是最高额抵押权所担保的债权范围和最高限额。在最高额抵押合同中，当事人应当对最高额抵押权所担保的债权范围和最高限额作出约定，否则，不能成立最高额抵押权。《民法典担保制度司法解释》第15条规定，最高额担保中的最高债权额，是指包括主债权及其利息、违约金、损害赔偿金、保管担保财产的费用、实现债权或者实现担保物权的费用等在内的全部债权，但是当事人另有约定的除外。登记的最高债权额与当事人约定的最高债权额不一致的，人民法院应当依据登记的最高债权额确定债权人优先受偿的范围。

二是决算期，即最高额抵押权所担保的债权的确定日期。当事人约定了决算期的，约定的债权确定期间届满时，抵押权人的债权确定。《民法典》第423条规定，有下列情形之一的，抵押权人的债权确定：① 约定的债权确定期间届满；② 没有约定债权确定期间或者约定不明确，抵押权人或者抵押人自最高额抵押权设立之日起满2年后请求确定债权；③ 新的债权不可能发生；④ 抵押权人知道或者应当知道抵押财产被查封、扣押①；⑤ 债务人、抵押人被宣告破产或者解散；⑥ 法律规定债权确定的其他情形。

（三）最高额抵押权的效力

最高额抵押权设立后，产生以下特殊的效力：① 最高额抵押担保的债权确定前，部分债权转让的，最高额抵押权不得转让，但是当事人另有约定的除外(《民法典》第421条)；② 最高额抵押担保的债权确定前，抵押权人与抵押人可以通过协议变更债权确定的期间、债权范围以及最高债权额。但是，变更的内容不得对其他抵押权人产生不利影响(《民法典》第422条)。

---

① 2004年最高人民法院出台的《关于人民法院民事执行中查封、扣押、冻结财产的规定》第27条规定，人民法院查封、扣押被执行人设定最高额抵押权的抵押物的，应当通知抵押权人。抵押权人受抵押担保的债权数额自收到人民法院通知时起不再增加。人民法院虽然没有通知抵押权人，但有证据证明抵押权人知道查封、扣押事实的，受抵押担保的债权数额从其知道该事实时起不再增加。

(四) 最高额抵押权的实现

在最高额抵押权所担保的不特定债权特定后,债权已届清偿期的,最高额抵押权人可以根据一般抵押权的规定行使其抵押权。

(五) 最高额抵押权的法律适用

依据《民法典》第 424 条的规定,最高额抵押权除适用《民法典》关于最高额抵押权的规定外,适用《民法典》关于一般抵押权的有关规定。

三、共同抵押权

(一) 共同抵押权的概念和特征

共同抵押权是指为共同担保同一债权,而于数个不同的财产上设定一个抵押权。《民法典》第 395 条第 2 款规定的"抵押人可以将前款所列财产一并抵押",即属于共同抵押。

共同抵押权具有以下特征:

第一,共同抵押权的抵押财产是数个不同的财产。共同抵押权的抵押财产不是一个,而是数个;并且设定抵押权的数个抵押财产是独立的物,而不是集合在一起视为一物。同时,该数个抵押财产也不要求必须属于同一人所有,可以为不同的人所有,即共同抵押可以就不同人的数个独立抵押财产而设立。

第二,共同抵押权所担保的债权是同一债权。所谓同一债权,是指数个抵押财产所担保的债权是相同的。这就要求,共同抵押权所担保的是同一个债权人的同一项债权。

第三,共同抵押权可以就数个抵押财产一并设立,也可以就数个抵押财产先后分别设立。

(二) 共同抵押权的效力

共同抵押权的抵押财产为数个独立的财产,而且抵押财产的所有权人也无须为同一人,因此,抵押权人如何就各个抵押财产受偿其债权,就成为共同抵押权效力上的特殊问题。对此,应当区分两种情形,即关于共同抵押权的数个抵押财产所担保的担保金额当事人有约定和当事人没有约定两种情况。

当事人约定了各个抵押财产所担保的债权份额的,抵押权人在实现抵押权时应当就各个抵押财产所担保的债权份额优先受偿。也就是说,各个抵押财产分别以其价值按照其应担保的债权份额担保债权人的债权受偿。这种共同抵押权的各个抵押财产对同一债权的担保系分别负责,各抵押财产相互间并无连带关系。

当事人未约定各个抵押财产所担保的债权份额或抵押顺序的,《担保法司法解释》第 75 条规定,抵押权人可以就其中任一或者各个抵押财产行使抵押权。这时,共同抵押财产之间承担"物"的连带责任,每个抵押财产之价值均担保着全部债权。抵押人承担担保责任后,可以向债务人追偿,也可以要求其他抵押人清偿其应当承担的份额。应当注意的是,共同抵押权人在实现抵押权时,如果两个以上的抵押人——为债务人本人、一为物上保证人,则抵押权人原则上应当先就债务人本人提供的抵押财产变价求偿。如果债权人放弃债务人提供的抵押担保的,其他抵押人有权在债务人抵押财产的价值范围内请求法院减轻或者免除其应当承担的担保责任。

思 考 题

1. 抵押权的性质。
2. 抵押权顺位的变更或抛弃对抵押权实现的影响。
3. 未经抵押权人同意的抵押财产转让的效力。
4. 浮动抵押在实践中的困境及其破解之道。
5. 共同抵押权的实行规则。

第十八章

质　权

> 本章重点
> 1. 动产质权的设立及效力。
> 2. 各类权利质权的设立及效力。

第一节　质权概述

一、质权的概念和特征

质权是指债权人在债务人不清偿其债务时，可以就债务人或第三人移转占有而供担保的动产或权利的卖得价金优先受偿的权利。其中，将动产或权利转移给债权人占有而供作担保的债务人或第三人为出质人；享有质权的债权人为质权人；出质人转移给债权人占有以供作债权担保的动产或权利称为质押财产或质物。

质权具有以下特征：

第一，质权是于债务人或第三人交付的财产上设立的担保物权。质押财产可以是债务人的财产，也可以是第三人的财产，但不能是债权人自己的财产，因而质权是在他人财产上设立的他物权。

第二，质押财产包括动产和权利。质押财产只能是动产和权利，而不能是不动产，在不动产之上不能设立质权。

第三，质权以债权人占有质押财产或出质登记为设立条件。质权以动产为质押财产的，质权的设立以出质人移交质押财产的占有为设立要件，这也是质权的存续要件；质权以权利为质押财产的，质权的设立以出质人交付权利凭证或办理出质登记为设立要件。

二、质权的分类

(一) 动产质权与权利质权

这是根据质押财产的不同所作的分类。动产质权是指以动产为质押财产的质权;权利质权是指以可让与的财产权为质押财产的质权。

区分动产质权与权利质权的意义在于:这两种质权因质押财产不同,在质权的设立和效力上存在一定的差别。

(二) 一般质权与特殊质权

这是根据质权的特性所作的分类。一般质权是指法律无特别规定而具有质权一般特性的质权;特殊质权是指法律有特别规定的,在某一特性上具有特殊性的质权,如最高额质权。所谓最高额质权,是指为担保债务的履行,债务人或第三人对一定期间内将要连续发生的债权提供质押财产,当债务人不履行到期债务或者发生当事人约定的实现质权的情形时,质权人在最高债权额限度内就该质押财产优先受偿的权利。《民法典》第439条规定,出质人与质权人可以协议设立最高额质权。

区分一般质权与特殊质权的意义在于:一般质权适用法律关于质权的一般规定,而特殊质权除适用法律关于质权的一般规定外,还适用法律关于该种质权的特殊规定。《民法典》第439条规定,最高额质权除适用动产质权的一般规定外,参照适用最高额抵押权的有关规定。

(三) 民事质权与营业质权

这是根据质权所适用的法规属性的不同所作的分类。民事质权是指适用民法规定的质权;营业质权即适用当铺规则的当铺营业质权。在营业质权中,债务人将一定的财物交付于当铺作担保,向当铺借贷一定数额的金钱,于一定期限(即回赎期限)内,债务人清偿债务后可以取回担保物;回赎期限届满后,债务人不能清偿债务时,担保财产即归债权人所有或者由债权人以担保财产的价值优先受偿。

区分营业质权与民事质权的意义在于:民事质权不适用流质契约,而营业质权在传统民法上可以适用流质契约。

第二节 动产质权

一、动产质权的概念和特征

依据《民法典》第425条的规定,动产质权是指为担保债务的履行,债务人或者第三人将其动产出质给债权人占有,当债务人不履行到期债务或者发生当事人约定的实现质权的情形时,债权人就该动产优先受偿的权利。在动产质权法律关系中,债务人或者第三人为出质人,债权人为质权人,交付的动产为质押财产。动产质权具有质权的一般特征,只不过其标的物为动产而已。

二、动产质权的取得

动产质权的取得方式主要有四:一是因设立行为而取得。二是因受让而取得。动产质权为非专属性的担保物权,因此它可以因受让而取得。应当注意的是,由于动产质权是因担保债权而存在的,具有从属性,因此,动产质权应与所担保的债权一并让与,而不得单独让与。三是善意取得。动产质权的善意取得可以参照所有权善意取得的规定。四是因继承而取得。动产质权为财产权,因此在质权人死亡时,可由其继承人取得。此处重点介绍动产质权的设立。

动产质权的设立须符合以下要求:

(1) 质押财产须为法律允许出质的动产。《民法典》第 426 条规定,法律、行政法规禁止转让的动产不得出质。也就是说,禁止流通物不得出质。例如,《文物保护法》第 52 条规定,国家禁止出境的文物,不得转让、出租、质押给外国人。《金银管理条例》第 7 条规定,在中华人民共和国境内,一切单位和个人不得计价使用金银,禁止私相买卖和借贷抵押金银。《外汇管理条例》第 8 条规定,中华人民共和国境内禁止外币流通,并不得以外币计价结算,但国家另有规定的除外。

(2) 出质人对质押财产须有处分权。在一般情形下,作为出质人的债务人或第三人应当对质押财产享有处分权,方可以该财产出质,否则,无权出质。但是,在特殊情形下,即便出质人对质押财产没有处分权,债权人也可能依照法律的规定取得质权。

(3) 出质人与质权人须订立书面质押合同。《民法典》第 427 条规定,设立质权,当事人应当采用书面形式订立质押合同。质押合同一般包括下列条款:① 被担保债权的种类和数额;② 债务人履行债务的期限;③ 质押财产的名称、数量等情况;④ 担保的范围;⑤ 质押财产交付的时间、方式。

(4) 出质人须将质押财产移交质权人占有。质权以质权人占有质押财产为成立要件,因此,出质人应当按照质权合同的约定将质押财产移交质权人占有。应当注意的是,《民法典担保制度司法解释》第 53 条规定,当事人在动产和权利担保合同中对担保财产进行概括描述,该描述能够合理识别担保财产的,人民法院应当认定担保成立。第 55 条规定,债权人、出质人与监管人订立三方协议,出质人以通过一定数量、品种等概括描述能够确定范围的货物为债务的履行提供担保,当事人有证据证明监管人系受债权人的委托监管并实际控制该货物的,人民法院应当认定质权于监管人实际控制货物之日起设立。监管人违反约定向出质人或者其他人放货、因保管不善导致货物毁损灭失,债权人请求监管人承担违约责任的,人民法院依法予以支持。在前款规定情形下,当事人有证据证明监管人系受出质人委托监管该货物,或者虽然受债权人委托但是未实际履行监管职责,导致货物仍由出质人实际控制的,人民法院应当认定质权未设立。债权人可以基于质押合同的约定请求出质人承担违约责任,但是不得超过质权有效设立时出质人应当承担的责任范围。监管人未履行监管职责,债权人请求监管人承担责任的,人民法院依法予以支持。

对于质权设立的时间,《民法典》第 429 条规定,质权自出质人交付质押财产时设立。可见,质权的设立时间为质押财产的交付时间。在动产质权中,质押财产的交付可以是现实交付,也可以是简易交付或指示交付,但不能是占有改定,因为在占有改定的情形下,质权人并不占有质押财产。

三、动产质权的效力

(一) 质权人的权利与义务

1. 质权人的权利

(1) 占有和留置质押财产的权利。质权以质押财产的占有转移为成立和存续要件,因此,质权人可以占有和留置质押财产。只要债权未受清偿,质权人可以拒绝一切人返还质押财产的请求,即使出质人将质押财产转让给第三人,也不影响质权人的质权。

(2) 孳息收取权。《民法典》第 430 条规定,质权人有权收取质押财产的孳息,但是合同另有约定的除外。前款规定的孳息应当先充抵收取孳息的费用。实践中,质权人收取质押财产的孳息,首先应当充抵收取孳息的费用,其次清偿主债权的利息,最后清偿主债权。

(3) 费用偿还请求权。质权人对于因保管质押财产所支出的必要费用有偿还请求权。所谓必要费用,是指为保存和管理质押财产不可缺少的费用。因质押财产为出质人所有,质权人保管质押财产也属于为出质人保管财产,因此,质权人为保管质押财产所支出的必要费用应由质押财产所有权人负担。

(4) 质权保全权。《民法典》第 433 条规定,因不可归责于质权人的事由可能使质押财产毁损或者价值明显减少,足以危害质权人权利的,质权人有权请求出质人提供相应的担保;出质人不提供的,质权人可以拍卖、变卖质押财产,并与出质人协议将拍卖、变卖所得的价款提前清偿债务或者提存。

(5) 转质权。转质是指质权人为担保自己的债务,将质押财产移交于自己的债权人而设立新质权的行为。

(6) 质权的处分权。质权的处分权是质权人处分其质权的权利,包括质权的放弃、质权的让与或供作他债权的担保。对于质权的放弃,《民法典》第 435 条规定,质权人可以放弃质权。债务人以自己的财产出质,质权人放弃该质权的,其他担保人在质权人丧失优先受偿权益的范围内免除担保责任,但是其他担保人承诺仍然提供担保的除外。

对于第三人以其财产出质的情形下质权人放弃质权的法律后果,《民法典》则未作规定。依据反对解释,在此情形下,其他担保人不能免除担保责任。质权让与,是指质权人将质权转让给第三人。不过,由于质权系其所担保的主债权的从权利,具有从属性,因此,质权不得单独转让,而应当随其所担保的主债权一并转让。质权供作他债权的担保,是指质权人将质权提供作为其他债权的担保。质权供作担保同样是随其所担保的主债权一并供作他债权的担保,而不是单独供作他债权的担保。

应当注意的是,质权的处分不同于质物的处分。质物处分权属于出质人的权利,而不是质权人的权利。质物的处分包括法律上的处分和事实上的处分,而质权的处分仅限于法律上的处分,不存在事实上的处分。

(7) 优先受偿权。优先受偿权,是质权人就质押财产的变价优先受偿的权利,是质权的基本效力。当债务人不履行到期债务或发生当事人约定的实现质权的情形时,质权人有权就该质押财产的价值优先受偿。

2. 质权人的义务

(1) 不得擅自使用、处分质押财产的义务。《民法典》第431条规定,质权人在质权存续期间,未经出质人同意,擅自使用、处分质押财产,造成出质人损害的,应当承担赔偿责任。据此,质权人在质权存续期间,并非绝对不能使用、处分质押财产,质权人可以经出质人同意而使用、处分质押财产,并以其收益清偿被担保的债权。但是,质权人未经出质人同意,擅自使用、处分质押财产,造成出质人损害的,则应当承担赔偿责任。应当注意的是,此处质权人承担赔偿责任不以质押财产毁损、灭失为必要条件;即使没有造成质押财产毁损、灭失,而质权人擅自使用、处分质押财产获得收益的,则出质人可以请求人民法院减少或者免除其应当承担的债务数额,对于收益大于债务数额的部分,出质人有权依据《民法典》有关不当得利的规定,请求质权人返还不当利益。

(2) 妥善保管质押财产的义务。《民法典》第432条第1款规定,质权人负有妥善保管质押财产的义务;因保管不善致使质押财产毁损、灭失的,应当承担赔偿责任。应当注意的是,质权人因保管质押财产所产生的保管费用,属于质权所担保的债权的范围,应当由出质人承担。但是,质权人未妥善保管质押财产所造成的损失,应当由质权人自己承担。在实践中,如果质权人未妥善保管质押财产,可以探索由第三人保管质押财产,此时所产生的保管费用,则应当由质权人承担。

(3) 返还质押财产的义务。《民法典》第436条第1款规定,债务人履行债务或者出质人提前清偿所担保的债权的,质权人应当返还质押财产。

(二) 出质人的权利与义务

1. 出质人的权利

动产出质以后,由于质押财产已移转质权人占有,因此,一般而言,出质人仅享有权利,不负担义务。出质人的权利主要有以下几项:

(1) 孳息收取权。出质人在设立质权后,质押财产虽已由质权人占有,但出质人可依质押合同约定保留自己对于质押财产孳息的收取权。

（2）质押财产的处分权。出质人虽将质押财产的占有转移于质权人，但并不因此丧失对质押财产的所有权，因此，出质人仍可以对质押财产为法律上的处分，如转让质押财产、就质押财产设立抵押权。因事实上的处分有害于质权人的利益，故出质人不享有对质押财产事实上的处分权。

（3）除去侵害和返还请求权。在质权人有侵害质押财产的作为或不作为的行为时，出质人有权请求质权人除去侵害。《民法典》第432条第2款规定，质权人的行为可能使质押财产毁损、灭失的，出质人可以请求质权人将质押财产提存，或者请求提前清偿债务并返还质押财产。

（4）物上保证人对主债务人的追偿权。依据《民法典》第392条的规定，在动产质权中，物上保证人在承担担保责任后，有权向债务人追偿。

2. 出质人的义务

前已述及，动产出质以后，出质人仅享有权利，而不负担义务。但出质人也不是不负担任何义务。实际上，出质人仍然负有一定的义务。例如，出质人不得以自己是所有权人为借口而侵害质权人对质押财产的占有，也不得对质押财产为事实上的处分。

四、转质

（一）转质的概念

转质是指在质权有效设立之后，质权人根据法律规定经出质人明示承诺或者以自己的责任，为担保自己债务的履行，将出质人提供的质押财产交付给自己的债权人占有而设立一个新的质权的法律行为。其中，因转质而取得质权的人，称为转质权人。转质权与原质权彼此独立，但是转质权所担保债权范围应当在原质权所担保债权范围之内。[①]

（二）转质的类型

1. 承诺转质

承诺转质是指质权人经出质人同意，为供自己债务的担保而将质押财产转移占有于第三人，在质押财产上再设立新的质权的行为。《担保法司法解释》第94条规定，质权人在质权存续期间，为担保自己的债务，经出质人同意，以其所占有的质物为第三人设定质权的，应当在原质权所担保的债权范围之内，超过的部分不具有优先受偿的效力。转质权的效力优于原质权。不过，该司法解释已被废止。

[①] 最高人民法院民法典贯彻实施工作领导小组主编：《中华人民共和国民法典物权编理解与适用》（下），法律出版社2020年版，第1209页。

承诺转质的构成要件包括：① 须发生在原质权的有效存续期内。② 须经出质人明示同意。质权人一旦得到出质人的承诺，则在转质权设定时无须再向出质人发出通知或再次征得其同意。③ 质权人与转质权人之间须以书面形式订立转质权合同，出质人可以在合同上签字以表明其同意转质，出质人的转质承诺一经作出，即发生效力，不得随意撤回或撤销。④ 转质权所担保的债权额不得超过原质权所担保的债权额。⑤ 质权人须将质押财产的占有移位于转质权人，即质权人丧失占有，转质权人取得占有。

承诺转质的法律效力是：① 出质人直接受转质权效力的约束。在承诺转质的情形下，出质人不但要承受出质的风险，还要承受转质的风险。在出质人向质权人清偿债务时，原质权虽然消灭，但转质权并不消灭，此时，出质人仍不能收回质物；如出质人想要收回质物，只能以第三人的地位向转质权人清偿质权人的债务。② 转质权的效力优于原质权的效力。此优先效力表现在以下两个方面：一是转质权人对于质权人的债权若已届清偿期，则无论质权人的债权是否已届清偿期，转质权人均可直接行使质权，从质物的变价中优先受偿；二是在出质人届期不履行债务，质权人行使自己的质权时，必须征得转质权人的同意，并须从质物的变价中扣除转质权所担保的债权额，仅就其余额来满足自己的债权。应当注意的是，转质所担保的债权的数额，应当在原质权所担保的债权范围之内，超过的部分不具有优先受偿的效力。

2. 责任转质

责任转质是指质权人在质权存续期间，未经出质人同意而以自己的责任，为担保自己的债务将质押财产转质于第三人而设定新质权的行为。《民法典》第 434 条规定，质权人在质权存续期间，未经出质人同意转质，造成质押财产毁损、灭失的，应当承担赔偿责任。

责任转质的构成要件包括：① 须发生在原质权的有效存续期内。② 无须经出质人同意，但质权人须向转质权人说明质押财产的所有权人。如果质权人隐瞒质押财产的所有权人，而以所有权人的身份就质押财产设质，而使相对人依善意取得之规定而取得质权，则属于质权的善意取得，而非转质。③ 质权人与转质权人之间须以书面形式订立转质权合同，但无须出质人在合同上签字。④ 转质权所担保的债权额不得超过原质权所担保的债权额。⑤ 质权人须将质押财产的占有移位于转质权人，即质权人丧失占有，转质权人取得占有。

责任转质的法律效力表现在：① 对转质权人而言，主要有：第一，转质权人在原质权所担保的债权额范围内，于自己的债权受清偿前，对质押财产享有占有权和留置权；第二，转质权人实行转质权不仅应以自己债权已届满清偿期为条件，而且应以质权人的债权也已届满清偿期为必要；第三，转质权人在实现债权时，就质押财产的变价享有优先于原质权人的受偿权，即应以质物的变价优先清偿转质权人的债权，然后才以其余额清偿质权人的债权。② 对质权人而言，主要有：第一，责任转质成立后，质权人须将质押财产的占有移转于转质权人；第二，质权人不仅要对出质人承担质物因转质权人的过失而毁损灭失的责任，而且要承担因转质所生的不可抗力风险责任；第三，质权人在转质所担保的债权数额内,负有不使其质权消灭的义务,不得抛弃其质权或免除债务人的债务。③ 对出质人而言,主要是:当质权人将转质的意思通知出质人后,出质人如果未经转质权人同意,而对质权人为债务清偿,则不能产生对抗转质权人的效果。

五、动产质权的实现

动产质权的实现,是指质权人在债权已届清偿期而未获清偿或发生当事人约定的实现质权的情形时,处分质押财产以使债权优先受偿的行为。《民法典》第 436 条第 2 款规定,债务人不履行到期债务或者发生当事人约定的实现质权的情形,质权人可以与出质人协议以质押财产折价,也可以就拍卖、变卖①质押财产所得的价款优先受偿。第 438 条规定,质押财产折价或者拍卖、变卖后,其价款超过债权数额的部分归出质人所有,不足部分由债务人清偿。

对于动产质权的实现,应当注意以下三个问题:

一是在质权人与出质人订立流质契约的情形下,《民法典》第 428 条规定,质权人在债务履行期限届满前,与出质人约定债务人不履行到期债务时质押财产归债权人所有的,只能依法就质押财产优先受偿。该规定与 2007 年《物权法》的规定相比,已放松了对流质契约的限制,不再规定流质契约无效,但也没有规定质权人可以直接取得质押财产所有权,而是规定了质权人只能依法就质押财产优先受偿。应当注意的是,对于营业质权,《典当管理办法》第 40 条规定,典当期限或者续当期限届满后,当户应当在 5 日内赎当或者续当。逾期不赎当也不续当的,为绝当。当户于典当期限或者续当期限届满至绝当前赎当的,除须偿还当金本息、综合费用外,还应当根据中国人民银行规定的银行等金融机构逾期贷款罚息水平、典当行制定的费用标准和逾期天数,补交当金利息和有关费用。第 43 条规定,典当行应当按照下列规定处理绝当物品:① 当物估价金额在 3 万元以上的,可以按照《担保法》的有关规定处理,也可以双方事先约定绝当后由典当行委托拍卖行公开拍卖。拍卖收入在扣除拍卖费用及当金本息后,剩余部分应当退还当户,不足部分向当户追索。② 绝当物估价金额不足 3 万元的,典当行可以自行变卖或者折价处理,损溢自负。③ 对国家限制流通的绝当物,应当根据有关法律、法规,报有关管理部门批准后处理或者交售指定单位。④ 典当行在营业场所以外设立绝当物品销售点应当报省级商务主管部门备案,并自觉接受当地商务主管部门监督检查。⑤ 典当行处分绝当物品中的上市公司股份应当取得当户的同意和配合,典当行不得自行变卖、折价处理或者委托拍卖行公开拍卖绝当物品中的上市公司股份。

二是在债务履行期届满质权人怠于行使权利的情形下,《民法典》第 437 条规定,出质人可以请求质权人在债务履行期限届满后及时行使质权;质权人不行使的,出质人可

---

① 基于诚信原则的要求,质权人在拍卖、变卖质押财产时,应当通知出质人,但出质人无法通知的除外。参见最高人民法院民法典贯彻实施工作领导小组主编:《中华人民共和国民法典物权编理解与适用》(下),法律出版社 2020 年版,第 1218 页。

以请求人民法院拍卖、变卖质押财产。出质人请求质权人及时行使质权,因质权人怠于行使权利造成出质人损害的,由质权人承担赔偿责任。

三是在数个可分质押财产担保同一债权的情形下,虽然每个质押财产都担保债权的全部,但是如果拍卖、变卖部分质押财产即足以清偿担保范围的债权,那么,就应当停止拍卖、变卖其余的质押财产。①

六、动产质权的消灭

(一)动产质权消灭的原因

除担保物权的一般消灭原因外,动产质权还存在以下特殊消灭原因:

一是质权人丧失质押财产的占有。所谓丧失占有,是指因质押财产遗失、被盗、被侵夺或者其他情形,质权人事实上丧失对质押财产的管领力。但是,如果质权人丧失对质押财产的占有,但其又依物权请求权或占有返还请求权而恢复占有的,则质权并不消灭。

二是质押财产的任意返还。这是指质权人基于自己的意思,将质押财产的占有转移给出质人。至于转移占有的原因如何,在所不问。

(二)动产质权消灭的后果

《民法典》第436条第1款规定,债务人履行债务或者出质人提前清偿所担保的债权的,质权人应当返还质押财产。

第三节 权利质权

一、权利质权的概念和特征

权利质权是指为担保债务的履行,债务人或者第三人将其有权处分的权利出质给债权人,当债务人不履行到期债务或者发生当事人约定的实现质权的情形时,债权人就该权利优先受偿的权利。

权利质权具有以下特征:

第一,权利质权的客体是权利。与动产质权不同,权利质权的客体是权利。这里的权利,并不是指所有的权利,而仅指所有权、用益物权以外的可以让与的财产权利。对于权利质权的客体,《民法典》第440条规定,债务人或者第三人有权处分的下列权利可

---

① 最高人民法院民法典贯彻实施工作领导小组主编:《中华人民共和国民法典物权编理解与适用》(下),法律出版社2020年版,第1225页。

以出质：① 汇票、本票、支票；② 债券、存款单；③ 仓单、提单；④ 可以转让的基金份额、股权；⑤ 可以转让的注册商标专用权、专利权、著作权等知识产权中的财产权；⑥ 现有的以及将有的应收账款；⑦ 法律、行政法规规定可以出质的其他财产权利。

第二，权利质权通常涉及第三债务人。权利质权的客体是财产权利，这种财产权利不仅涉及权利人，还涉及义务人。该义务人虽不是质权合同的当事人，但属于有利害关系的第三人，通常称为第三债务人。

第三，权利质权以交付权利凭证或登记为设立条件。在权利质权的设立上，以具有权利凭证的财产权利设立质权的，应将该权利凭证交付于质权人占有，质权自权利凭证交付质权人时设立；以无权利凭证的财产权利设立质权的，质权自有关部门办理出质登记时设立。

二、各类权利质权

（一）证券质权

1. 证券质权的概念

证券质权是指以有价证券，即汇票、支票、本票、债券、存款单、仓单、提单所表示的权利为客体的质权。

2. 证券质权的设立

《民法典》第441条规定，以汇票、本票、支票、债券、存款单、仓单、提单出质的，质权自权利凭证交付质权人时设立；没有权利凭证的，质权自办理出质登记时设立。法律另有规定的，依照其规定。《民法典担保制度司法解释》第58条规定，以汇票出质，当事人以背书记载"质押"字样并在汇票上签章，汇票已经交付质权人的，人民法院应当认定质权自汇票交付质权人时设立。第59条第1款规定，存货人或者仓单持有人在仓单上以背书记载"质押"字样，并经保管人签章，仓单已经交付质权人的，人民法院应当认定质权自仓单交付质权人时设立。没有权利凭证的仓单，依法可以办理出质登记的，仓单质权自办理出质登记时设立。

3. 证券质权的效力

《民法典》第442条规定，汇票、本票、支票、债券、存款单、仓单、提单的兑现日期或者提货日期先于主债权到期的，质权人可以兑现或者提货，并与出质人协议将兑现的价款或者提取的货物提前清偿债务或者提存。

应当注意的是：①《民法典担保制度司法解释》第59条规定，出质人既以仓单出质，又以仓储物设立担保，按照公示的先后确定清偿顺序；难以确定先后的，按照债权比例清偿。保管人为同一货物签发多份仓单，出质人在多份仓单上设立多个质权，按照公示的先后确定清偿顺序；难以确定先后的，按照债权比例受偿。存在第2款、第3款规定的情形，债权人举证证明其损失系由出质人与保管人的共同行为所致，请求出质人与保管人承担连带赔偿责任的,人民法院应予支持。②《民法典担保制度司法解释》第 60 条规定,在跟单信用证交易中,开证行与开证申请人之间约定以提单作为担保的,人民法院应当依照《民法典》关于质权的有关规定处理。在跟单信用证交易中,开证行依据其与开证申请人之间的约定或者跟单信用证的惯例持有提单,开证申请人未按照约定付款赎单,开证行主张对提单项下货物优先受偿的,人民法院应予支持;开证行主张对提单项下货物享有所有权的,人民法院不予支持。在跟单信用证交易中,开证行依据其与开证申请人之间的约定或者跟单信用证的惯例,通过转让提单或者提单项下货物取得价款,开证申请人请求返还超出债权部分的,人民法院应予支持。前 3 款规定不影响合法持有提单的开证行以提单持有人身份主张运输合同项下的权利。

(二) 基金份额和股份质权

1. 基金份额和股份质权的概念

基金份额、股份质权是指以基金份额、股权所表示的财产权利为客体的质权。所谓基金份额,是指向投资者公开发行的,表示持有人按其所持份额对基金财产享有收益分配权等相关财产权利的凭证。

2. 基金份额和股份质权的设立

《民法典》第 443 条第 1 款规定,以基金份额、股权出质的,质权自办理出质登记时设立。

3. 基金份额和股份质权的效力

《民法典》第 443 条第 2 款规定,基金份额、股权出质后,不得转让,但是出质人与质权人协商同意的除外。出质人转让基金份额、股权所得的价款,应当向质权人提前清偿债务或者提存。

(三) 知识产权质权

1. 知识产权质权的概念

知识产权质权是指以注册商标专用权、专利权、著作权等知识产权中的财产权为客体的质权。

2. 知识产权质权的设立

《民法典》第 444 条第 1 款规定,以注册商标专用权、专利权、著作权等知识产权中的财产权出质的,质权自办理出质登记时设立。应当注意的是,专利申请权和技术秘密虽然属于知识产权中的财产权,但是债权人对接收其出质应当持慎重态度,因为专利权申请不一定能成功,而技术秘密不能公开,这都有可能导致质权人最终无法实现质权。

对于注册商标专用权出质登记,《注册商标专用权质权登记程序规定》第 1 条第 2 款规定,国家工商行政管理总局商标局负责办理注册商标专用权质权登记。第 4 条规定,申请注册商标专用权质权登记的,应提交下列文件:① 申请人签字或者盖章的《商标专用权质权登记申请书》。② 出质人、质权人的主体资格证明或者自然人身份证明复印件。③ 主合同和注册商标专用权质权合同。④ 直接办理的,应当提交授权委托书以及被委托人的身份证明;委托商标代理机构办理的,应当提交商标代理委托书。⑤ 出质注册商标的注册证复印件。⑥ 出质商标专用权的价值评估报告。如果质权人和出质人双方已就出质商标专用权的价值达成一致意见并提交了相关书面认可文件,申请人可不再提交。⑦ 其他需要提供的材料。

对于专利权出质登记,《专利权质押登记办法》第 2 条规定,国家知识产权局负责专利权质押登记工作。第 7 条规定,申请专利权质押登记的,当事人应当向国家知识产权局提交下列文件:① 出质人和质权人共同签字或者盖章的专利权质押登记申请表;② 专利权质押合同;③ 双方当事人的身份证明;④ 委托代理的,注明委托权限的委托书;⑤ 其他需要提供的材料。专利权经过资产评估的,当事人还应当提交资产评估报告。

对于著作权出质登记,《著作权质押合同登记办法》第 4 条规定,国家版权局是著作权质押合同登记的管理机关。国家版权局指定专门机构进行著作权质押合同登记。第 7 条规定,当事人申请著作权质押合同登记时,应当向登记机关提供下列文件:① 按要求填写的著作权质押合同申请表;② 出质人、质权人合法身份证明或法人注册登记证明;③ 主合同及著作权质押合同;④ 作品权利证明;⑤ 以共同著作权出质的,共同著作权人的书面协议;⑥ 向外国人质押计算机软件著作权中的财产权的,国务院有关主管部门的批准文件;⑦ 授权委托书及被委托人合法身份证明;⑧ 著作权出质前该著作权的授权使用情况证明文件;⑨ 其他需要提供的材料。

3. 知识产权质权的效力

《民法典》第 444 条第 2 款规定,知识产权中的财产权出质后,出质人不得转让或者许可他人使用,但是出质人与质权人协商同意的除外。出质人转让或者许可他人使用出质的知识产权中的财产权所得的价款,应当向质权人提前清偿债务或者提存。

(四) 应收账款质权

1. 应收账款的概念与种类

所谓应收账款,是指权利人因提供一定的货物、服务或设施而获得的要求义务人付款的权利以及依法享有的其他付款请求权,包括现有的和未来的金钱债权,但不包括因票据或其他有价证券而产生的付款请求权,以及法律、行政法规禁止转让的付款请求权(《应收账款质押登记办法》第 2 条)。

应收账款具有以下特征:

第一,应收账款系金钱债权,不包括非金钱债权,如请求对方交付标的物、提供劳务、提供技术咨询和技术服务等债权。

第二,应收账款系合同债权,不包括因侵权行为、无因管理、不当得利而产生的债权,也不包括财政补贴、政府承诺返还的土地收益金等预期利益。根据《应收账款质押登记办法》第 2 条的规定,应收账款包括:① 销售、出租产生的债权,包括销售货物,供应水、电、气、暖,知识产权的许可使用,出租动产或不动产等;② 提供医疗、教育、旅游等服务或劳务产生的债权;③ 能源、交通运输、水利、环境保护、市政工程等基础设施和公用事业项目收益权;④ 提供贷款或其他信用活动产生的债权;⑤ 其他以合同为基础的具有金钱给付内容的债权。

第三,应收账款系非证券化的债权,不包括因票据或其他有价证券而产生的付款请求权。

第四,应收账款系可转让的债权,不包括法律、行政法规禁止转让的付款请求权。

应收账款,根据其存在状态的不同,可分为现有应收账款和未来应收账款。现有应收账款,是指权利人依合同约定已经取得的、可向确定债务人主张的金钱债权;未来应收账款,是指一项在未来可能发生的应收账款,包括收费权和普通未来应收账款。收费权,是指权利人依行政许可、特许经营等方式取得的,基于提供设施或服务对未来使用设施或享受服务的债务人享有的请求偿付一定金钱的权利;普通未来应收账款,是指权利人在自身的经营范围之内,根据既往生产经营活动情况可预期的未来应收账款。

2. 应收账款质权的概念和特征

根据《应收账款质押登记办法》第 3 条的规定,应收账款质权是指为担保债务的履行,债务人或者第三人将其合法拥有的应收账款出质给债权人,在债务人不履行到期债务或者发生当事人约定的实现质权的情形时,质权人有权就该应收账款及其收益优先受偿的权利。

应收账款质权具有以下特征:

第一,应收账款质权的标的包括未来债权,而其他权利质权的标的均是既存的财产权利。

第二,应收账款质权兼具物权和债权双重属性。一方面,质权人就应收账款享有优先受偿权,这体现出它的物权属性;另一方面,应收账款质权是以一种请求权担保另一种请求权的实现,质权人行使应收账款质权也就是向应收账款的债务人提出请求,这又体现出它的债权属性。

第三,应收账款质权的公示方式比较特殊。它既不能像动产那样移转占有,也不能像证券质权那样交付权利凭证,而只能办理出质登记。

3. 应收账款质权的设立

《民法典》第 445 条第 1 款规定,以应收账款出质的,质权自办理出质登记时设立。《应收账款质押登记办法》第 4 条规定,中国人民银行征信中心(简称征信中心)是应收账款质押的登记机构。征信中心建立基于互联网的登记公示系统(简称登记公示系统),办理应收账款质押登记,并为社会公众提供查询服务。第 7 条规定,应收账款质押登记通过登记公示系统办理。第 8 条规定,应收账款质押登记由质权人办理。质权人也可以委托他人办理登记。第 10 条规定,登记内容包括质权人和出质人的基本信息、应收账款的描述、登记期限。质权人应将登记协议作为登记附件提交登记公示系统。

出质人或质权人为单位的,应填写单位的法定注册名称、住所、法定代表人或负责人姓名、组织机构代码或金融机构编码、工商注册号、法人和其他组织统一社会信用代码、全球法人机构识别编码等机构代码或编码。出质人或质权人为个人的,应填写有效身份证件号码、有效身份证件载明的地址等信息。质权人可以与出质人约定将主债权金额等项目作为登记内容。第11条规定,质权人应将填写完毕的登记内容提交登记公示系统。登记公示系统记录提交时间并分配登记编号,生成应收账款质押登记初始登记证明和修改码提供给质权人。第12条规定,质权人应根据主债权履行期限合理确定登记期限。登记期限最短6个月,超过6个月的,按年计算,最长不超过30年。第13条规定,在登记期限届满前90日内,质权人可以申请展期。质权人可以多次展期,展期期限按年计算,每次不得超过30年。

4. 应收账款质权的效力

《民法典》第445条第2款规定,应收账款出质后,不得转让,但是出质人与质权人协商同意的除外。出质人转让应收账款所得的价款,应当向质权人提前清偿债务或者提存。

值得讨论的问题是,应收账款质权对应收账款债务人的效力。应收账款质押的本质是债权转让,因此应收账款债权人或质权人应当将应收账款质押的事实通知应收账款债务人,方对应收账款债务人生效,通知后,应收账款债务人才有义务对应收账款质权人为清偿,否则,他仍然有权向应收账款债权人为清偿。《民法典担保制度司法解释》第61条规定,以现有的应收账款出质,应收账款债务人向质权人确认应收账款的真实性后,又以应收账款不存在或者已经消灭为由主张不承担责任的,人民法院不予支持。以现有的应收账款出质,应收账款债务人未确认应收账款的真实性,质权人以应收账款债务人为被告,请求就应收账款优先受偿,能够举证证明办理出质登记时应收账款真实存在的,人民法院应予支持;质权人不能举证证明办理出质登记时应收账款真实存在,仅以已经办理出质登记为由,请求就应收账款优先受偿的,人民法院不予支持。以现有的应收账款出质,应收账款债务人已经向应收账款债权人履行了债务,质权人请求应收账款债务人履行债务的,人民法院不予支持,但是应收账款债务人接到质权人要求向其履行的通知后,仍然向应收账款债权人履行的除外。以基础设施和公用事业项目收益权、提供服务或者劳务产生的债权以及其他将有的应收账款出质,当事人为应收账款设立特定账户,发生法定或者约定的质权实现事由时,质权人请求就该特定账户内的款项优先受偿的,人民法院应予支持;特定账户内的款项不足以清偿债务或者未设立特定账户,质权人请求折价或者拍卖、变卖项目收益权等将有的应收账款,并以所得的价款优先受偿的,人民法院依法予以支持。

5. 应收账款质权的消灭

根据《应收账款质押登记办法》第17条的规定,应收账款质权的消灭原因主要有:① 主债权消灭;② 质权实现;③ 质权人放弃登记载明的应收账款之上的全部质权;④ 其他导致所登记权利消灭的情形。应收账款质权消灭的,质权人应自该情形产生之日起 10 日内办理注销登记。质权人迟延办理注销登记,给他人造成损害的,应当承担相应的法律责任。

(五) 其他权利质权

除上述财产权外,法律、行政法规规定可以出质的其他财产权利,也可以设立权利质权。例如,一般债权可以设立权利质权。

值得讨论的问题是,商号(企业名称)权能否出质。这首先涉及商号权的性质。对此,理论上有财产权说、人格权说和折中说。在立法上,多数国家的法律规定,商号权不得与企业分离而单独转让。例如,《日本商法典》第 24 条第 1 款规定,商号只能和营业一起转让或者在废止营业时转让。我国《企业名称登记管理规定》第 19 条规定,企业名称可以转让。国家市场监督管理总局于 2018 年 7 月 9 日在网上发布的《企业名称登记管理条例(送审稿)》第 30 条第 1 款规定,企业名称可以随企业一并转让。由此可知,在我国,商号权可以随企业一并质押,但不得与企业分离而单独出质。

三、权利质权的法律适用

依据《民法典》第 446 条的规定,利质权除适用本节规定外,适用本章第一节的有关规定。

思 考 题

1. 转质的构成要件和法律效力。
2. 权利质权的客体范围。
3. 收账款质权的性质及当事人之间的法律关系。
4. 著作权质权行使时著作人身权和财产权的冲突问题及其解决办法。

第十九章

留置权

> **本章重点**
> 1. 留置权的成立条件。
> 2. 留置权的效力。
> 3. 留置权的实行条件。

第一节 留置权概述

一、留置权的概念和特征

依据《民法典》第447条的规定,留置权是指当债务人不履行到期债务时,债权人可以留置已经合法占有的债务人的动产,并有权就该动产优先受偿的权利。其中,债权人为留置权人,占有的动产为留置财产。

留置权具有以下特征:

第一,留置权是法定担保物权。留置权的取得和存在,直接依据法律的规定,无须当事人订立设立合同。只要具备了法律规定的条件,留置权即当然发生。

第二,留置权的客体原则上以债务人的财产为限。抵押权和质权的客体可以是债务人的财产,也可以是债务人以外的第三人的财产,而留置权的客体一般只能是债务人的财产,不能是债务人以外的第三人的财产。

第三,留置权的客体以动产为限。抵押权的客体可以是不动产、不动产权利,还可以是特殊的动产。质权的客体既可以是动产,也可以是权利。而留置权的客体只能是动产,不包括不动产和权利。

第四,留置权具有双重效力。留置权的第一次效力为留置效力,即当债务履行期届满债务人不履行债务时,债权人可以留置债务人的动产以促使其履行债务。留置权的第二次效力为优先受偿效力,即当债务人经过催告仍不履行债务时,债权人可以就留置财产的变价优先受偿。

二、留置权的取得

留置权只能依法律的规定而取得,而不能依设立行为而取得。留置权的取得须符合一定的条件,这些条件又称为留置权的成立条件,包括积极条件和消极条件。

(一)留置权成立的积极条件

1. 债权人合法占有债务人的动产

债权人只有在合法占有债务人的动产的前提下,才可以享有留置权。债权人非法占有债务人的动产,不得成立留置权。所谓债务人的动产,并非专指债务人所有的动产,而是指债务人交付给债权人占有的动产。因此,尽管为第三人所有的动产,但只要系占有人交付给债权人,由债权人合法占有的,也可以成立留置权。

2. 债务人逾期不履行债务

一般而言,留置权只有在债务履行期届满而债务人没有履行债务时,方才发生。在债务履行期届满前,债务人无须履行债务,故无所谓留置权问题。当然,在特殊情况下,即使债权人的债权未届清偿期,留置权也可以成立。

3. 债权人留置的动产与债权属于同一法律关系

《民法典》第448条规定,债权人留置的动产,应当与债权属于同一法律关系,但是企业之间留置的除外。《民法典担保制度司法解释》第62条规定,债务人不履行到期债务,债权人因同一法律关系留置合法占有的第三人的动产,并主张就该留置财产优先受偿的,人民法院应予支持。第三人以该留置财产并非债务人的财产为由请求返还的,人民法院不予支持。企业之间留置的动产与债权并非同一法律关系,债务人以该债权不属于企业持续经营中发生的债权为由请求债权人返还留置财产的,人民法院应予支持。企业之间留置的动产与债权并非同一法律关系,债权人留置第三人的财产,第三人请求债权人返还留置财产的,人民法院应予支持。

本书认为,要求债权人留置的动产与债权属于同一法律关系过于严格,应当予以缓和,只要债权的发生与债权人对债务人动产的占有具有牵连关系即可。实践中,债权的发生与债权人对债务人动产的占有具有牵连关系的情形主要表现为:

(1)债权与留置动产的返还义务系基于同一合同关系而生。例如,甲的手机坏了,交给乙修理,在甲清偿乙的修理费之前,乙可以留置该手机。此时,乙对甲的修理费债权与其对甲所负的返还手机的义务之间具有牵连关系。

(2)债权系因留置动产本身而生。这主要是指债权的发生,是由债务人的动产所引起的,其实质是由行为人的侵权行为、无因管理行为等事实行为所引起的。该情形又可分为两种:一是债权人因对标的物支出了费用而享有费用返还请求权。例如,甲租用乙的汽车,约定应当由乙维修汽车,现乙拒绝维修,于是甲自行维修,由此产生了维修费用。就此维修费用,甲有权请求乙返还。若乙拒绝返还,则甲可留置该汽车,以迫使乙返还维修费。二是因标的物所生的损害赔偿请求权。例如,丙的汽车撞伤了丁,丁花去医疗费等费用若干,丁有权要求丙赔偿这些费用。若丙拒绝赔偿,则丁可以留置其已经合法占有的丙的汽车,以迫使丙支付上述费用。

(3) 债权与留置动产的返还义务系基于同一事实关系而生。所谓同一事实关系又称同一生活关系,是指当事人之间没有法律关系而仅有事实关系。例如,散会后,甲、乙二人彼此错骑对方的自行车。在此情形下,一方的返还请求权与他方的返还请求权是基于同一事实关系而生,从而各就对方的自行车享有留置权。

(二) 留置权成立的消极条件

1. 因非法行为而占有他人的动产

根据物权法原理,物权不能因非法行为而取得。因此,如果占有人因非法行为而占有他人的动产,如占有人因盗窃、抢夺等侵权行为而占有他人的动产,即使占有人就占有物支出了修缮费用或有益费用,也不得在受害人请求返还动产时,以未受偿各项费用而留置其所占有的动产。

2. 法律规定或当事人约定不得留置的动产

《民法典》第 449 条规定,法律规定或者当事人约定不得留置的动产,不得留置。法律规定不得留置的动产主要包括:① 法律直接规定不得留置的动产。例如,《海关法》第 37 条第 1 款规定,海关监管货物,未经海关许可,不得开拆、提取、交付、发运、调换、改装、抵押、质押、留置、转让、更换标记、移作他用或者进行其他处置。② 禁止流通物不得留置。③ 留置财产违反公序良俗的。例如,商人在战时运送军用物资的,不得主张运费未付而留置该军用物资。又如,尸体的运送人不得以运费未付而对尸体主张留置权。当事人约定不得留置的动产,遵从当事人的约定。

3. 留置财产与债权人所承担的义务相抵触

如果债权人留置债务人的动产与其所承担的义务相抵触而仍允许债权人留置的,则无异于许可债权人不履行其承担的义务,这有违诚实信用原则。因此,在债权人行使留置权与其承担的合同义务相抵触时,债权人不能取得留置权。

第二节 留置权的效力

留置权的效力也包括对物的效力与对人的效力。对物的效力已如前述,此处仅介绍与对人的效力。

一、留置权人的权利与义务

(一) 留置权人的权利

留置权人的权利主要包括以下几项:

第一,留置所占动产的权利。留置权人在债权受清偿前,有权将所占有的动产扣留而拒绝返还。留置权人的留置权可以对抗留置物所有权人的返还请求权,并不因拒绝返还而承担迟延履行的责任。

第二,留置财产所生孳息的收取权。《民法典》第452条规定,留置权人有权收取留置财产的孳息。该孳息应当先充抵收取孳息的费用。

第三,留置财产保管上的必要使用权。原则上,留置权人对留置财产无使用权。但是,基于保管留置财产的必要,留置权人可以适当使用留置财产。例如,对于容易生锈的机械,留置权人可适当加以使用,以防止其生锈。留置权人对留置财产的使用,只要不超出适当使用的范围,就不构成对保管义务的违反,也不构成侵权行为。

第四,必要费用的求偿权。留置权人为保管留置财产所支出的必要费用,是为留置财产的所有权人的利益而支出的,自应向物的所有权人请求返还。所谓必要费用,是指留置财产的保存及管理所不可缺的费用,如养护费、维修费等。

第五,优先受偿权。在债务人不履行到期债务并且超过了留置权人依法给予的宽限期之后,留置权人可以将留置财产折价或者拍卖、变卖留置财产,并从所得价金中优先受偿。

(二)留置权人的义务

留置权人的义务主要包括以下几项:

第一,留置物的保管义务。《民法典》第451条规定,留置权人负有妥善保管留置财产的义务。据此,留置权人保管留置财产,应负善良管理人的注意义务。

第二,留置权人不得擅自使用、出租留置财产或将留置财产供作其他担保。

第三,留置财产的返还义务。留置权人在留置权所担保的债权消灭时,应将留置财产返还给债务人。此外,债权虽未消灭,但债务人已另行提供担保而使留置权消灭的,留置权人也负有返还留置财产的义务。

二、留置财产所有权人的权利与义务

(一)留置财产所有权人的权利

留置财产所有权人的权利主要包括以下几项:

第一,对留置财产为法律上处分的权利。虽然留置财产脱离了债务人的占有,但作为留置财产的所有权人,债务人仍可处分留置财产。不过,债务人只能为法律上的处分,而不能为事实上的处分。

第二,损害赔偿请求权。《民法典》第451条规定,留置权人因保管不善致使留置财产毁损、灭失的,应当承担赔偿责任。换言之,因留置权人保管不善致使留置财产毁损、灭失的,留置物所有权人有权请求赔偿损失。但是,留置权人对留置财产因不可抗力或意外事故所遭受的损失,不负赔偿责任。该损失由留置财产的所有权人负担。

第三，留置财产返还请求权。在债务人于留置权人确定的偿还债务的宽限期内偿还了债务，或者提供了其他担保而使留置权归于消灭的情形，债务人有权请求留置权人返还留置财产，留置权人有义务返还。

第四，请求留置权人及时行使留置权。《民法典》第454条规定，债务人可以请求留置权人在债务履行期限届满后行使留置权；留置权人不行使的，债务人可以请求人民法院拍卖、变卖留置财产。应当注意的是，此处"债务履行期限届满"可以有两种理解：一是指原债务履行期限届满；二是指第453条规定的宽限期限届满。司法部门的专家认为，本条是对留置财产所有权人行使权利的规定，因此，留置财产所有权人完全可以在原债务履行期限届满后请求留置权人行使留置权，而不必等到第453条规定的宽限期限届满后。①

（二）留置财产所有权人的义务

留置财产所有权人的义务主要有以下两项：

第一，偿还费用的义务。留置财产的所有权人应当偿还留置权人因保管留置财产而支出的合理费用。

第二，损害赔偿义务。因留置财产的隐蔽瑕疵致留置权人损害时，留置财产的所有权人应当赔偿留置权人的损害。

第三节 留置权的实现和消灭

一、留置权的实现

留置权的实现，是指留置权人在具备法律规定条件时，处分留置财产以使债权优先受偿的行为。

（一）留置权的实现条件

《民法典》第453条规定，留置权人与债务人应当约定留置财产后的债务履行期限；没有约定或者约定不明确的，留置权人应当给债务人60日以上履行债务的期限，但是鲜活易腐等不易保管的动产除外。债务人逾期未履行的，留置权人可以与债务人协议以留置财产折价，也可以就拍卖、变卖留置财产所得的价款优先受偿。留置财产折价或者变卖的，应当参照市场价格。

值得讨论的问题是，留置权的行使是否应受诉讼时效的限制。我国台湾地区"民法"第145条规定，以抵押权、质权或留置权担保之请求权，虽经时效消灭，债权人仍得

---

① 最高人民法院民法典贯彻实施工作领导小组主编：《中华人民共和国民法典物权编理解与适用》（下），法律出版社2020年版，第1309页。

就抵押物、质物或留置物受偿。据此,留置权并不因债权罹于时效而消灭。我国司法部门的专家也认为,留置权的行使不受债权的诉讼时效是否完成的限制,债权罹于诉讼时效,留置权人仍得行使其留置权。[①]

(二) 留置权的实现方式

《民法典》第 455 条规定,留置财产折价或者拍卖、变卖后,其价款超过债权数额的部分归债务人所有,不足部分由债务人清偿。据此,留置权的实现方式主要有三种,即折价、拍卖和变卖。

二、留置权的消灭

除担保物权的一般消灭原因外,留置权还有以下特殊的消灭原因:

第一,留置财产的任意返还。留置权以留置财产的占有为存续条件,因此,留置权人将留置财产返还于债务人的,留置权归于消灭。

第二,留置权人丧失对留置财产的占有。留置权以债权人对留置财产的占有为存续要件,因此,一旦留置权人丧失对留置财产的占有,留置权即失去其存续要件,当然也就归于消灭。《民法典》第 457 条规定,留置权人对留置财产丧失占有的,留置权消灭。但是,如果留置财产的占有被侵夺,而留置权人又恢复了对留置财产的占有,则留置权不消灭。

第三,债务人另行提供担保并被债权人接受。《民法典》第 457 条规定,留置权人接受债务人另行提供担保的,留置权消灭。实践中,债务人另行提供的担保,可以是人的担保(如保证),也可以是物的担保(如抵押、质押),但无论何种形式的担保,只有为留置权人所接受,才能使留置权消灭。

第四,债务清偿期的延缓。留置权的成立以债务人不履行到期债务为要件,如果留置权人同意延缓债务的清偿期,则留置权人就不能请求债务人履行债务,不能认为债务人超过约定的期限不履行义务,从而也就欠缺留置权成立的要件。因此,在债务清偿期延缓时,留置权消灭。

思 考 题

1. 如何理解留置权成立条件中的牵连关系?
2. 留置权与动产抵押权的区别。
3. 留置权的实行条件。

[①] 最高人民法院物权法研究小组编著:《〈中华人民共和国物权法〉条文理解与适用》,人民法院出版社 2007 年版,第 688 页。

第二十章

非典型担保

> **本章重点**
> 1. 所有权保留的概念、成立条件和效力。
> 2. 让与担保的概念、类型、设定、效力和实行。
> 3. 优先权的概念、种类、顺位和效力。

民法上的担保，依其是否为一国民法典物权编所明文规定，可分为典型担保与非典型担保。在我国，典型担保是指为《民法典》物权编所明文规定的担保，包括抵押、质押和留置。非典型担保是指《民法典》物权编未作明文规定的担保，包括所有权保留、让与担保等。《九民会议纪要》第66条规定，当事人订立的具有担保功能的合同，不存在法定无效情形的，应当认定有效。虽然合同约定的权利义务关系不属于物权法规定的典型担保类型，但是其担保功能应予肯定。第67条规定，债权人与担保人订立担保合同，约定以法律、行政法规未禁止抵押或者质押的财产设定以登记作为公示方法的担保，因无法定的登记机构而未能进行登记的，不具有物权效力。当事人请求按照担保合同的约定就该财产折价、变卖或者拍卖所得价款等方式清偿债务的，人民法院依法予以支持，但对其他权利人不具有对抗效力和优先性。《民法典担保制度司法解释》第63条规定，债权人与担保人订立担保合同，约定以法律、行政法规尚未规定可以担保的财产权利设立担保，当事人主张合同无效的，人民法院不予支持。当事人未在法定的登记机构依法进行登记，主张该担保具有物权效力的，人民法院不予支持。

此外，法国、日本等国民法典还规定了优先权。本章结合法国、日本等国民法典以及我国台湾地区"动产担保交易法"的规定，对非典型担保作简要介绍。

第一节 所有权保留

一、所有权保留制度的历史沿革

所有权保留制度起源于罗马法，但当时并未得到重视和发展，直到19世纪末，随着信用经济的发展和分期付款买卖的日益盛行,该制度才为各国立法所普遍承认。在大陆法系国家和地区,《德国民法典》《意大利民法典》《日本分期付款买卖法》和我国台湾地区"动产担保交易法"等,均对其作了比较系统的规定。例如,《德国民法典》第455条规定,动产的出卖人在支付价金前保留所有权的,在产生疑问时应认为,所有权的转让是以支付全部价金为其推迟生效条件,并在受让人对支付价金有迟延时,出卖人有权解除合同。在英美法系国家,不论是普通法,还是制定法,均肯定所有权保留制度。英国在普通法之外,其《货物买卖法》和《商品售卖条例》均明确规定了该制度。美国1918年《统一附条件买卖法》构建了所有权保留制度,1952年《统一商法典》对所有权保留制度进行了变革,规定了统一的"担保约定"制度。

在我国,1999年《合同法》第134条规定,当事人可以在买卖合同中约定买受人未履行支付价款或者其他义务的,标的物的所有权属于出卖人,从而确立了我国的所有权保留制度。2012年《买卖合同司法解释》对所有权保留制度进行了细化和完善。《民法典》第641条规定,当事人可以在买卖合同中约定买受人未履行支付价款或者其他义务的,标的物的所有权属于出卖人。出卖人对标的物保留的所有权,未经登记,不得对抗善意第三人。

二、所有权保留的概念和特征

所有权保留是指在转移财产所有权的商品交易中,根据法律规定或者当事人约定,财产所有权人转移财产占有于对方当事人,而保留其对该财产的所有权,待对方当事人支付价金或者完成特定条件时,所有权才发生转移的一种担保制度。

所有权保留具有以下特征:

第一,所有权保留的性质具有复杂性。对于所有权保留的性质,国内外民法学界一直众说纷纭,主要的观点有:① 期待权说。该说从受让人的角度观察,认为受让人对取得标的物的所有权享有期待权。对于该期待权的性质,学者之间又有不同的见解。赖泽尔认为,该期待权属于物权;而泽里克认为,该期待权是兼具物权和债权两大因素的特殊权利。我国台湾学者王泽鉴赞同泽里克的观点。② 所有权附条件移转与担保权产生说。该说认为,在保留所有权的分期付款买卖情形下,所有权附停止条件地移转于买受人,同时产生出卖人的担保权。该说为两大法系的通说。③ 流质质权说。布洛迈尔从当事人之间相互关系的角度提出了流质质权说。他认为,当事人之间是"出卖人—债权人"与"买受人—所有权人"的关系模式,从而有别于"出卖人—保留所有权人"与"买受人—期待权人"的关系模式,因而将所有权保留解释为流质质权。[①]

第二,所有权保留的标的物主要为动产。除了法国和日本的实务认为不动产可以成为所有权保留的标的物外,大多数国家都认为所有权保留的标的物限于动产。至于

---

① 参见申卫星:"保留买主期待权论",载崔建远主编《民法9人行》(第1卷),金桥文化出版(香港)有限公司2003年版,第361—389页。

动产的范围,德国、意大利等国不作限制,但《瑞士民法典》规定牲畜的买卖不得保留所有权。我国台湾地区"动产担保交易法"第4条以正面列举的方式规定了所有权保留的动产范围。我国《买卖合同司法解释》第34条规定,所有权保留的标的物不包括不动产。也就是说,在我国,所有权保留的标的物限于动产,但我国民法对动产的范围未作限制。

三、所有权保留的成立条件

所有权保留的成立条件主要有以下三个:

第一,作为担保目的的债权须有效存在。这是所有权保留成立的前提条件。舍此条件,所有权保留不能成立。

第二,产生该债权的合同中须订有所有权保留条款。这是所有权保留成立的关键条件。对于所有权保留条款是否应当以明示方式订入合同,各国和地区规定不一。在大陆法系国家和地区,德国《分期付款买卖法》规定以明示为必要。我国台湾地区"动产担保交易法"第5条也明确规定须明示。但日本《分期付款买卖法》第7条承认默示也可以成立所有权保留。在英美法系国家,英国1979年《货物买卖法》规定,原则上,所有权保留应该以明示的方式作出,但该法第19条第2款又承认在例外情形下可以默示的方式作出。英国的司法实践则经历了一个从承认默示方式到拒绝默示方式的过程。在我国,从1999年《合同法》第133、134条的规定看,所有权保留以明示为限。

第三,标的物须已由保留所有权人移转给相对人占有。这是各国和地区所有权保留的共同要求。但是,在大陆法系国家和地区,占有有直接占有与间接占有之分,交付有现实交付与观念交付之别,因此,对于以观念交付的方式,尤其是以占有改定的方式移转占有,可否成立所有权保留,不无争议。对此,本书认为,标的物的交付应为现实交付以及简易交付和指示交付,占有改定不能成立所有权保留,因为在占有改定的情形下,受让人并不直接占有标的物,也不能使用、收益标的物。《民法典担保制度司法解释》第67条规定,在所有权保留买卖、融资租赁等合同中,出卖人、出租人的所有权未经登记不得对抗的"善意第三人"的范围及其效力,参照本解释第54条的规定处理。

四、所有权保留的效力

所有权保留的效力包括对内效力和对外效力。

(一) 对内效力

所谓对内效力,是指所有权保留在保留所有权人与相对人之间的效力。该问题可以转换为受让人的期待权与保留所有权人的取回权问题。

所谓受让人的期待权,是指受让人对取得标的物的所有权所享有的期待权。对于该权利为静态权利还是动态权利,理论上有不同的见解。静态权利说认为,所有权仍在转让人手中,受让人只是有希望在条件成就后取得标的物的所有权。动态权利说认为,随着受让人付款数量的增加,所有权正"逐渐地""削梨似的"移转给受让人。后一种观点实际上是不完全所有权理论的体现,与所有权的本质不符,在实践中也难以操作。

所谓保留所有权人的取回权,是指保留所有权人在符合法律规定的条件时可以取回标的物的权利。对此,《买卖合同司法解释》从正反两方面作出了规定。其第35条规定,当事人约定所有权保留,在标的物所有权转移前,买受人有下列情形之一,对出卖人造成损害,出卖人主张取回标的物的,人民法院应予支持:① 未按约定支付价款的;② 未按约定完成特定条件的;③ 将标的物出卖、出质或者作出其他不当处分的。取回的标的物价值显著减少,出卖人要求买受人赔偿损失的,人民法院应予支持。第36条规定,买受人已经支付标的物总价款的75%以上,出卖人主张取回标的物的,人民法院不予支持。该条还规定,在本解释第35条第1款第(3)项情形下,第三人依据《物权法》第106条的规定已经善意取得标的物所有权或者其他物权,出卖人主张取回标的物的,人民法院不予支持。应当注意的是,依据德国的判例及民法学界的通说,出卖人取回标的物后,买卖合同仍然有效,出卖人仍可请求买受人支付价金,在买受人给付价金时,再交付标的物于买受人。但是,德国《分期付款买卖法》规定,出卖人取回标的物的,视为合同解除。

我国没有采纳德国《分期付款买卖法》的做法。在我国,出卖人取回标的物后,买卖合同仍然有效。买受人仍可通过履行合同,回赎标的物。《买卖合同司法解释》第37条规定,出卖人取回标的物后,买受人在双方约定的或者出卖人指定的回赎期间内,消除出卖人取回标的物的事由,主张回赎标的物的,人民法院应予支持。买受人在回赎期间内没有回赎标的物的,出卖人可以另行出卖标的物。出卖人另行出卖标的物的,出卖所得价款依次扣除取回和保管费用、再交易费用、利息、未清偿的价金后仍有剩余的,应返还原买受人;如有不足,出卖人要求原买受人清偿的,人民法院应予支持,但原买受人有证据证明出卖人另行出卖的价格明显低于市场价格的除外。《民法典担保制度司法解释》第64条规定,在所有权保留买卖中,出卖人依法有权取回标的物,但是与买受人协商不成,当事人请求参照民事诉讼法"实现担保物权案件"的有关规定,拍卖、变卖标的物的,人民法院应予准许。出卖人请求取回标的物,符合《民法典》第642条规定的,人民法院应予支持;买受人以抗辩或者反诉的方式主张拍卖、变卖标的物,并在扣除买受人未支付的价款以及必要费用后返还剩余款项的,人民法院应当一并处理。

(二) 对外效力

所谓对外效力,是指所有权保留能否产生对抗第三人的效力。对外效力主要涉及以下两个问题:

一是出卖人处分标的物时,买受人的期待权是否具有对抗第三人的效力。对此,应当具体问题具体分析。出卖人处分标的物的行为包括将标的物出卖、设定质权以及设定动产抵押等情形。在标的物为机动车、船舶、航空器等特殊动产的情形下,如果已经过登记,则买受人的期待权具有对抗第三人的效力,否则没有;在标的物为一般动产的情形下,由于标的物所有权的转移实行交付主义,因此,买受人的期待权不具有对抗第三人的效力。

二是出卖人的债权人对标的物为强制执行时,买受人的期待权是否具有对抗第三人的效力。对此,学者们观点不一。本书认为,强制执行不涉及第三人的信赖问题,因而与交易安全无涉。从利益衡量的角度来看,买受人的期待权应该获得保护,否则会抽空所有权保留制度,使买受人的法律地位处于极不稳定的境地。

第二节　让与担保

一、让与担保制度的历史沿革

让与担保起源于罗马法中的混合式买卖制度。在近现代民法中,让与担保是大陆法系德、日等国沿袭罗马法上的信托行为理论并吸纳日耳曼法上的信托成分,经由判例学说之百年淬炼而逐渐发展起来的一种非典型担保制度。

在德国,让与担保又称信托担保,债务人是信托让与者,债权人为信托取得人或担保受益人。让与担保是德国银行贷款普遍采用的担保方式之一,有两种形式,一种为担保所有权转移,另一种为担保债权转让。

在日本,让与担保被作为一种变相担保来看待,有卖渡担保与让渡担保之分。卖渡担保又称为买卖式担保,是指以买卖的形式进行信用授受,授信者并无请求返还价金的权利,但受信者则享有通过支付一定金额而请求返还自己所让与的标的物的权利。让渡担保又称为让与式担保,是指债务人将标的物财产权转移给债权人,当事人之间存在债权债务关系,债权人享有请求债务人履行债务的权利,在债务人不履行债务时,债权人可以就标的物优先受偿。

我国台湾地区在借鉴美国《统一动产抵押法》《统一附条件买卖法》和《统一信托收据法》的基础上,于1963年制定了"动产担保交易法",在"民法典"之外以特别法的形式确认了三种动产担保形式,即动产抵押、附条件买卖和信托占有。

在我国,最高人民法院于2019年发布的《九民会议纪要》确认了让与担保制度。其第71条规定,债务人或者第三人与债权人订立合同,约定将财产形式上转让至债权人名下,债务人到期清偿债务,债权人将该财产返还给债务人或第三人,债务人到期没有清偿债务,债权人可以对财产拍卖、变卖、折价偿还债权的,人民法院应当认定合同有效。合同如果约定债务人到期没有清偿债务,财产归债权人所有的,人民法院应当认定该部分约定无效,但不影响合同其他部分的效力。当事人根据上述合同约定,已经完成财产权利变动的公示方式转让至债权人名下,债务人到期没有清偿债务,债权人请求确认财产归其所有的,人民法院不予支持,但债权人请求参照法律关于担保物权的规定对财产拍卖、变卖、折价优先偿还其债权的,人民法院依法予以支持。债务人因到期没有清偿债务,请求对该财产拍卖、变卖、折价偿还所欠债权人合同项下债务的,人民法院亦应依法予以支持。

《民法典担保制度司法解释》也确认了让与担保制度。其第 68 条规定，债务人或者第三人与债权人约定将财产形式上转移至债权人名下，债务人不履行到期债务，债权人有权对财产折价或者以拍卖、变卖该财产所得价款偿还债务的，人民法院应当认定该约定有效。当事人已经完成财产权利变动的公示，债务人不履行到期债务，债权人请求参照《民法典》关于担保物权的有关规定就该财产优先受偿的，人民法院应予支持。债务人或者第三人与债权人约定将财产形式上转移至债权人名下，债务人不履行到期债务，财产归债权人所有的，人民法院应当认定该约定无效，但是不影响当事人有关提供担保的意思表示的效力。当事人已经完成财产权利变动的公示，债务人不履行到期债务，债权人请求对该财产享有所有权的，人民法院不予支持；债权人请求参照《民法典》关于担保物权的规定对财产折价或者以拍卖、变卖该财产所得的价款优先受偿的，人民法院应予支持；债务人履行债务后请求返还财产，或者请求对财产折价或者以拍卖、变卖所得的价款清偿债务的，人民法院应予支持。债务人与债权人约定将财产转移至债权人名下，在一定期间后再由债务人或者其指定的第三人以交易本金加上溢价款回购，债务人到期不履行回购义务，财产归债权人所有的，人民法院应当参照第 2 款规定处理。回购对象自始不存在的，人民法院应当依照《民法典》第 146 条第 2 款的规定，按照其实际构成的法律关系处理。

二、让与担保的概念和特征

让与担保是指债务人或者第三人为担保债务人的债务，将担保标的物的所有权等权利转移于债权人，于债务清偿后，担保标的物返还于债务人或者第三人，于债务不履行时，担保人可以就该标的物优先受偿的担保权。在让与担保中，提供担保财产的一方当事人为担保设定人，接受让与担保权利的债权人为担保权人，设定让与担保的财产为担保财产。

让与担保具有以下特征：

第一，让与担保是由判例确认的非典型担保。让与担保不是由成文法所规定的担保方式，而是由德国等大陆法系国家和地区的判例所确认的一种非典型担保方式。这是因为，让与担保是一种变态的、不规则担保，所以，近现代各国民法都没有对其作出明文规定。

第二，让与担保的客体范围极其广泛。让与担保的标的可以是各种不动产、动产乃至于其他财产权利。

第三，让与担保欠缺理想的公示方法。让与担保，尤其是动产和债权让与担保，迄今为止仍然没有找到一种理想的公示方法，这是其未能成为法定担保物权的一个重要原因。

第四，让与担保不具有担保物权的附随性。让与担保并不一定随所担保的债权的转移而移转、消灭而消灭。

三、让与担保的基本类型

让与担保可以从不同的角度进行分类。

(一) 不动产让与担保、动产让与担保与集合的让与担保

这是以让与担保客体的不同所作的分类。不动产让与担保是指以不动产权利的移转而设定的让与担保。动产让与担保是指以动产权利的移转而设定的让与担保,包括一般动产让与担保和特定动产让与担保。集合的让与担保是指以不动产、动产和其他财产权利集合为一体而设定的让与担保。

(二) 流质型让与担保与清算型让与担保

这是以担保权人是否负有清算义务所作的分类。流质型让与担保是指让与担保权人在实行让与担保时,不经清算,即可终局地取得担保标的物权利的让与担保。清算型让与担保是指担保权人在实行让与担保时,须就标的物价额与债权之间的差额进行清算的让与担保。

四、让与担保的设立

(一) 设立合同

让与担保属于约定担保,一般由当事人双方通过订立设立合同而设立。让与担保设立合同的当事人,一方为标的物的提供人,称为设定人,包括债务人和第三人;另一方为标的物财产权的取得人,即债权人。

(二) 担保标的的范围

让与担保的标的包括可让与的动产、不动产、他物权、债权、知识产权以及其他权利,但一般以动产所有权为主。我国台湾地区"动产担保交易法"第 4 条规定,机器、设备、工具、原料、半制品、成品、车辆、农林渔牧产品、牲畜及总吨位未满 20 吨之动力船舶或未满 50 吨之非动力船舶,均得为动产担保交易之标的物。

(三) 公示方法

1. 动产让与担保的公示方法

动产让与担保分为移转占有型与非移转占有型。移转占有型动产让与担保的公示方法为占有的移转,即标的物的交付。这比较容易理解。

非移转占有型让与担保的公示方式问题是一个难题。对此,各国和地区主要有四

种解决方式：一是意思成立主义。即仅凭当事人的合意便发生动产担保交易的效力。这种方式手续简便但并未真正解决公示问题。二是书面成立主义。即当事人除达成合意外，尚须完成一定的书面形式。这一方式仍缺乏公示作用。三是登记成立主义。即除了当事人意思表示一致外，尚须履行法定登记方式才能生效，若不经登记则既不能对抗第三人，也不能在当事人之间发生效力。这种方式公示性强，但过于偏重形式，不利于交易便捷，还会加重登记机关和当事人的负担。四是登记对抗主义。即除当事人合意外，尚须履行法定登记手续，才能对抗第三人。当然，不登记也可以在当事人之间发生效力。在上述四种方式中，登记对抗主义比较合理，能够较好满足实践的需要。

2. 不动产让与担保的公示方法

不动产让与担保的公示方法通常采取所有权转移登记的方式，但须在登记簿上注明原因，即"为了担保"或"为了让与担保"。

3. 各种权利让与担保的公示方法

（1）债权让与担保的公示方法。指名债权和特定当事人之间的集合债权让与担保，以让与担保权人或让与担保设定人向第三债务人就该债权让与进行通知作为具备对抗要件的公示手段。指名债权有证书的，以交付证书占有作为公示方法。债务人不同的集合债权让与担保，以当事人将此债权让与在新闻媒体上进行公告作为对抗要件。

（2）有价证券让与担保的公示方法。以权利凭证的交付为公示方法或者以办理让与担保登记为公示方法。

五、让与担保的效力

让与担保的效力包括对内效力和对外效力。

（一）对内效力

让与担保的对内效力，是指让与担保设定人与担保权人之间的权利和义务。

1. 对标的物的占有、使用权

让与担保标的物的占有、使用权应该属于担保设定人还是属于担保权人，有两个判断标准：一是当事人的意思；二是让与担保的目的。在移转占有型让与担保中，标的物的占有、使用权归属于担保权人。在非移转占有型让与担保中，标的物仍由担保设定人占有和使用。

2. 标的物的收益权和税费负担

一般而言，让与担保标的物的收益归属和税费负担由当事人约定，在当事人没有约定或者约定不明确时，收益归属和税费负担均应归属于担保设定人。

3. 标的物的保管义务

让与担保标的物无论是由担保设定人保管，还是由担保权人保管，保管人都应当尽到善良管理人的注意义务。任何一方均不得以自己是名义所有权人或实际所有权人而仅尽管理自己事务的注意义务。

(二) 对外效力

让与担保的对外效力是指让与担保当事人与一般第三人之间的权利义务关系。

(1) 担保设定人对标的物的处分

对此,应考虑第三人的主观情况而加以区分。在第三人为善意且无过失时,其可以取得不附加让与担保权的完全所有权;在第三人为恶意时,其仅能取得附有让与担保的所有权。在后一种情形中,担保权人可以对标的物行使追及权。

(2) 让与担保权人对标的物的处分

对此,一般认为,第三人可取得担保物的所有权,但担保设定人对于恶意第三人享有赎回标的物的权利。

六、让与担保权的实行

(一) 实行的条件

在债务清偿期届满,债务人不履行债务时,担保权人可实行让与担保权。所谓"债务人不履行债务",通常是指债务人不履行原本债务。

(二) 实行的方法

当事人对实行方法有约定的,依照其约定。没有约定的,应对担保物进行换价。担保权人可以就换价优先受偿。

第三节 优先权

一、优先权制度的历史沿革

据学者考证,罗马法上虽有优先权的概念,但并没有担保法意义上的优先权制度。罗马法的担保物权只有三种:信托质、质权和抵押权。最早在民法典中规定优先权制度的是法国。《法国民法典》在第三卷"取得财产的各种方法"之第十八编"优先权和抵押权"中,用一章专门规定优先权。《意大利民法典》也有关于优先权的规定,但没有法国那样丰富。日本在继受法国民法时将优先权译为"先取特权",并在其《民法典》第八章作了系统规定。《德国民法典》没有规定优先权制度。我国《民法典》也没有规定优先权制度,但 1999 年《合同法》第 286 条规定了建设工程优先权。《民法典》确认了建设工程优先权,其第807条规定,发包人未按照约定支付价款的,承包人可以催告发包人在合理期限内支付价款。发包人逾期不支付的,除根据建设工程的性质不宜折价、拍卖外,承包人可以与发包人协议将该工程折价,也可以请求人民法院将该工程依法拍卖。建设工程的价款就该工程折价或者拍卖的价款优先受偿。

二、优先权的概念和特征

在世界各国民法中,最早规定优先权概念的是《法国民法典》。《法国民法典》第2324条(原第2095条)规定,优先权是指因债权的品质而给予一债权人先于其他债权人,甚至先于抵押权人受清偿的权利。日本将法国的优先权命名为先取特权。《日本民法典》第303条规定,先取特权是指先取特权人依照法律规定,就其债务人的财产,有先于其他债权人受自己债权清偿的权利。

在我国,学者们对优先权概念含义的界定,意见不一。本书借鉴法国和日本民法典的规定,对优先权作如下定义:优先权是指特定的债权人依据法律的规定而享有的就债务人的总财产或特定财产优先于其他债权人而受清偿的权利。

优先权具有以下特征:

第一,优先权是一项独立的法定权利。优先权不是由当事人约定,而是由法律直接规定的,因而属于一种法定权利。优先权是特殊债权人就特定债务人的概括财产或具体财产优先受偿的权利,因而是一项独立的权利。当然,也有学者认为,优先权只是一种清偿顺序或者是一种权利保护的方法,而不是一项独立的权利。

第二,优先权是一项民事实体权利。优先权是一项由法国、日本等国民法典所规定的民事实体权利,而不是由民事诉讼法或民事执行法所规定的程序性权利。

第三,优先权是一项担保物权。从《法国民法典》和《日本民法典》的规定来看,优先权是一项担保物权。《法国民法典》将优先权和抵押权并列规定在同一章,说明在法国,优先权是一项担保物权。《日本民法典》将先取特权明确规定在物权编之下,其具体位置处于留置权之后、质权和抵押权之前,这说明《日本民法典》将先取特权明确规定为一项法定担保物权。此外,《日本民法典》第341条规定,关于先取特权的效力,准用有关抵押权的规定。这也说明,在日本,先取特权是一项担保物权。

三、优先权的种类

《法国民法典》和《日本民法典》对优先权种类的划分有所不同。《法国民法典》是先将优先权划分为动产优先权和不动产优先权,然后再将动产优先权划分为一般动产优先权和特别动产优先权,将不动产优先权划分为一般不动产优先权和特别不动产优先权。《日本民法典》先将优先权划分为一般优先权和特别优先权,然后再将特别优先权划分为特别动产优先权和特别不动产优先权。

（一）一般优先权

一般优先权是指就债务人的总财产所享有的优先权。《日本民法典》第306条规定，有因下列各项原因产生的债权者，于债务人的总财产上有先取特权：① 共益费用；② 受雇人的报酬；③ 殡葬费用；④ 日用品的供给。

（二）动产优先权

动产优先权是指以债务人的动产为标的的优先权，包括对动产的一般优先权和对动产的特别优先权。

关于一般动产优先权，《法国民法典》第2331条（原第2101条）规定，对（债务人）一般动产享有优先权的债权，是指以下所述并按下列顺位行使的债权：① 诉讼费；② 丧葬费；③ 最后一次生病引起的任何费用，无论生病的最后结果如何，就此费用应受清偿的各人有平等受偿权；④ 在不影响可能适用《劳动法典》有关规定的情况下，受雇人员在过去一年以及当年的报酬等；⑤ 最后一年向债务人及其家庭提供的货品，以及在相同时间内由农业生产者在经认可的跨行业长期协议范围内提交的产品，以及由农业经营者的任何合同当事人根据经认可的标准合同而应当获得支付的款项；⑥ 事故受害人或其权利继受人有关医疗费、药费、丧葬费的债权，以及由于暂时丧失劳动能力而应当取得的补偿金的债权；⑦ 由补偿金管理处和其他经认可的家庭补贴管理机构拖欠的工人与雇员的补贴；⑧ 补偿金管理处以及其他经认可的家庭补贴管理机构对其参加成员为享受家庭补贴的支付以及由此种给付的支付所引起的费用而应当承担义务交纳份额款所产生的债权。

关于特别动产优先权，《法国民法典》第2332条（原第2102条）规定，对特定动产享有优先权的债权是指：① 出租不动产的地租与房租，对承租人当年收获的果实与其在租用的房屋或农场里配备的一切物品的价金享有优先权；② 债权人对其占有的动产质物（担保）的债权，得就该物出卖时的价金优先受偿；③ 为物的保存而支出的费用，得就该物出卖时的价金优先受偿；④ 购买动产物品尚未支付的价金，如该动产仍为债务人占有，无论其属于现金买卖还是赊账购买，出卖人对该动产物品在出卖时所得的价金有优先权；⑤ 旅馆经营人就其提供的服务，对旅行者带入其旅馆的物品有优先权；⑥ 运输费用与附加费用，就所运输的物品有优先权（已于1998年废止）；⑦ 因公务员在履行其职责中滥用权力或渎职而产生的债权，就公务员保证基金及该基金可得的利息有优先权；⑧ 因事故产生的利于受到事故损害的第三人或其权利继受人的债权，对民事责任保险人承认由其负担的赔偿金或者依保险契约经法院裁判民事责任保险人作为债务人给予的赔偿金，有优先权；⑨ 按照《劳动法典》规定，由家庭劳动者负责的领取薪金的助手的劳动合同产生（该助手）的债权，对来料加工人拖欠该家庭劳动者的款项有优先权。《日本民法典》第311条规定，有因下列各项原因产生的债权者，于债务人的特定动产上有先取特权：① 不动产的租赁；② 旅店的宿泊；③ 旅客或货物的运送；④ 公职人员职务上的过失；⑤ 动产的保存；⑥ 动产的买卖；⑦ 种苗或肥料的供给；⑧ 农工业的劳役。

(三) 不动产优先权

不动产优先权是指以债务人的不动产为标的的优先权,包括对不动产的特别优先权和对不动产的一般优先权。

关于不动产一般优先权,《法国民法典》第 2375 条(原第 2104 条)规定,对一般不动产享有优先权的债权是指:① 诉讼费;② 在不影响可能适用《劳动法典》有关规定的情况下,受雇人员过去一年以及当年的报酬等。关于不动产特别优先权,《法国民法典》第 2374 条(原第 2103 条)规定:① 出卖人就价金的支付,对其出卖的不动产有优先权;② 即使没有代位权,为取得某项不动产而提供资金(贷款)的人,只要经公证认定,从借贷契约来看,其借出的款项是用于取得该项不动产,并且出卖人出具的收据也可以确认价金的支付是用该项借贷所为,对该不动产有优先权;③ 共同继承人,为担保他们之间进行的遗产分割,担保分配尚欠的差额或者返还多分配的份额,对遗产中的不动产有优先权;④ 建筑师、承包人、建筑工人与其他受雇建筑、重建或修理楼房、管道或其他任何工程施工的工人,只要有楼房、建筑所在辖区的大审法院依职权任命的鉴定专家事先作成的笔录确认所有权人宣告打算实施的工程有关的场地的状况,并且工程完工后最迟 6 个月内已由同样依职权任命的鉴定专家的验收,即对该工程有优先权;⑤ 出借钱款用于支付或偿还上述工人费用的人,只要经公证确认从借贷文书与工人出具的收据来看,其出借的款项确实被用作此种用途,即如同上述为取得不动产提供借贷的人一样,享有相同的优先权;⑥ 已去世的人的债权人和金钱款项的受遗赠人,为保证他们依第 878 条的规定而产生的权利,分别对遗产中的不动产或继承人本人的不动产享有优先权;⑦ 持有 1984 年 7 月 12 日关于通过租赁方式取得(租赁—取得)不动产所有权的第 84—595 号法律规定的"租赁—取得不动产合同"的人,为担保其依此合同产生的权利,对作为合同标的的不动产有优先权。《日本民法典》第 325 条规定,有因下列各项原因产生的债权者,于债务人的特定不动产上有先取特权:① 不动产的保存;② 不动产的工事;③ 不动产的买卖。

四、优先权的效力

(一) 优先权的顺位

《日本民法典》对先取特权的顺位有明确的规定,现作简要介绍。

1. 一般先取特权的顺位

《日本民法典》第 329 条规定:① 一般先取特权相互竞合时,其优先权的顺位,按第 306 条所列顺序。② 一般先取特权与特别先取特权竞合时,特别先取特权先于一般先取特权。但是,共益费用的先取特权,对于受其利益的全体债权人,均有优先的效力。

2. 动产先取特权的顺位

《日本民法典》第 330 条规定:① 特别先取特权就同一动产相互竞合时,其优先权的顺位如下:第一,不动产租赁、旅店宿泊及运送的先取特权;第二,动产保存的先取特权。但是,有数个保存者时,后保存人先于前保存人;第三,动产买卖、种苗肥料供给及农工业劳役的先取特权。② 第一顺位的先取特权人,如于债权取得当时,知有第二顺位或第三顺位的先取特权人,则不得对其行使优先权。对于为第一顺位人保存物者,亦同。③ 关于孳息,第一顺位属于农业劳役人,第二顺位属于种苗或肥料的供给人,第三顺位属于土地出租人。

3. 不动产先取特权的顺位

《日本民法典》第 331 条规定:① 特别先取特权就同一不动产相互竞合时,其优先权的顺位,从第 325 条所列顺序。② 同一不动产逐次买卖时,出卖人相互间的优先权的顺位,依时间先后而定。

4. 同一顺位的先取特权

《日本民法典》第 332 条规定,就同一标的物,同一顺位的先取特权人有数人时,按其各债权额比例受清偿。

5. 与动产质权顺位的关系

《日本民法典》第 334 条规定,先取特权与动产质权竞合时,动产质权人与第 330 条所载第一顺位的先取特权人有同一权利。

(二) 对第三取得人的追及力

《日本民法典》第 333 条规定,先取特权,于债务人将其动产交付于第三人之后,不得就该动产行使。可见,先取特权对该动产的第三取得人没有追及力。

(三) 一般先取特权的效力

《日本民法典》第 335 条规定:① 一般先取特权人,应先就不动产以外的财产受清偿。除非尚有不足,不得就不动产受清偿。② 对不动产,应先就非特别担保标的者受清偿。③ 一般先取特权人,怠于依前二款规定参加分配时,于因其参加分配而应受清偿的限度内,不得对已进行登记的第三人行使其先取特权。④ 前三款的规定,不适用于应先于不动产以外财产的代价分配不动产的代价或应先于其他不动产代价分配作为特别担保标的不动产的代价情形。

(四) 与登记的关系

《日本民法典》第 336 条规定,一般先取特权,虽未就不动产进行登记,亦不妨碍以之对抗无特别担保的债权人。但对于已进行登记的第三人,不在此限。

(五) 不动产保存先取特权的保存

《日本民法典》第 337 条规定,不动产保存的先取特权,因保存行为完结后即为登记,而保存其效力。对于不动产工事先取特权的保存,其第 338 条规定:① 不动产工事的先取特权,因于工事开始前登记其费用预算额,而保存其效力。但是,工事费用超过预算额时,先取特权不就其超额存在。② 关于因工事而产生的不动产增价额,于先取特权人参加分配时,应由法院选任的鉴定人予以估价。对不动产买卖先取特权的保存,其第340条规定,不动产买卖的先取特权,因于买卖契约订立同时,登记未清偿代价或其利息的意旨,而保存其效力。

(六) 对抵押权的优先力

《日本民法典》第339条规定,依前二条规定登记的先取特权,可以先于抵押权而行使。

第四节 其他非典型担保

一、定金担保

在《担保法》中,定金担保被规定为一种典型担保方式,但《民法典》已不再将定金担保作为一种典型担保方式,而是将其作为一种非典型担保方式规定在合同编违约责任部分。《民法典》第586条规定,当事人可以约定一方向对方给付定金作为债权的担保。定金合同自实际交付定金时成立。定金的数额由当事人约定;但是,不得超过主合同标的额的20%,超过部分不产生定金的效力。实际交付的定金数额多于或者少于约定数额的,视为变更约定的定金数额。第587条规定,债务人履行债务的,定金应当抵作价款或者收回。给付定金的一方不履行债务或者履行债务不符合约定,致使不能实现合同目的的,无权请求返还定金;收受定金的一方不履行债务或者履行债务不符合约定,致使不能实现合同目的的,应当双倍返还定金。

二、保兑仓交易

保兑仓交易是指承兑银行与经销商(承兑申请人,又称"买方")、供货商(又称"卖方")通过三方合作协议参照保全仓库方式,即在卖方承诺回购的前提下,以贸易中的物权控制(包括货物监管、回购担保等)作为担保措施而开展的特定票据业务服务模式。

根据《九民会议纪要》第68条的规定,保兑仓交易作为一种新类型融资担保方式,其基本交易模式是,以银行信用为载体、以银行承兑汇票为结算工具、由银行控制货权、卖方(或者仓储方)受托保管货物并以承兑汇票与保证金之间的差额作为担保。其基本的交易流程是:卖方、买方和银行订立三方合作协议,其中买方向银行缴存一定比例的承兑保证金,银行向买方签发以卖方为收款人的银行承兑汇票,买方将银行承兑汇票交付卖方作为货款,银行根据买方缴纳的保证金的一定比例向卖方签发提货单,卖方根据提货单向买方交付对应金额的货物,买方销售货物后,将货款再缴存为保证金。

在三方协议中,一般来说,银行的主要义务是及时签发承兑汇票并按约定方式将其交给卖方;卖方的主要义务是根据银行签发的提货单发货,并在买方未及时销售或者回赎货物时,就保证金与承兑汇票之间的差额部分承担责任。银行为保障自身利益,往往还会约定卖方要将货物交给由其指定的当事人监管,并设定质押,从而涉及监管协议以及流动质押等问题。实践中,当事人还可能在前述基本交易模式基础上另行作出其他约定,只要不违反法律、行政法规的效力性强制性规定,这些约定应当认定有效。一方当事人因保兑仓交易纠纷提起诉讼的,人民法院应当以保兑仓交易合同作为审理案件的基本依据,但买卖双方没有真实买卖关系的除外。

三、融资租赁

依据《民法典》第745条的规定,在融资租赁合同中,出租人对租赁物享有的所有权,未经登记,不得对抗善意第三人。换言之,出租人对租赁物享有的所有权,经过登记,即可对抗善意第三人,也就是赋予了经过登记的租赁物具有担保融资租赁之租金实现的担保功能。《民法典担保制度司法解释》第65条规定,在融资租赁合同中,承租人未按照约定支付租金,经催告后在合理期限内仍不支付,出租人请求承租人支付全部剩余租金,并以拍卖、变卖租赁物所得的价款受偿的,人民法院应予支持;当事人请求参照民事诉讼法"实现担保物权案件"的有关规定,以拍卖、变卖租赁物所得价款支付租金的,人民法院应予准许。出租人请求解除融资租赁合同并收回租赁物,承租人以抗辩或者反诉的方式主张返还租赁物价值超过欠付租金以及其他费用的,人民法院应当一并处理。当事人对租赁物的价值有争议的,应当按照下列规则确定租赁物的价值:① 融资租赁合同有约定的,按照其约定;② 融资租赁合同未约定或者约定不明的,根据约定的租赁物折旧以及合同到期后租赁物的残值来确定;③ 根据前两项规定的方法仍然难以确定,或者当事人认为根据前两项规定的方法确定的价值严重偏离租赁物实际价值的,根据当事人的申请委托有资质的机构评估。

四、保理

《民法典》第768条规定,应收账款债权人就同一应收账款订立多个保理合同,致使多个保理人主张权利的,已经登记的先于未登记的取得应收账款;均已经登记的,按照登记时间的先后顺序取得应收账款;均未登记的,由最先到达应收账款债务人的转让通知中载明的保理人取得应收账款;既未登记也未通知的,按照保理融资款或者服务报酬的比例取得应收账款。该条关于保理合同登记、未登记、通知之不同效力的规定,即赋予了经过登记乃至于通知的保理人优先受偿的效力,这也属于一种非典型担保。

《民法典担保制度司法解释》第66条规定,同一应收账款同时存在保理、应收账款质押和债权转让,当事人主张参照《民法典》第768条的规定确定优先顺序的,人民法院应予支持。在有追索权的保理中,保理人以应收账款债权人或者应收账款债务人为被告提起诉讼,人民法院应予受理;保理人一并起诉应收账款债权人和应收账款债务人的,人民法院可以受理。应收账款债权人向保理人返还保理融资款本息或者回购应收账款债权后,请求应收账款债务人向其履行应收账款债务的,人民法院应予支持。

五、股权转移

《民法典担保制度司法解释》第 69 条规定,股东以将其股权转移至债权人名下的方式为债务履行提供担保,公司或者公司的债权人以股东未履行或者未全面履行出资义务、抽逃出资等为由,请求作为名义股东的债权人与股东承担连带责任的,人民法院不予支持。

六、保证金账户

《民法典担保制度司法解释》第 70 条规定,债务人或者第三人为担保债务的履行,设立专门的保证金账户并由债权人实际控制,或者将其资金存入债权人设立的保证金账户,债权人主张就账户内的款项优先受偿的,人民法院应予支持。当事人以保证金账户内的款项浮动为由,主张实际控制该账户的债权人对账户内的款项不享有优先受偿权的,人民法院不予支持。在银行账户下设立的保证金分户,参照前款规定处理。当事人约定的保证金并非为担保债务的履行设立,或者不符合前两款规定的情形,债权人主张就保证金优先受偿的,人民法院不予支持,但是不影响当事人依照法律的规定或者按照当事人的约定主张权利。

思 考 题

1. 非典型担保的种类有哪些?
2. 所有权保留的性质与效力。
3. 让与担保的性质、公示方式及效力。
4. 优先权的性质与效力。

第二十一章

占 有

本章重点
1. 占有的概念和分类。
2. 占有的取得和消灭。
3. 占有的效力。
4. 占有的保护。

第一节 占有概述

一、占有的概念和特征

占有是指占有人对不动产或者动产的实际控制和支配。

占有具有以下特征：

第一，占有是一种事实。占有仅体现行为人对物的支配、管领关系，而并不反映某种权利关系。无论是合法行为还是违法行为，均可基于管领物的事实而成立占有。所以，占有是一种事实。

第二，占有的客体为物。占有是一种事实，反映的是一种人对物的管领关系，所以，占有的客体以物为限，包括动产和不动产。当然，作为占有客体的物并不以独立物为限，物的一部分或构成部分亦可成为占有的客体。

第三，占有为法律所保护的事实。尽管占有是一种事实而不是一种权利，但这种事实如同权利，也是受法律保护的。占有的事实之所以受法律保护，是为了维护既存的财产秩序。

第四，占有的成立须占有人对标的物有事实上的管领力。占有是一种事实，所以，只要占有人对物有事实上的管领力即可成立，而不问其内心意思如何。所谓事实上的管领力，是指人对物有确定、现实的支配状态。占有人有无事实上的管领力，应依一般社会观念加以认定。一般来说，人对物已有确定与继续的支配关系，或者已处于得排除他人干涉的状态，即可认定为有事实上的管领力。

二、占有的分类

（一）自主占有与他主占有

这是根据占有人是否有所有的意思为标准所作的分类。自主占有是指以所有的意思对物进行的占有。例如，所有权人对所有物的占有、先占人对先占物的占有等，都属于自主占有。他主占有是非以所有的意思对物进行的占有。例如，基于租赁合同、保管合同、仓储合同、借用合同等合同关系产生的占有，即为他主占有。区分自主占有与他主占有的关键在于有无"所有的意思"，而所谓"所有的意思"，是指只要具有认为其物是自己的物而排斥他人占有的意思即可，无须是依民事法律行为取得所有权之意思表示的意思。

区分自主占有与他主占有的意义在于：只有自主占有人才能依时效或先占取得占有物的所有权。同时，占有人的赔偿责任因自主占有或他主占有而有所不同。他主占有人因自己过错而导致占有物毁损、灭失时，应负赔偿责任，而自主占有通常不会发生此种责任。

（二）有权占有与无权占有

这是根据占有是否具有法律上的原因为标准所作的分类。有权占有又称为有权原占有、正权原占有，是指具有法律上的原因或根据的占有。法律上的原因或根据称为权原或本权。本权既包括物权，也包括债权。无权占有又称为无权原占有，是指没有合法原因而取得的占有，例如，小偷对盗窃物的占有、拾得人对他人遗失物的占有等。

区分有权占有与无权占有的意义在于：① 占有保护的法律不同。有权占有除受占有制度的保护外，还受其他法律制度如所有权制度、他物权制度及某些债的规定的保护；而无权占有只能根据其占有事实及状态受占有制度的保护。② 占有人是否负有返还占有物的义务不同。在有权占有中，占有人可以拒绝他人为本权的行使，不返还占有之标的物；而在无权占有中，如遇本权人行使返还请求权，占有人应当返还占有标的物。③ 能否发生留置权的效果不同。在有权占有中，占有人在义务人不履行义务时，可以依法留置占有标的物；而在无权占有中，占有人不能留置占有标的物。

（三）善意占有与恶意占有

这是根据无权占有人主观状态的不同所作的分类。善意占有是指占有人不知道或者不应当知道无占有的权利而进行的占有。例如，买受人不知道出卖人没有处分权而购买财产并加以占有，此时买受人的占有即为善意占有。恶意占有是指占有人知道或者应当知道无占有的权利而进行的占有。例如，承租人在租赁期满后拒不返还租赁物，此时承租人的占有即为恶意占有。占有的善意或恶意属于占有人的主观意思问题，很难从外观加以证明，因此，除非有相反证据证明占有人的占有为恶意或者占有人基于本权的诉讼败诉,通常推定占有人的占有为善意占有。

区分善意占有与恶意占有的意义在于:善意占有与恶意占有受法律保护的程度有所不同,善意占有受法律保护的程度较高,具体而言:① 善意取得以善意占有为要件,受让人恶意占有的,不发生善意取得问题;② 占有人的权利、义务,因善意占有或恶意占有而有所不同;③ 占有人因使用占有物而造成占有物损害的,赔偿责任因善意占有与恶意占有而有所不同。

(四) 无过失占有与有过失占有

这是根据善意占有人就其善意是否具有过失为标准所作的分类。无过失占有是指占有人就其善意并无过失的占有;有过失占有是指占有人虽为善意,但有过失的占有。

区分无过失占有与有过失占有的意义在于:时效取得的期间有所不同。在占有之始为善意且无过失的,时效取得的期间较短,反之则较长。

(五) 直接占有与间接占有

这是根据占有人是否直接占有标的物为标准所作的分类。直接占有是指对于物有事实上的管领力的占有;间接占有是指自己不直接占有其物,而对直接占有人基于一定法律关系而享有返还请求权,因而间接对物有事实上管领力的占有。如质权人、承租人、保管人为直接占有人,而出质人、出租人、寄存人为间接占有人。

区分直接占有与间接占有的意义在于:① 间接占有的承认,使法律有关占有的规定对其同样适用。例如,间接占有人可以基于直接占有的关系完成取得时效,或在第三人侵夺直接占有人的占有物时,享有占有人的占有保护请求权。② 间接占有概念的承认,使占有趋于观念化。就占有人的物上请求权而言,具有扩大维持社会秩序范围的意义;就占有为动产物权变动的公示方法而言,使观念交付(尤其是占有改定)成为可能。

(六) 单独占有与共同占有

这是根据占有人人数的不同所作的分类。单独占有是指占有人为一人的占有;共同占有是指占有人为两人以上的占有。

区分单独占有与共同占有的意义在于:在数人共同占有一物时,各占有人就其占有物使用的范围,不得相互请求占有的保护。

(七) 和平占有与强暴占有

这是根据占有手段的不同所作的分类。和平占有是指以和平的手段而为的占有,如拾得人对遗失物的占有;强暴占有是指以暴力的手段而为的占有,如抢劫他人财物而占有。

区分和平占有与强暴占有的意义在于:时效取得以和平占有为条件,强暴占有不能成立时效取得。

（八）公然占有与隐秘占有

这是根据占有是否以某种方法公开为标准所作的分类。公然占有是指以公开的方式而为的占有；隐秘占有是指以隐蔽的方式而为的占有。

区分公然占有与隐秘占有的意义主要在于：时效取得的成立须以公然占有为条件，隐秘占有不能成立时效取得。

（九）继续占有与不继续占有

这是根据占有的期间是否间断为标准所作的分类。继续占有是指在期间上继续无间断的占有；不继续占有是指在期间上有间断的占有。

区分继续占有与不继续占有的意义在于：时效取得的成立以继续占有为条件，不继续占有不能成立时效取得。

（十）无瑕疵占有与有瑕疵占有

这是根据无权占有是否具有瑕疵为标准所作的分类。无瑕疵占有是指善意、无过失、和平、公然、继续的占有；有瑕疵占有是指恶意、有过失、强暴、隐秘、不继续的占有。

区分无瑕疵占有与有瑕疵占有的意义在于：① 凡主张占有的合并的，应承继前一占有人的瑕疵；② 时效取得的成立以无瑕疵占有为条件。

第二节 占有的取得和消灭

一、占有的取得

（一）占有的原始取得

占有的原始取得，是指非基于他人的既存占有而取得的占有。例如，无主物的先占、遗失物的拾得等，都属于占有的原始取得。占有的原始取得纯为事实行为而非民事法律行为，故无民事行为能力人也可依其行为直接取得对物的占有。但占有的取得须有占有的一般意思，即要求行为人具有行使管领力的意思能力。至于占有的方法，并不一定要求对物直接施加自己的力量，一般认为，只要将物置于自己的控制范围内，即可认为取得了对物的占有。

（二）占有的继受取得

占有的继受取得，是指基于他人既存的占有而取得的占有。占有的继受取得包括占有的转移和占有的继承。

占有的转移，是指占有人以民事法律行为将其占有物交付他人，该他人因而取得占有的情形。占有的转移须具备下列要件始生效力：① 须有转移占有的意思表示。占有的转移既然属于依民事法律行为而为的转移，自以有转移占有的意思表示为必要。② 须有占有物的交付。占有的转移仅有转移占有的意思表示，还不能发生效力，只有在将占有物交付后，始生占有转移的效力。

占有因继承而取得的，自继承开始时即发生效力，既不以知悉继承事实的发生为必要，也无须事实上已管领其物或有交付之行为，更无须为继承的意思表示。

占有的继受取得发生以下效力：① 占有的合并，即占有的继承人或受让人，可以就自己的占有与其前占有人的占有合并而为主张。合并占有的意义，主要在于时效取得的成立。② 占有的分离，即占有的继受人可以将自己的占有与前占有人的占有分离，而仅就自己的占有而为主张。占有分离的效力，主要是成立新的占有。

二、占有的消灭

（一）直接占有的消灭

直接占有的消灭原因为占有人丧失对物的事实上的管领力。管领力丧失的情形主要有二：① 基于占有人的意思而丧失，包括作为和不作为。前者如占有人抛弃占有物，后者如占有人见占有物掉落于地而不再捡起来。应当注意的是，此处所讲"占有人的意思"不属于民事法律行为上的意思表示，不以占有人具有民事行为能力为必要。② 非基于占有人的意思而丧失，如占有物被窃或遗失。应当注意的是，只是一时不能行使管领力的，不能认为是占有管领力的丧失，从而也就不能作为占有消灭的原因。此外，占有物的灭失，也是直接占有消灭的原因。

（二）间接占有的消灭

间接占有的消灭原因一般都与直接占有有关，主要包括两种情形：一是直接占有人丧失占有，二是直接占有人拒绝承认间接占有。

第三节 占有的效力

一、占有的权利推定效力

占有的权利推定效力，是指占有人于占有物上行使的权利，推定其为合法并有此权利。占有是权利存在的外观，是物权变动的要件，因此，占有存在时，通常认为有实质或真实的权利为其基础。

关于占有的权利推定效力，应当注意以下几个问题：

第一，占有人被推定享有的权利，依占有人于占有物上行使的权利种类的不同而有所不同。占有人于占有物上行使的权利不限于物权,也包括债权。占有人为自主占有时,推定其享有所有权;为他主占有时,推定其享有质权、留置权等他物权或租赁权等债权。

第二,受权利推定的占有人包括一切占有人,而不论占有人的占有是否存在瑕疵。同时,曾经占有的人,推定其在占有期间内享有占有物上所行使的权利。

第三,对于占有人于占有物上行使的权利,推定其处于持续状态。不仅占有人可以主张权利的推定效力,后占有人和第三人为了自己的利益,也有权援用权利推定的规定。

第四,占有推定仅具有消极的效力,占有人不可援用权利推定为申请登记等积极行为。法律对权利行使的限制,对占有也当然适用。

二、占有人的权利和义务

《民法典》第458条规定,基于合同关系等产生的占有,有关不动产或者动产的使用、收益、违约责任等,按照合同约定;合同没有约定或者约定不明确的,依照有关法律规定。据此,有权占有人的权利、义务应依当事人的约定或相关规定处理。这里所讲的占有人的权利和义务为无权占有人的权利和义务。

(一) 占有人的权利

占有人的权利主要包括以下两项:

(1) 占有物的使用、收益权。依据各国民法的规定,只有善意占有人对占有物才享有使用、收益权,恶意占有人无此权利。这是因为,根据占有的推定力,既然可以推定善意占有人合法享有其在占有物上所行使的权利,其当然就有权使用和收益占有物。

(2) 必要费用求偿权。《民法典》第460条规定,不动产或者动产被占有人占有的,权利人可以请求返还原物及其孳息;但是,应当支付善意占有人因维护该不动产或者动产支出的必要费用。[①] 值得讨论的问题是,善意占有人为该不动产或者动产支出的有益费用[②]或者奢侈费用[③],能否请求权利人返还?对于善意占有人为能否请求权利人返还有益费用,我国台湾地区"民法"第955条规定,善意占有人,因改良占有物所支出之有益费用,于其占有物现存之增加价值限度内,得向回复请求人,请求清偿。对于善意占有人为能否请求权利人返还奢侈费用,我国台湾地区学说和判例认为,"奢侈费用为占有人因快乐或便利而支出之费用,不能向恢复占有物之人请求清偿,权衡事理可以推知"[④]。

---

① 必要费用是指维护占有物正常状态所不可或缺的费用。
② 有益费用是指因利用或改良占有物而增加其价值的费用。例如,将普通木质门窗改成铝合金门窗等。
③ 奢侈费用是指占有人为自己的喜好或便利而支出的费用。例如,占有人为占有他人之宠物美容、将占有他人之车辆颜色改漆成自己喜好的颜色。参见冉克平:《论〈物权法〉上的占有恢复关系》,载《法学》2015年第1期。
④ 王泽鉴:《民法物权2》(用益物权·占有),中国政法大学出版社2010年版,第329页。

(二) 占有人的义务

占有人的义务主要包括以下两项：

(1) 返还占有物的义务。无论是善意占有人还是恶意占有人，对真正权利人皆有返还占有物的义务。但对于占有期间收取的孳息，各国民法通常区分占有为善意占有还是恶意占有而作不同的处理。一般而言，善意占有人对占有物并无返还孳息的义务，而恶意占有人所收取的孳息应当返还给权利人。但是，在我国，依据《民法典》第460条的规定，无论恶意占有人还是善意占有人，均有返还原物及其孳息的义务。

(2) 赔偿损失的义务。占有人的赔偿义务包括两种情况：一是因占有人使用占有的不动产或者动产，致使该不动产或者动产受到损害的，恶意占有人应当承担赔偿责任(《民法典》第459条)。二是占有的不动产或者动产毁损、灭失，该不动产或者动产的权利人请求赔偿的，占有人应当将因毁损、灭失取得的保险金、赔偿金或者补偿金等返还给权利人；权利人的损害未得到足够弥补的，恶意占有人还应当赔偿损失(《民法典》第461条)。应当注意的是，《民法典》第461条规定善意占有人以其所受利益为限承担返还责任，实质上是通过不当得利制度限制善意占有人的责任。

第四节 占有的保护

一、占有的自力救济权

占有的自力救济权，是指占有人对于侵夺或妨害其占有的行为，不是借助于国家的力量，而是依靠自己的力量保护其占有的权利。占有的自力救济权包括自力防御权和自力取回权。

所谓自力防御权，是指占有人对他人侵夺或妨害其占有的行为，可以通过自己的力量进行防御的权利。侵夺占有是指侵害人以暴力夺取占有人对于物的事实上的控制和支配，且正处于继续状态；妨害占有是指侵害人以侵夺以外的方法使占有人不能实现对于物的事实上的控制和支配。

所谓自力取回权，是指当占有物被他人非法侵夺后，占有人依法取回占有物的权利。占有取回权的行使，通常因占有物为动产或不动产而有差异：占有物为动产的，占有人可以就地或追踪向加害人取回。所谓"就地"，是指在侵夺时占有人事实上所能支配和控制占有物的空间范围；所谓"追踪"，是指侵害人虽已离开占有人事实上所能支配和控制的地域，但还在占有人的尾随、追踪之中。占有物为不动产的，占有人可以在侵夺后即时排除侵害而取回占有物。所谓"即时"，是指取回不动产所需的最短时间。至于何谓"最短时间"，一般应就个案依据客观标准加以确定。

二、占有保护请求权

占有保护请求权,是指在占有人的占有被侵夺、受妨害或者有受妨害的危险时,请求侵害人为一定行为或不为一定行为的权利。占有保护请求权不问占有背后有无本权存在,直接对占有这一事实提供法律保护,以维护占有物上的现有财产秩序。依据《民法典》第462条第1款的规定,占有保护请求权包括占有物返还请求权、占有妨害排除请求权及占有妨害防止请求权(消除危险请求权)。

占有物返还请求权,是指占有人在其占有物被他人侵夺以后,可依法请求侵夺人返还占有物的权利。占有物返还请求权的成立,以占有物被侵夺为条件。依据《民法典》第462条第2款的规定,占有人返还原物的请求权,自侵占发生之日起一年内未行使的,该请求权消灭。

占有妨害排除请求权,是指占有人在其占有受到他人妨害时,可以请求除去妨害的权利。占有妨害排除请求权的成立,以占有被妨害为条件。当然,妨害必须超出一般人所能容忍的限度,在容忍限度内的,不构成占有的妨害。妨害人应当以自己的费用,排除对占有的妨害。占有人以自己的费用除去妨害的,有权要求妨害人返还所支出的费用。

占有妨害防止请求权,是指在占有人的占有可能遭受他人的妨害时,占有人可以请求他人采取一定的措施以防止妨害发生的权利。占有妨害防止请求权的成立,以占有被妨害的危险为条件。这种危险一旦成为现实,即成为对占有的妨害。至于是否存在妨害的危险,应就具体事实、依一般社会观念加以认定。妨害人应用自己的费用,除去妨害危险。占有人以自己的费用除去妨害危险的,有权要求妨害人返还所支出的费用。

值得讨论的问题是,无权占有人能否行使损害赔偿请求权。对此,有的人认为可以;有的人认为不可以;有的人认为善意占有人可以,恶意占有人不可以。本书赞同第三种观点。理由是,根据《民法典》第459条的规定,善意占有人可使用占有的不动产或者动产,并且对该不动产或者动产因此所受到的损害不承担赔偿责任,由此可见,如果第三人的侵害行为致善意占有人的占有利益受损,则善意占有人有权行使损害赔偿请求权。但是,由于恶意占有人对占有物没有任何权益,因此,其不能行使损害赔偿请求权。

思 考 题

1. 如何理解占有的性质?
2. 占有与物权有哪些异同?
3. 占有保护请求权与物权请求权有哪些异同?

法律法规和司法解释表述规范

一、法律法规

《民法典》——指《中华人民共和国民法典》。该法由第 13 届全国人民代表大会第 3 次会议于 2020 年 5 月 28 日通过,自 2021 年 1 月 1 日起施行。

《民法通则》——指《中华人民共和国民法通则》。该法由第 6 届全国人民代表大会第 4 次会议于 1986 年 4 月 12 日通过,自 1987 年 1 月 1 日起施行,于 2021 年 1 月 1 日废止。

《物权法》——指《中华人民共和国物权法》。该法由第 10 届全国人民代表大会第 5 次会议于 2007 年 3 月 16 日通过,自 2007 年 10 月 1 日起施行,于 2021 年 1 月 1 日废止。

《担保法》——指《中华人民共和国担保法》。该法由第 8 届全国人民代表大会常务委员会第 14 次会议于 1995 年 6 月 30 日通过,自 1995 年 10 月 1 日起施行,于 2021 年 1 月 1 日废止。

《农村土地承包法》——指《中华人民共和国农村土地承包法》。该法由第 9 届全国人民代表大会常务委员会第 29 次会议于 2002 年 8 月 29 日通过,自 2003 年 3 月 1 日起施行。

《合同法》——指《中华人民共和国合同法》。该法由第 9 届全国人民代表大会第 2 次会议于 1999 年 3 月 15 日通过,自 1999 年 10 月 1 日起施行,于 2021 年 1 月 1 日废止。

《公司法》——指《中华人民共和国公司法》。该法由第 8 届全国人民代表大会常务委员会第 5 次会议于 1993 年 12 月 29 日通过,后经过 1999 年、2004 年、2005 年、2013 年、2018 年多次修正。

《继承法》——指《中华人民共和国继承法》。该法由第 6 届全国人民代表大会第 3 次会议于 1985 年 4 月 10 日通过,自 1985 年 10 月 1 日起施行,于 2021 年 1 月 1 日废止。

《土地管理法》——指《中华人民共和国土地管理法》。该法由第 6 届全国人民代表大会常务委员会第 16 次会议于 1986 年 6 月 25 日通过,自 1987 年 1 月 1 日起实施,后经过 1988 年、1998 年、2004 年、2019 年多次修正,现行版本自 2020 年 1 月 1 日起施行。

《矿产资源法》——指《中华人民共和国矿产资源法》。该法由第 6 届全国人民代表大会常务委员会第 15 次会议于 1986 年 3 月 19 日通过,自 1986 年 10 月 1 日起施行,后经过 1996 年、2009 年两次修正。

《海域使用管理法》——指《中华人民共和国海域使用管理法》。该法由第 9 届全国人民代表大会常务委员会第 24 次会议于 2001 年 10 月 27 日通过,自 2002 年 1 月 1 日起施行。

《海岛保护法》——指《中华人民共和国海岛保护法》。该法由第 11 届全国人民代表大会常务委员会第 12 次会议于 2009 年 12 月 26 日通过,自 2010 年 3 月 1 日起施行。

《水法》——指《中华人民共和国水法》。该法由第 6 届全国人民代表大会常务委员会第 24 次会议于 1988 年 1 月 21 日通过,后经过 2002 年修订,修订后自 2002 年 10 月 1 日起施行,后又经过 2009 年、2016 年两次修正。

《民用航空法》——指《中华人民共和国民用航空法》。该法由第 8 届全国人民代表大会常务委员会第 16 次会议于 1995 年 10 月 30 日通过,后经过 2009 年、2015 年、2016 年、2017 年、2018 年多次修正。

《文物保护法》——指《中华人民共和国文物保护法》。该法由第 5 届全国人民代表大会常务委员会第 25 次会议于 1982 年 11 月 19 日通过并于同日公布施行,后经过 1991 年、2002 年、2007 年、2013 年、2015 年、2017 年多次修正。

《国防法》——指《中华人民共和国国防法》。该法由第 8 届全国人民代表大会第 5 次会议于 1997 年 3 月 14 日通过,同日公布施行,后经过 2009 年修正,后又经过 2020 年修订,修订后自 2021 年 1 月 1 日起施行。

《海关法》——指《中华人民共和国海关法》。该法由第 6 届全国人民代表大会常务委员会第 19 次会议于 1987 年 1 月 22 日通过,自 1987 年 7 月 1 日起施行,后经过 2000 年、2013 年 6 月、2013 年 12 月、2016 年、2017 年多次修正。

《治安管理处罚法》——指《中华人民共和国治安管理处罚法》。该法由第 10 届全国人民代表大会常务委员会第 17 次会议于 2005 年 8 月 28 日通过,自 2006 年 3 月 1 日起施行,后经过 2012 年修正,修正后自 2013 年 1 月 1 日起施行。

《国家赔偿法》——指《中华人民共和国国家赔偿法》。该法由第 8 届全国人民代表大会常务委员会第 7 次会议于 1994 年 5 月 12 日通过,自 1995 年 1 月 1 日起施行,后经过 2010 年、2012 年两次修正。2012 年修正后,自 2013 年 1 月 1 日起施行。

《村民委员会组织法》——指《中华人民共和国村民委员会组织法》。该法由第 9 届全国人民代表大会常务委员会第 5 次会议于 1998 年 11 月 4 日通过,同日公布施行,后经过 2010 年修订、2018 年修正。

《城镇集体所有制企业条例》——指《中华人民共和国城镇集体所有制企业条例》。该条例由第 9 届全国人民代表大会常务委员会第 21 次会议于 1991 年 6 月 21 日通过,自 1992 年 1 月 1 日起施行,后经过 2011 年、2016 年两次修订。

《国有土地上房屋征收与补偿条例》——由国务院于2011年1月21日公布,自公布之日起施行。

《不动产登记暂行条例》——由国务院于2014年11月24日发布,自2015年3月1日起施行。

《不动产登记暂行条例实施细则》——由原国土资源部于2016年1月1日公布并实施,2019年由自然资源部修订。

《物业管理条例》——由国务院于2007年8月26日发布,自2007年10月1日起施行,后经过2016年、2018年两次修订。

《城镇国有土地使用权出让和转让暂行条例》——由国务院于1990年5月19日发布,自发布之日起施行。

《金银管理条例》——指《中华人民共和国金银管理条例》。该条例由国务院于1983年6月15日发布,后经过2011年修订。

《外汇管理条例》——指《中华人民共和国外汇管理条例》。该条例由国务院于1996年1月29日发布并实施,后经过1997年、2008年两次修订。

《事业单位登记管理暂行条例》——由国务院于1998年10月25日发布,自发布之日起施行,后经过2004年修订。

《社会团体登记管理条例》——由国务院于1998年10月25日发布,自发布之日起施行,后经过2016年修订。

《企业国有资产监督管理暂行条例》——由国务院于2003年5月27日公布,自公布之日起施行,后经过2011年、2019年两次修订。

《土地登记规则》——由国家土地管理局于1989年11月18日颁布、1995年修改,修改后自1996年2月1日起施行。

《农村土地经营权流转管理办法》——由农业农村部2021年第1次常务会议审议通过,2021年1月26日发布,自2021年3月1日起施行。

《城市房地产抵押管理办法》——由原建设部于1997年5月9日发布,自1997年6月1日起施行,后经过2001年修正。

《动产抵押登记办法》——由国家工商行政管理总局于2007年10月17日公布,自公布之日起施行,后经过2016年、2019两次修订。

《专利权质押登记办法》——由国家知识产权局于2010年8月26日发布,自2010年10月1日起施行。

《著作权质押合同登记办法》——由原国家版权局于1996年9月23日发布,自发布之日起施行。

《企业名称登记管理规定》——由国家工商行政管理局于1991年7月22日公布,自1991年9月1日起施行,后经过2012年、2020年两次修订。

《应收账款质押登记办法》——由中国人民银行于2007年9月26日公布,自2007年10月1日起施行,后经过2017年、2019年两次修订,修订后于2019年11月22日发布,自2020年1月1日起施行。

《典当管理办法》——由商务部部务会议审议通过,并经公安部同意,于 2005 年 2 月 9 日颁布,自 2005 年 4 月 1 日起施行。

二、司法解释

《民法通则意见》——指《最高人民法院关于贯彻执行〈中华人民共和国民法通则〉若干问题的意见(试行)》。该司法解释由最高人民法院审判委员会于 1988 年 1 月 26 日讨论通过,自 1988 年 4 月 2 日起实施,于 2021 年 1 月 1 日废止。

《物权法司法解释(一)》——指《最高人民法院关于适用〈中华人民共和国物权法〉若干问题的解释(一)》。该司法解释由最高人民法院审判委员会第 1670 次会议于 2015 年 12 月 10 日通过,自 2016 年 3 月 1 日起施行,于 2021 年 1 月 1 日废止。

《民法典物权编司法解释(一)》——指《最高人民法院关于适用〈中华人民共和国民法典〉物权编的解释(一)》。该司法解释由最高人民法院审判委员会第 1825 次会议于 2020 年 12 月 25 日通过,自 2021 年 1 月 1 日起施行。

《建筑物区分所有权司法解释》——指《最高人民法院关于审理建筑物区分所有权纠纷案件具体应用法律若干问题的解释》。该司法解释由最高人民法院审判委员会第 1464 次会议于 2009 年 3 月 23 日通过,自 2009 年 10 月 1 日起施行。

《物业服务纠纷司法解释》——指《最高人民法院关于审理物业服务纠纷案件具体应用法律若干问题的解释》。该解释由最高人民法院审判委员会第 1466 次会议于 2009 年 4 月 20 日通过,自 2009 年 10 月 1 日起施行。

《农村土地承包纠纷司法解释》——指《最高人民法院关于审理涉及农村土地承包纠纷案件适用法律问题的解释》。该司法解释由最高人民法院审判委员会第 1346 次会议于 2005 年 3 月 29 日通过,自 2005 年 9 月 1 日起施行。

《国有土地使用权合同纠纷司法解释》——指《最高人民法院关于审理涉及国有土地使用权合同纠纷案件适用法律问题的解释》。该司法解释由最高人民法院审判委员会第 1334 次会议于 2004 年 11 月 23 日通过,自 2005 年 8 月 1 日起施行。

《担保法司法解释》——指《最高人民法院关于适用〈中华人民共和国担保法〉若干问题的解释》。该司法解释由最高人民法院审判委员会第 1133 次会议于 2000 年 9 月 29 日通过,自 2000 年 12 月 13 日起施行,于 2021 年 1 月 1 日废止。

《买卖合同司法解释》——指《最高人民法院关于审理买卖合同纠纷案件适用法律问题的解释》。该司法解释由最高人民法院审判委员会第 1545 次会议于 2012 年 3 月 31 日通过,自 2012 年 7 月 1 日起施行。

《城镇房屋租赁合同纠纷司法解释》——指《最高人民法院关于审理城镇房屋租赁合同纠纷案件具体应用法律若干问题的解释》。该司法解释由最高人民法院审判委员会第 1469 次会议于 2009 年 6 月 22 日通过,自 2009 年 9 月 1 日起施行。

《民法典继承编司法解释(一)》——指《最高人民法院关于适用〈中华人民共和国民法典〉继承编的解释(一)》。该司法解释由最高人民法院审判委员会第 1825 次会议于

2020年12月25日通过,自2021年1月1日起施行。

《审理房屋登记案件若干规定》——指《最高人民法院关于审理房屋登记案件若干问题的规定》。该规定由最高人民法院审判委员会第1491次会议于2010年8月2日通过,自2010年11月18日起施行。

《审理民间借贷案件适用法律规定》——指《最高人民法院关于审理民间借贷案件适用法律若干问题的规定》。该规定由最高人民法院审判委员会第1655次会议于2015年6月23日通过,后经过2020年修正,修正后自2020年8月20日起施行。

《审理独立保函纠纷案件若干规定》——指《最高人民法院关于审理独立保函纠纷案件若干问题的规定》。该规定由最高人民法院审判委员会第1688次会议于2016年7月11日通过,自2016年12月1日起施行。

《八民会议纪要》——指最高人民法院于2015年12月24日印发的《第八次全国法院民事商事审判工作会议(民事部分)纪要》。

《九民会议纪要》——指最高人民法院于2019年11月8日印发的《全国法院民商事审判工作会议纪要》。

参考文献

一、著作类

1. 《马克思主义著作选编》(乙种本),中共中央党校出版社 1997 年版。
2. [古罗马]盖尤斯:《法学阶梯》,中国政法大学出版社 1996 年版。
3. [意]彼德罗·彭梵得:《罗马法教科书》,黄风译,中国政法大学出版社 1992 年版。
4. [法]卢梭:《社会契约论》(中译本),商务印书馆 1980 年版。
5. [英]戴维·M.沃克主编:《牛津法律大辞典》,光明日报出版社 1988 年版。
6. [英]F.H.劳森、B.拉登:《财产法》(第二版),施天涛、梅慎实、孔祥俊译,中国大百科全书出版社 1998 年版。
7. [美]伯纳德·施瓦茨:《美国法律史》,王军等译,中国政法大学出版社 1997 年版。
8. [美]阿兰·赖恩:《财产》,顾蓓晔译,[台]桂冠图书股份有限公司 1991 年版。
9. [美]理查德·A.波斯纳:《法律的经济分析》,蒋兆康译,中国大百科全书出版社 1997 年版。
10. [德]罗伯特·霍恩:《德国民商法导论》,楚建译,中国大百科全书出版社 1996 年版。
11. [苏]B.T.斯米尔诺夫等著:《苏联民法》(上卷),黄良平、丁文琪译,中国人民大学出版社 1987 年版。
12. 佟柔、赵中孚、郑立主编:《民法概论》,中国人民大学出版社 1982 年版。
13. 王泽鉴:《民法物权 1》(通则·所有权),中国政法大学出版社 2001 年版。
14. 王泽鉴:《民法物权 2》(用益物权·占有),中国政法大学出版社 2001 年版。
15. 王泽鉴:《民法物权》,北京大学出版社 2010 年版。
16. 黄右昌:《民法诠解·物权编》(上册),[台]商务印书馆 1988 年版。
17. 武树臣等:《中国传统法律文化》,北京大学出版社 1994 年版。
18. 魏振瀛主编:《民法》,北京大学出版社、高等教育出版社 2000 年版。
19. 王利明、郭明瑞、方流芳:《民法新论》(上),中国政法大学出版社 1988 年版。

20. 郑立、王作堂主编:《民法学》,北京大学出版社 1995 年版。

21. 彭万林主编:《民法学》,中国政法大学出版社 1999 年版。

22. 叶孝信主编:《中国民法史》,上海人民出版社 1993 年版。

23. 全国第三期法律专业师资进修班民法班整理:《中华人民共和国民法原理》(下册),1983 年 11 月。

24. 孔祥俊:《民商法新问题与判解研究》,人民法院出版社 1996 年版。

25. 邓甲曾:《日本民法概论》,法律出版社 1995 年版。

26. 梁慧星、陈华彬编著:《物权法》,法律出版社 2003 年第 2 版。

27. 梁慧星:《中国物权法草案建议稿》,社会科学文献出版社 2000 年版。

28. 崔建远:《物权法》,中国人民大学出版社 2011 年版。

29. 王利明:《物权法论》,中国政法大学出版社 1998 年版。

30. 王利明:《物权法研究》,中国人民大学出版社 2013 年版。

31. 王利明等:《中国物权法草案建议稿及说明》,中国法制出版社 2001 年版。

32. 孙宪忠:《论物权法》,法律出版社 2001 年版。

33. 陈华彬:《物权法研究》,金桥文化出版(香港)有限公司 2001 年版。

34. 高圣平:《动产抵押制度研究》,中国工商出版社 2004 年版。

35. 刘保玉:《物权法学》,中国法制出版社 2007 年版。

36. 温世扬、廖焕国:《物权法通论》,人民法院出版社 2005 年版。

37. 钱明星:《物权法原理》,北京大学出版社 1994 年版。

38. 曹杰:《中国民法物权论》,中国方正出版社 2004 年版。

39. 高富平:《土地使用权和用益物权》,法律出版社 2001 年版。

40. 胡康生主编:《中华人民共和国农村土地承包法释义》,法律出版社 2002 年版。

41. 李进之等:《美国财产法》,法律出版社 1999 年版。

42. 《法学研究》编辑部编著:《新中国民法学研究综述》,中国社会科学出版社 1990 年版。

43. 黄薇主编:《中华人民共和国民法典释义》(上),法律出版社 2020 年版。

44. 最高人民法院民法典贯彻实施工作领导小组主编:《中华人民共和国民法典物权编理解与适用》(上、下),法律出版社 2020 年版。

45. 中国审判理论研究会民事审判理论专业委员会编著:《民法典物权编条文理解与司法适用》,法律出版社 2020 年版。

46. 最高人民法院物权法研究小组编著:《〈中华人民共和国物权法〉条文理解与适用》,人民法院出版社 2007 年版。

二、论文类

47. 王泽鉴:《时效取得地上权的要件、登记和效力》,载《民法学说与判例研究》(第 7 册),中国政法大学出版社 1998 年版。

48. 梁慧星:《日本现代担保法制及其对我国制订担保法的启示》,载《民商法论丛》(第3卷),法律出版社1995年版。

49. 王利明:《善意取得制度的构成——以我国物权法草案第111条为分析对象》,载《中国法学》2006年第4期。

50. 孙宪忠:《我国物权法中所有权体系的应然结构》,载《法商研究》2002年第5期。

51. 韩松:《论集体所有权的主体形式》,载《法制与社会发展》2000年第5期。

52. 单飞跃:《论行政权限结构与国家所有权》,载《法学评论》1998年第6期。

53. 张志坡:《物权法定,定什么?定到哪?》,载《比较法研究》2018年第1期。

54. 张卉林:《论我国的所有权过度限制及立法改进》,载《法学论坛》2013年第3期。

55. 谭启平:《遗失物制度研究》,载《法学研究》2004年第4期。

56. 程啸:《论不动产善意取得之构成要件——〈中华人民共和国物权法〉第106条释义》,载《法商研究》2010年第5期。

57. 马晓莉、赵晓耕:《拾得遗失物归属原则的中国法制史考察——由"道不拾遗"谈起》,载《河南省政法管理干部学院学报》2007年第5期。

58. 高飞:《遗失物拾得制度研究》,载吴汉东主编:《私法研究》第2卷,中国政法大学出版社2002年版。

59. 张占录、赵茜宇、林超:《集体经营性建设用地入市亟须解决的几个问题》,载《中国土地》2015年第12期。

60. 李延荣:《土地管理视角下的法定地役权研究》,载《中国土地科学》2012年第6期。

61. 吕杰、朱呈义:《论居住权在我国民法典中的具体设计》,载《河南省政法管理干部学院学报》2004年第3期。

62. 冉克平:《论〈物权法〉上的占有恢复关系》,载《法学》2015年第1期。

三、法典类

63. 《法国民法典》,罗结珍译,北京大学出版社2010年版。

64. 《德国民法典》,郑冲、贾红梅译,法律出版社1999年版。

65. 《瑞士民法典》,殷生根、王燕译,中国政法大学出版社1999年版。

66. 《意大利民法典》,费安玲、丁玫译,中国政法大学出版社1997年版。

67. 《日本民法典》,王书江译,中国法制出版社2000年版。

68. 《俄罗斯联邦民法典》,黄道秀译,北京大学出版社2007年版。

后 记

本教材是在《中华人民共和国民法典》颁布并即将实施的背景下编写的,本教材编写之际,正值新冠疫情在武汉爆发并在全国部分地方蔓延之时。此时,出于疫情防控需要,人们不能随便外出。于是,我便利用这一时机,静下心来,认真研习《民法典》,一方面为宣讲《民法典》和给本科生授课做准备,一方面撰写《物权法》教材。经过几个月的努力,终于完成了本教材的编写。本教材的完成再次说明,只要有毅力,持之以恒,总能做成一些有益的事情。

应予说明的是:第一,本教材在引用法律法规和司法解释条文时,除非确有必要,否则尽量不对同一条文进行拆分,以保持该条文的完整性,便于对该条文进行完整、准确的理解和适用。第二,有一些法律和司法解释虽然已被废止,但在介绍某一制度的历史发展和阐释某一法律原理时仍然引用之,但已不能作为解决实际问题的依据。第三,法律政策已经不作为法律渊源,介绍法律政策是为了让读者了解法律政策并把握法律的演进趋势,在实践中做出合适的选择。

感谢朱金东等同人对本教材书稿所提的宝贵修改意见!

感谢南京大学出版社所提供的宝贵出版机会!感谢蔡文彬先生为本教材的出版所付出的辛勤劳动!

由于本人水平有限,书中缺点错误在所难免,敬请广大读者批评指正,我一定虚心接受并改正!

季秀平

2021 年 2 月于淮阴师范学院